창세기 강해 설교 (3)

Expository Preaching on Genesis (3). The Faith of Abraham (Ch. 12-20)
by Jonggil Byun, published by The Word Press, Daegu, Korea
ⓒ The Word Press 2023

All rights reserved. No part of this publication may be reproduced, stored in a retrieval system, or transmitted, in any form or by any means, electronic, mechanical, photocopying, recording, or otherwise, without the prior written permission of the publisher.

창세기 강해 설교 (3)
아브라함의 믿음 (12장~20장)

지은이 　변종길
발행일 　2023년 6월 8일
펴낸이 　박재일
펴낸곳 　말씀사
출판등록 　110-92-16217
주　　소　대구광역시 동구 송라로12길 15
인　 쇄　성광인쇄
구입문의 말씀사 Tel. 053)759-9779, 070-7706-1200　Fax. 053)745-7997
판매처 　인터넷 서점 및 전국 주요 서점

말씀사 쇼핑몰은 www.malssum.com입니다.
책 내용에 대한 문의는 저자의 다음 카페 **말씀나라**에 해 주시기 바랍니다.

ⓒ 말씀사 2023
　　본 출판물의 저작권은 말씀사에 있습니다 .
　　이 출판물은 저작권법에 의해 보호를 받는 저작물이므로 이 출판물의 일부 또는 전부를 　출판
　　사의 사전 서면 허락 없이 복사하거나 전재하는 것을 금합니다.

파본은 바꾸어 드립니다. 책값은 뒷 표지에 있습니다.
ISBN　979-11-89814-06-9 04230 　979-89-967063-9-7 04230

창세기 강해 설교(3)

아브라함의 믿음
(12장 ~ 20장)

변 종 길

말씀사

머 리 말

이 책은 필자의 창세기 강해 설교집의 세 번째로서 창세기 12장부터 20장까지를 강해한 것이다. 이 부분은 아브라함이 가나안 땅에 들어와서부터 하나님이 약속하신 아들 이삭을 얻기 직전까지를 다루고 있다. 여기서 우리는 아브라함의 믿음이 어떻게 자라가는가를 볼 수 있으며, 따라서 오늘날 우리의 신앙과 관련하여서도 중요하다. 사도 바울은 로마서에서 믿음의 원리를 설명할 때 아브라함의 믿음을 가지고 논증하고 있다(롬 4장).

이 설교는 필자가 2011년 하반기부터 2012년 상반기까지 천안의 한 교회에서 실제로 행한 설교이다. 따라서 그 당시의 상황이 설교의 배경으로 들어 있다. 혹 오늘날 상황과 맞지 않은 것이 있을 수 있으나 그대로 두었다. 청중 가운데는 어린아이들과 학생들도 있으므로 그들을 배려한 것들이 더러 있으니 양해 바란다. 필자는 모든 설교에서 본문의 의미를 오늘날의 상황에서 쉽게 드러내려고 노력하였다. 이를 위해 성경 이해에 필요한 범위 내에서 사전들과 주석들과 다른 문헌들을 참조하였는데, 출처와 혹 필요한 설명은 각주에 적어 놓았으니 관심 있는 분들은 참고하기 바란다.

아무쪼록 이 책을 통해 독자 여러분의 신앙이 견고해지고 은혜가 더하며 시야가 넓어지기를 기원한다.

2023. 5. 구지에서 변 종 길

목 차

1. 아브라함에게 약속하신 복 (12:1-4)	9
2. 가나안 땅에 들어간 아브라함 (12:5-9)	23
3. 애굽에 내려간 아브라함 (12:10-20)	37
4. 가나안 땅에 돌아온 아브라함 (13:1-6)	50
5. 아브라함의 양보 (13:7-13)	61
6. 동서남북을 바라보라 (13:14-18)	75
7. 롯의 실패 (14:1-12)	89
8. 롯을 구원한 아브라함 (14:13-16)	102
9. 아브라함과 멜기세덱 (14:17-20)	114
10. 아브라함과 소돔 왕 (14:21-24)	126
11. 아브라함의 믿음 (15:1-6)	139
12. 하나님의 약속 (15:7-11)	151
13. 가나안 땅을 주시는 하나님 (15:12-21)	160
14. 사라와 하갈 (16:1-6)	173
15. 이스마엘 (16:7-16)	187

16. 아브라함과 맺은 언약 (17:1-8)	200
17. 할례 언약 (17:9-14, 23-27)	210
18. 열국의 어미 사라 (17:15-22)	221
19. 이스마엘의 복 (17:17-22)	233
20. 아브라함의 손님 대접 (18:1-8)	246
21. 사라의 웃음 (18:9-15)	260
22. 아브라함에게 주신 복 (18:16-21)	272
23. 아브라함의 간구 (18:22-33)	284
24. 소돔의 죄악 (19:1-11)	297
25. 소돔 성을 떠나라 (19:12-22)	311
26. 소금 기둥이 된 롯의 아내 (19:23-29)	324
27. 롯의 두 딸들 (19:30-38)	337
28. 그랄 땅에 내려간 아브라함 (20:1-7)	352
29. 아브라함과 아비멜렉 (20:8-18)	366

1. 아브라함에게 약속하신 복 (12:1-4)

1 여호와께서 아브람에게 이르시되 너는 너의 고향과 친척과 아버지의 집을 떠나 내가 네게 보여 줄 땅으로 가라 2 내가 너로 큰 민족을 이루고 네게 복을 주어 네 이름을 창대하게 하리니 너는 복이 될지라 3 너를 축복하는 자에게는 내가 복을 내리고 너를 저주하는 자에게는 내가 저주하리니 땅의 모든 족속이 너로 말미암아 복을 얻을 것이라 하신지라 4 이에 아브람이 여호와의 말씀을 따라갔고 롯도 그와 함께 갔으며 아브람이 하란을 떠날 때에 칠십오 세였더라

창세기 12장부터 아브라함 이야기가 나옵니다. 데라의 아들들 중 하나로 '아브람'이란 이름은 이미 11장에 나왔지만, 아브라함이 주인공이 되어서 전개되는 이야기는 12장부터 나옵니다. 아브라함 이야기는 그를 부르신 사건으로부터 시작됩니다. 하나님은 아브라함을 부르셔서 가나안 땅으로 가게 하셨습니다.

그러면 어디에서 부르셨습니까? 오늘 읽은 본문에 보면 '하란' 땅에서 부르셨습니다. 아버지 데라가 죽고 나서 아브라함의 나이 75세 때입니다. 그러나 하나님은 이미 갈대아 우르에서 아브라함에게 나타나

서 그를 부르셨습니다. 사도행전 7장 2-3절에 보면 스데반은 이렇게 말합니다. "우리 조상 아브라함이 하란에 있기 전 메소보다미아에 있을 때에 영광의 하나님이 그에게 보여 이르시되 네 고향과 친척을 떠나 내가 네게 보일 땅으로 가라 하시니". 그러니까 아브라함이 메소포타미아 지역 갈대아 우르에 있을 때 처음 부르심을 받고, 후에 하란에 있을 때 또다시 부르심을 받은 것입니다.[1] 두 번 부르심을 받았습니다. 갈대아 우르에서 하란으로 갈 때는 데라가 주인공이었습니다. 데라가 온 가족을 데리고 떠났습니다. 아브라함은 아버지 데라를 따라간 것입니다. 그러나 하란 땅에서 아버지 데라가 죽고 나서 아브라함은 이제 자기 스스로 결정하고 하란을 떠났습니다.

이때도 먼저 하나님의 부르심이 있었습니다. 창세기 12장 1절에 보면 하나님께서 아브라함에게 "너는 너의 고향과 친척과 아버지의 집을 떠나 내가 네게 보여 줄 땅으로 가라."고 하셨습니다. 여기서 '너의 고향'은 하란을 의미합니다.[2] 가나안 땅 북쪽에 있습니다. 현재 터키 동남부에 위치한 우르파(Urfa) 남쪽에 있습니다. 유브라데 강의 한 지류인 발리크(Balikh) 강 서편에 있습니다. 아브라함은 갈대아 우르를 떠나 하란 땅에 와서 몇 년 머물러 살았습니다. 왜냐하면 아버지 데라가

---

[1] 아브라함이 처음에 갈대아 우르에 있을 때에 부름받은 사실은 행 7:2-3이 분명히 증거한다(cf. 창 15:7; 수 24:2-3).

[2] 아브라함은 하란 땅에 얼마간 머물렀으므로 '제2의 고향'이 되었다고 할 수 있다. Cf. G. C. Aalders, *Genesis (Korte Verklaring)*, II, 2e dr. (Kampen: J. H. Kok, 1949), 17.

하란 땅에 와서는 더 이상 가기 싫다고 움직이지 않았기 때문입니다. "나는 나이 들어 늙었으니 여기서 죽으련다. 이 나이에 내가 또 어디 낯선 땅에 가겠느냐?" 그래서 아브라함은 할 수 없이 하란 땅에 머물렀습니다. 거기서 양을 치고 소를 키우며 살았습니다.

얼마나 오랫동안 머물렀는지는 알 수 없지만 아주 짧은 기간은 아닌 듯합니다. 왜냐하면 아브라함은 하란에서 제법 재산을 모았기 때문입니다. 양들이 많아지고 종들을 많이 얻었습니다. 이 종들은 아마 돈을 주고 샀을 것입니다. 예를 들면, 양 백 마리를 주고 종 한 명을 사고 또 소 열 마리를 주고 종 한 명을 사고 … 이렇게 했을 것입니다. 똑똑하고 일 잘하는 종은 소 스무 마리를 주고 바꾸었을 것입니다. 플루트를 불 줄 아는 종은 거기다 양 한 마리를 더 끼워 주었을 것입니다. 이렇게 해서 종들이 자꾸 많아졌습니다. 창세기 14장 14절에 보면 아브라함이 집에서 길리고 연습한 자 318명이 있었다고 하는데, 이들 중 상당수는 하란에서 떠날 때 데리고 온 종들이었을 것입니다. 이것을 보면 아브라함은 하란 땅에 제법 오래 머물렀다 하는 것을 알 수 있습니다. 1, 2년만에 이렇게 많은 재산을 모으기는 어려웠을 것입니다. 아마 5~10년 정도 머물지 않았을까 생각해 보는데 모르겠습니다. 그러나 너무 오래 머무르지는 않았을 것입니다.

하란에 머무는 동안에 하나님은 아브라함에게 해마다 복을 많이 주셨습니다. 그 당시 복이란 주로 양이 새끼를 많이 낳는 것을 말합니다.[3] 새끼를 한 번에 서너 마리 또는 너댓 마리씩 낳았습니다. 그리고 그것들이 죽지 않고 잘 자랐습니다. 아브라함이 가나안 땅에 들어오기 전에, 하란에 있을 때부터 복을 주셨다 하는 것을 알 수 있습니다. 순종을 시작하기만 해도 복을 주시기 시작한다는 것을 알 수 있습니다. 여러분, 예수님을 믿는 그 순간부터 우리에게 이미 복이 주어지고 있습니다. 여러분이 잘 깨닫지 못할지라도 하나님의 복은 이미 여러분에게 주어지고 있습니다. 아니, 하나님은 창세 전에 우리를 택하시고 그리스도 안에서 우리에게 신령한 복으로 복 주셨습니다(엡 1:4).

하나님은 아브라함에게 너의 본토 친척 아비 집을 떠나라고 말씀하실 때 무조건 떠나라고 하신 것이 아니라 약속을 함께 주셨습니다. 명령과 함께 약속이 있습니다. 우리 하나님은 약속의 하나님입니다. 어떤 사람은 명령만 하고 약속이 없습니다. "하라면 하는 거지 무슨 말이 많아? 무조건 해!"라고 합니다. "공부하라면 하는 거지 왜 말이 많아?" 이렇게 말하는 엄마는 군대식, 명령형 엄마입니다. 어떤 엄마는 여기에 한 술 더 뜹니다. "공부 안 하면 죽을 줄 알아! 이번에 성적 내려가면 반쯤 죽을 줄 알아." 공포형 엄마입니다. 그러나 "너 이번에 시험 잘 치면 좋은 선물을 사 줄게. 네가 원하는 것을 사 주고 또 용돈을 많이 줄게." 이렇게 말하는 엄마는 약속형 엄마입니다. 이와 마찬가지로 우리 하나님께는 약속이 있습니다. 명령과 함께 풍성한 약속이 있습니다.

2절에 보면 "내가 너로 큰 민족을 이루고 네게 복을 주어 네 이름을

---

3 여기서는 우선 외적인 복을 생각해 본다.

창대하게 하리니 너는 복이 될지라."고 했습니다. 여기에 보면 복이 세 가지 나옵니다.

첫째, "너로 큰 민족을 이루게 하겠다."고 하십니다. 지금 아브라함은 자식이 하나도 없습니다. 예쁜 아내 사라가 있지만 아이를 낳지 못합니다. 여자가 아이를 못 낳으면 큰 문제입니다.[4] 옛날에는 아주 심각한 문제였습니다. 여러분, 에어컨을 샀는데 찬 바람이 안 나오면 어떻게 하지요? 괜히 샀지요? 반품해야 합니다. 그러나 한 번 결혼하면 사람은 반품이 안 됩니다. 사람은 반품도 안 되고 리콜도 안 되고 AS도 어렵습니다. 그래서 결혼할 때 신중해야 합니다. "순간의 선택이 평생을 좌우한다"는 말처럼, 한순간 잘못 선택하면 평생 고생합니다. 그래서 아브라함은 자식이 없어 고민하고 있었습니다. 사라는 예쁘기도 하고 착하기도 하고 순종도 잘하였지만 자식이 없으니 쓸쓸합니다. 결혼한 지 수십 년이 지났지만 자식이 없었습니다. 그러니 점점 쓸쓸해집니다. 종들은 많은데 아들이 없으니 후계자가 없습니다.

이때 하나님은 아브라함에게 "내가 너로 큰 민족을 이루게 해 주겠다."고 약속하셨습니다. 자식이 많이 태어나게 해 주겠다는 것입니다. 이처럼 하나님은 아브라함이 제일 원하는 것을 주겠다고 약속하셨습니다. 귀가 솔깃하고 구미가 당기는 것이었습니다.

하나님은 또 약속하셨습니다. "내가 네게 복을 주어 네 이름을 창대

---

4 물론 아이를 못 낳는 책임이 아브라함에게 있었을 수도 있지만, 성경은 사라에게 있는 것처럼 서술한다(창 16:1, 4). 어쨌든 하나님의 섭리 가운데 자녀가 없었다고 할 수 있다(창 15:3; 16:2).

하게 해 주겠다." 큰 명예를 주겠다고 약속하셨습니다. 이처럼 약속은 하나만 하는 것보다 여러 개 하는 게 좋습니다. 여러분, 선물할 때도 금반지 큰 것을 하나만 주는 것보다 금반지 작은 것 하나, 은팔찌 하나, 진주 목걸이 하나, 그리고 카드에 글자 몇 자 적어서 주면 훨씬 더 효과적입니다. 이처럼 하나님은 아브라함에게 여러 가지 약속을 하셨습니다. 통 큰 약속을 여러 개 주셨습니다.

하나님은 아브라함에게 "너는 복이 될지라."고 하셨습니다. 전의 번역은 "너는 복의 근원이 될지라."고 하였습니다. 그러나 이 말은 오해를 초래할 수 있습니다. '복의 근원'은 하나님이지 아브라함이 아닙니다. 원문에 의하면 '복의 근원'이 아니고 그냥 '복'(브라카)입니다. "너는 복이 되어라." 곧 "너는 복 자체가 되어라."는 말입니다. 우리말로 하자면 "너는 복덩이가 될지라."는 말입니다.

3절에 보면 하나님의 약속은 계속 이어집니다. "너를 축복하는 자에게는 내가 복을 내리고 너를 저주하는 자에게는 내가 저주하리니 땅의 모든 족속이 너로 말미암아 복을 얻을 것이라." 이 말씀은 두 부분으로 나누어 생각할 수 있습니다.

우선 앞부분의 "너를 축복하는 자에게는 내가 복을 내리고 너를 저주하는 자에게는 내가 저주하리니"라는 말씀은 하나님이 아브라함을 지켜주시겠다는 약속입니다. 아브라함이 유브라데 강을 건너 가나안 땅에 들어가면 무슨 일이 있을지 모릅니다. 난생 처음 가 보는 낯선 땅에서 무슨 일을 당할지 모릅니다. 강도의 위험과 도적의 위험이 있고, 또 원주민들에게 봉변을 당하지나 않을까 걱정입니다. 또 어디에 장막을 쳐야 할지, 소와 양을 칠 들판은 있을지, 그곳 사람들이 순순히 받아줄지 등 걱정이 많습니다. 그런데 하나님이 지켜주시겠다고 약속하십니다. "너를 축복하는 자에게는 내가 복을 내리고 너를 저주하는 자에게는 내가 저주하리니". 하나님이 방패가 되어 지켜주시겠다는 것입니다.

두 번째 부분은 "땅의 모든 족속이 너로 말미암아 복을 얻을 것이니라."는 말씀입니다. 아주 중요한 말씀입니다. 먼저 **땅의 모든 족속이 복을 얻을 것이라.**"고 했습니다. 유대 민족만 복을 얻는 것이 아닙니다. 그때엔 아직 유대 민족이 있지도 않았습니다. 야곱이 태어나기도 전이었습니다. 그런데도 불구하고 유대인들은 자기 민족만 복을 받는다고 생각했습니다. 왜냐하면 아브라함이 그들의 조상이었기 때문입니다. 그들은 아브라함의 자손이고, 그 증거는 할례에 있다고 생각했습니다. 그래서 이스라엘은 선택된 민족이고 하나님의 백성이라고 생각했습니다. 이에 반해 할례 없는 이방인들은 구원받지 못하며 지옥에 들어갈 땔감이라고 생각했습니다. 그래서 유대인들은 이방인들을 무시하고 깔보고 개처럼 여겼습니다.

이런 사상이 잘못임을 깨닫고 이방인들도 구원받는다고 강력하게 주장한 사람은 사도 바울이었습니다. 길리기아 다소 출신의 바울은 어려서부터 고국인 예루살렘에 와서 유학했습니다. 유명한 가말리엘 선생 밑에서 배웠는데 모범생이었습니다(갈 1:14). 아주 우수한 학생이었습니다. 날마다 성경을 읽고 암송하고 성경을 배웠으며 또 랍비들의 가르침을 잘 배웠습니다. 그래서 성경을 달달 외울 정도로 알았는데도, 바울은 다른 유대인들과 마찬가지로 자기 민족만 구원받는다고 생각했습니다. 유대 민족만 구원받고 이방인들은 복을 받지 못한다고 생각했습니다.

그러나 바울의 이 생각은 다메섹 도상에서 부활하신 예수님을 만나고 나서 산산조각 깨어졌습니다. 그는 예수님을 만난 후로 180도 방향이 바뀌어서 이방인의 사도가 되었습니다. 로마 제국 곳곳을 다니면서 이방인들도 구원받는다고 전파하였습니다. 누구든지 예수님을 믿으면 구원받고 복을 얻는다고 전파했습니다. 왜냐하면 창세기 12장 3절에 그렇게 기록되어 있기 때문입니다. "땅의 모든 족속이 … 복을 얻을 것이라." 여기에 보면 '유대 민족만'이 아니라 '땅의 모든 족속'이 복을 얻을 것이라고 되어 있습니다. 그래서 사도 바울은 가는 곳마다 이 구절을 읽고 설명했습니다. "여러분, 보십시오. 여기에 분명히 땅의 모든 족속이 복을 얻는다고 되어 있습니다. 여러분, 이방인들도 복을 받습니다. 여러분도 예수 그리스도 안에서 복 받을 것을 하나님이 미리 말씀하셨습니다."(cf. 갈 3:8) 이렇게 말하니 이방인들이 듣고서는 "맞아. 이 말이 옳아. 여기에 분명히 '땅의 모든 족속'이라고 되어 있구먼." 하면서 기뻐하여 예수님을 믿었습니다.

그런데 유대인들은 왜 이 사실을 몰랐을까요? 유대인들은 날마다 성경을 읽었지만 이 진리를 몰랐습니다. 사도 바울도 전에는 이 진리를 깨닫지 못했습니다. 왜냐하면 그들의 눈이 가리었기 때문입니다. 수건으로 얼굴이 가리어져서 진리의 빛을 보지 못했던 것입니다(고후 3:14-18). 사도 바울은 다메섹 도상에서 예수님을 만나고 나서 이 수건이 걷혔습니다. 그래서 하나님의 밝은 빛을 받아서 성경의 진리를 바로 보았던 것입니다.

우리 성도 여러분, 오늘날도 그렇습니다. 우리의 눈을 가리는 수건이 걷히지 않으면 성경의 진리를 깨닫지 못합니다. 글자는 읽는데 무슨 뜻인지 깨닫지 못합니다. 글자는 지나가는데 뜻이 들어오지 않습니다. 큐티 한다고 성경을 읽기는 읽는데 무슨 뜻인지 모르고 그냥 지나갑니다. 우리의 영적인 눈을 가리는 수건이 걷히지 않아서 그렇습니다. 따라서 우리는 성경을 읽기 전에 먼저 "우리의 눈을 열어 주소서. 하나님의 말씀을 깨닫게 해 주소서."라고 기도해야 합니다. "진리의 말씀을 바로 깨닫게 해 주소서."라고 기도해야 합니다.

다음에 우리가 눈여겨 살펴봐야 할 말씀은 '너로 말미암아'란 말입니다. "땅의 모든 족속이 **너로 말미암아** 복을 얻을 것이라."고 했습니다. 여기서 '너'는 물론 아브라함을 가리킵니다. 그런데 '너로 말미암아'란 번역은 문제가 있습니다. 전의 번역은 '너를 인하여'라고 했는데, 이 번역도 문제가 있습니다. 우리가 아브라함 때문에 복을 얻는 것은 아닙니다. 우리는 예수님 때문에 복을 얻는 것이지 아브라함 때문에 복을 받는 것은 아닙니다. 그리고 우리가 "아브라함을 통해" 복을 받는 것도 아닙니다. 히브리 원문에는 '네 안에서'라고 되어 있습니다(히: 브하). 칠십인역 번역도 '엔 소이'(ἐν σοί)로 '네 안에서'입니다. 영어 번역으로는 KJV가 "in thee"로, NKJV와 ESV가 "in you"로 바로 되어 있습니다. 루터역도 "in dir"로 바로 되어 있습니다. 무엇보다도 신약 성경(헬라어 원어로)은 갈라디아서 3장 8절에서 '엔 소이'(네 안에서)로 바로 말하고 있습니다.

우리는 '아브라함 안에서' 복을 얻습니다. 무슨 뜻입니까? 창세기 22장에 보면, 아브라함이 독자 이삭을 제물로 바치려 했을 때, 하나님의 사자(使者)가 급히 말리면서 "그 아이에게 네 손을 대지 말라. 그에게 아무 일도 하지 말라. 네가 네 아들 네 독자까지도 내게 아끼지 아니하였으니 내가 이제야 네가 하나님을 경외하는 줄을 아노라."고 하였습니다(12절). 그리고 나서 아브라함에게 복을 약속하셨습니다. "또 네 씨로 말미암아 천하만민이 복을 받으리니 이는 네가 나의 말을 준행하였음이니라."(18절) 여기에 '네 씨로 말미암아'는 히브리어 원어로 '네 씨 안에서'(브자르아하)입니다. 사도행전 3장 25절에 보면, 베드로가 이 구절을 인용하고 있는데 '너의 씨 안에서' 복을 받으리라고 했습니다(개역한글판의 '너의 씨를 인하여'와 개역개정판의 '너의 씨로 말미암아'는 잘못된 번역임). '아브라함의 씨'는 메시아 곧 예수님을 가리킵니다. 아브라함의 씨 곧 예수 그리스도 안에서 천하만민이 복을 얻습니다(갈 3:8, 14). 이 세상의 어느 민족 누구든지 예수 그리스도를 믿으면 복을 얻는 것입니다.

지난주 수요일 저녁에 우리나라의 평창이 2018년 동계올림픽 개최지로 확정되었습니다. 온 국민이 힘을 모아 열심히 노력해서 마침내 유치에 성공했습니다. 두 번 실패하고 나서 세 번째 성공하니 더욱 감개무량합니다. 한국 사람들의 끈질긴 집념의 승리입니다. 한민족의 특징을 말할 때 흔히 '은근과 끈기'라고 말합니다. 이 끈기로 마침내 성공했습니다. 우리 한국 사람은 옛날부터 삼세판 기질이 있습니다. "가위 바위 보"도 한 번 졌다고 포기하지 않고, 꼭 "삼세판 하자."고 합니다. 팔씨름을 해도 삼세판 합니다. 평창 동계 올림픽도 삼세판 해서 성공했습니다.

그런데 단지 "우리나라가 올림픽을 유치해서 기분 좋다, 기쁘다." 하는 차원이 아니라, "하나님이 우리나라와 함께하신다, 하나님이 대한민국과 함께하시고 복 주신다."고 생각하니 더욱 기쁩니다. 우리나라에는 예수님을 믿는 사람이 천만 명 있습니다. 이 숫자 자체는 그리 많지 않다고 생각할지 모르나 새벽마다 기도하는 사람이 수십만 명 있습니다. 이런 나라는 세상에 없습니다. 전 세계 성도들의 새벽기도를 다 모아도 한국 성도들의 새벽기도의 절반의 절반에도 미치지 못할 것입니다. 유럽 교회 성도들은 "새벽기도가 뭐야? 처음 듣는데 …"라고 할 것입니다. 미국 교회 성도들은 "한국 사람은 잠도 없냐? 대단해!"라고 할 것입니다. 중국 교회는 열심이기는 하지만 아직 새벽기도는 잘 모릅니다. 혹 새벽기도하는 사람들이 있는지는 모르겠습니다만 한국 교회처럼 보편화되지는 않은 것 같습니다. 그러나 한국에서는 날마다 수십만 명이 하나님 앞에 나아와 간절히 기도하고 있습니다. 예수님을 믿고 하나님께 복을 빕니다. 그러니 이런 나라가 잘될 수밖에 없습니다. 복을 받을 수밖에 없습니다.

지금 대한민국은 국운이 상승하는 가운데 있습니다. 하나님의 복을 받아서 국운이 크게 상승하는 가운데 있습니다. 한국의 자동차가 무서운 속도로 세계 시장을 점령하고 있습니다. 한국의 반도체, 휴대폰, TV가 전 세계를 지배하고 있습니다. 조선산업은 확고부동한 세계 1등입니다. 성형수술도 세계 1위입니다. 게다가 한류 돌풍이 거세게 불고 있습니다. 그러던 차에 2018년 평창에서 동계올림픽을 개최하게 되었습니다. 이 모든 것은 하나님이 우리나라와 함께하신다는 것을 나타내 주는 표들입니다. 앞으로 이런 표들은 계속 나타날 것입니다.

앞으로 온 세계가 대한민국을 바라보게 될 것입니다. 놀라워하며 선망하게 될 것입니다. 대한민국의 저력이 어디서 나오는가? 이 조그만 나라, 분단된 나라 코리아의 저력이 어디에서 나오는가? 어떤 사람은 '김치'가 그 비결이라고 생각합니다. 어떤 사람은 '고추장'이 비결이라고 생각하고, 또 어떤 사람은 '빨리빨리 문화'가 성공의 비결이라고 합니다. 미국의 오바마 대통령은 한국의 '높은 교육열'이 발전의 원동력이라고 자주 말합니다. 그러나 제가 볼 때는 우리와 함께하시는 '예수님'이 그 비결이라고 생각합니다.

"땅의 모든 족속이 네 안에서 복을 얻을 것이니라."는 말씀은 이 세상의 어느 민족 누구든지 아브라함의 씨인 예수 그리스도 안에 있으면 복을 얻는다는 말씀입니다. 사도 바울은 이렇게 말합니다. "또 하나님이 이방을 믿음으로 말미암아 의로 정하실 것을 성경이 미리 알고 먼저 아브라함에게 복음을 전하되 모든 이방인이 너로 말미암아(-> 네 안에서) 복을 받으리라 하였느니라. 그러므로 믿음으로 말미암은 자는 믿음이 있는 아브라함과 함께 복을 받느니라."(갈 3:8-9) 여기서도 '너로 말미암아'는 오역입니다. 개역한글판의 '너를 인하여'도 오역입니다. '네 안에서'(엔 소이, in you)가 맞습니다. 그리고 이어서 14절에서 "이는 그리스도 예수 안에서 아브라함의 복이 이방인에게 미치게 하고 또 우리로 하여금 믿음으로 말미암아 성령의 약속을 받게 하려 함이라."고 합니다. 그리스도 예수 안에서 아브라함의 복이 이방인에게 미치게 됩니다.

사랑하는 성도 여러분,

오늘날에도 그리스도 예수 안에서 아브라함의 복이 우리에게 미치게 되는 줄로 믿습니다. 아브라함에게 약속하신 모든 복은 오늘날 '우리'에게 임하게 되었습니다. 왜냐하면 우리가 예수 그리스도를 믿어서 아브라함의 자손이 되었기 때문입니다. 우리가 예수 그리스도 안에 있으면, 즉 예수 그리스도를 믿고 따르면, 아브라함의 하나님이 우리에게 풍성한 복을 주시고 또 천국을 우리에게 주실 줄로 믿습니다. 그리고 우리나라가 예수님을 잘 믿고 섬기면, 하나님이 우리나라를 복 주셔서 세계 모든 나라 위에 뛰어나게 하시고, 온 세계가 우리나라를 바라보게 될 것입니다.

아브라함은 이런 하나님의 약속을 믿고 하나님의 말씀을 좇아 가나안 땅으로 갔습니다. 4절에 보면 "이에 아브람이 여호와의 말씀을 따라갔고 롯도 그와 함께 갔으며 아브람이 하란을 떠날 때에 칠십오 세였더라."고 합니다. 미지의 땅, 아직 한 번도 가 보지 않은 낯선 땅을 향하여 오직 하나님의 말씀만 붙들고 나아갔습니다. 여호와의 말씀을 따라갔습니다. 그렇게 했을 때 아브라함은 마침내 하나님의 큰 복을 받아서 아들도 얻고 자손들을 많이 얻었으며, 또 그 후손들이 가나안 땅을 차지하게 된 것을 봅니다.

사랑하는 성도 여러분,

여러분도 말씀을 좇아간 아브라함을 본받아 오직 하나님의 말씀을 좇아 나아가는 성도들이 되시기 바랍니다. 그래서 믿음이 있는 아브라함과 함께 복 받는 자들이 다 되시기 바랍니다.
그리고 우리나라에는 아직 예수님을 믿지 않는 사람들이 많이 있습니다. 그들도 속히 우리 예수님을 믿어서 구원받고 복을 얻는 자 되도록 기도합시다. 저 북한에도 복음이 널리 전파되어서 예수 그리스도 안에서 함께 복을 받고 또 하나님의 은혜로 통일되어서 온 세계에 복음의 빛을 널리 비추는 나라가 되도록 기도하는 여러분이 다 되시기 바랍니다. 아멘. (2011년 7월 10일 주일 오전)

2. 가나안 땅에 들어간 아브라함 (12:5-9)

5 아브람이 그의 아내 사래와 조카 롯과 하란에서 모은 모든 소유와 얻은 사람들을 이끌고 가나안 땅으로 가려고 떠나서 마침내 가나안 땅에 들어갔더라 6 아브람이 그 땅을 지나 세겜 땅 모레 상수리나무에 이르니 그 때에 가나안 사람이 그 땅에 거주하였더라. 7 여호와께서 아브람에게 나타나 이르시되 내가 이 땅을 네 자손에게 주리라 하신지라 자기에게 나타나신 여호와께 그가 그곳에서 제단을 쌓고 8 거기서 벧엘 동쪽 산으로 옮겨 장막을 치니 서쪽은 벧엘이요 동쪽은 아이라. 그가 그곳에서 여호와께 제단을 쌓고 여호와의 이름을 부르더니 9 점점 남방으로 옮겨갔더라

아브라함은 아버지 데라가 죽고 나서 하란 땅을 떠나 가나안 땅으로 들어갔습니다. '하란'은 유브라데 강의 한 지류인 발리크 강 서편에 있습니다. 하란에서 서쪽으로 약 100km쯤 가면 유브라데 강 본류를 만나게 되는데 큰 강입니다. 거기 유브라데 강 서안에 있는 도시가 바로 '갈그미스'(Carkemish)입니다. 고대에 유명한 도시였는데, 현재는 시리아 국경 가까이의 터키에 있습니다. 현재 지명은 조라블루스 또는 제라비스라고 하는데 폐허입니다. 옛날에는 고대 히타이트 제국의 중

요한 도시였습니다. 또 히타이트 제국의 한 왕국의 수도였다고 합니다. 후에 앗수르 제국의 중요한 도시이기도 했습니다.

왜 갈그미스가 중요했는가 하면 지리적으로 교통의 중심지였기 때문입니다. 고대 상인들이 여기에 와서 물건을 풀었다고 합니다. 페르시아, 바빌로니아, 그리고 소아시아, 애굽의 상인들이 낙타에 물건을 싣고 와서 여기서 물건을 풀거나 교역했다고 합니다. 요즘 말로 하면 고대 세계의 '허브'(hub)였습니다. 교역의 중개 기지였습니다. 왜 갈그미스가 교역지로 중요한 역할을 했을까요? 그 이유는 갈그미스는 유브라데 강 상류 지역 중에서 수심이 얕아서 사람이 걸어서 강을 건널 수 있는 지역이었기 때문입니다. 이 사실은 대단히 중요합니다.

아브라함은 하란을 떠나 바로 이곳에서 유브라데 강을 건넜을 것입니다. 아내 사라와 조카 롯을 데리고, 그리고 하란에서 얻은 종들을 거느리고, 그리고 소와 양들을 거느리고 이곳에서 걸어서 유브라데 강을 건넜을 것입니다. 나중에 싸움에 나간 자들이 318명이었다고 하니까 (창 14:14) 큰 무리였을 것입니다. 작은 한 부족이 통째로 이주한 것과 같습니다. 그러니까 아브라함은 하나의 부족장이었습니다.

아브라함과 그 일행은 유브라데 강을 건넌 후에 남서쪽으로 내려갔습니다. 갈그미스에서 남서쪽으로 약 120km쯤 내려가면 '알레포'가 나타나고, 거기서부터 남쪽으로 쭉 내려가면 '하맛'이 나타나고, 다시 한참 내려가면 '다메섹'이 나타납니다.

요세푸스의 『유대 고대사』란 책에 보면, 아브라함 일행은 다메섹에 들어와서 잠시 머물렀다고 합니다. 당시 다메섹의 니콜라스가 쓴 책에는 아브라함을 갈대아에서 군대를 거느리고 쳐들어온 침입자로 묘사하고 있습니다. 다메섹 사람의 입장에서는 아브라함 일행이 좋게 보일 리 없었겠지요. 아브라함 일행은 얼마 있지 않아 가나안 땅으로 떠났다고 합니다. 그래서 다메섹에는 지금도(= 요세푸스 당시에) 아브라함의 이름을 따서 '아브라함의 거주지'라 불리는 마을이 있다고 합니다.[1]

어쨌든 아브라함은 다메섹을 떠나 가나안 땅에 들어갔습니다. 하란에서 가나안 땅까지는 약 600km 정도의 여정입니다. 평양에서 부산까지 정도의 거리가 아닐까 생각합니다. 본문 5절에 보면 "아브람이 그 아내 사래와 조카 롯과 하란에서 모은 모든 소유와 얻은 사람들을 이끌고 가나안 땅으로 가려고 떠나서 마침내 가나안 땅에 들어갔더라."고 합니다. 하나님이 주시겠다고 약속하신 땅, 하나님이 복 주시겠다고 약속하신 땅에 들어갔습니다.

아브라함은 그 땅을 통과하여 계속 내려갔습니다. 6절에 보면 '세겜 땅 모레 상수리나무'에 이르렀다고 말합니다. 세겜 땅은 후에 북 이스라엘 왕국의 중심지인 사마리아 가까이에 있습니다. 세겜(Shekem)의 뜻은 '어깨'라고 합니다. 에발 산과 그리심 산 사이에 있습니다. 거기에 '모레 상수리나무'가 있었다고 합니다. 여기서 '모레'(More)는 고

---

1 Josephus, *Jew. Ant.* I,159-160.

유명사입니다. '모레'라고 불리는 상수리나무라는 의미입니다.[2] 여기에 '상수리나무'로 되어 있는데, 히브리 원어로는 '엘론'입니다. 이것은 다음 두 가지로 번역될 수 있습니다. 첫째는, '오크(oak)나무'입니다.[3] 오크나무는 떡갈나무, 참나무, 상수리나무 등을 총칭하는 것인데, 상수리나무는 보통 도토리나무라고 부르기도 합니다. 둘째는, '테레빈쓰(terebinth)나무'로 보기도 합니다.[4] 이 둘은 비슷합니다. 줄기는 단단하고 많은 가지들이 옆으로 뻗어 있습니다. 상수리나무는 높이가 20-30m 정도로 상당히 큰 나무입니다. 옛날 가나안 사람들이 이 나무 아래서 우상 신에게 제사를 드리고 점쟁이들이 점을 쳤다고 합니다. 소위 신탁(神託)을 받은 것입니다. 무슨 일이 있을 때 여기에 와서 우상 신에게 묻고 답을 받았습니다.

이 세겜 땅에도 사람들이 살고 있었습니다. 가나안 사람들이 있었다고 하는데, '가나안 사람'은 가나안 땅에 살던 사람들 전체를 아우르는 말입니다. 함의 아들 가나안의 자손들을 가리킵니다(창 10:15-18). 구체적으로는 일곱 족이 있었다고 합니다. 헷 족, 기르가스 족, 아모리 족, 가나안 족, 브리스 족, 히위 족, 여부스 족, 이렇게 일곱 족이 살고 있었습니다(신 7:1). 아브라함의 출생 연도를 대략 주전 약 2,165년경으로 볼 수 있다고 했는데, 아브라함이 75세에 가나안 땅에 들어왔으

---

2 W. H. Gispen, *Genesis*, II (Kampen: J. H. Kok, 1979), 30.

3 Gesenius, *Hebrew and Chaldee Lexicon*, s.v. אלון.

4 Gispen, *Genesis*, II, 30.

니까 그때는 주전 2,090년경이었을 것입니다. 그때 가나안 땅에는 이미 많은 사람들이 살고 있었습니다.

아브라함이 가나안 땅에 들어왔을 때 이 많은 사람들을 보고 무슨 생각을 했겠습니까? "하나님이 복을 주시겠다고 해서 가족과 친척을 버리고 고향을 떠나 이렇게 가나안 땅에 왔는데, 내가 발붙일 땅이 없구나!"라고 생각했을 것입니다. 사도행전 7장 5절에 보면 "그러나 여기서 발붙일 만한 땅도 유업으로 주지 아니하시고"라고 합니다. 아브라함이 막상 가나안 땅에 들어와 보니 발붙일 땅이 없었습니다. 아브라함은 많은 식솔들과 소와 양들을 먹여 살릴 것을 생각하니 골치 아팠을 것입니다. "수백 명의 종들과 수천 마리의 양떼를 어디서 어떻게 먹여 살리지?" 근심과 걱정, 염려로 잠이 오지 않았을 것입니다. 그래서 텐트 밖에 나와서 하늘을 바라보면서 "청천 하늘에 별들은 많은데 내가 발붙일 땅은 한 평도 없구나!"라면서 탄식했을 것입니다. "복은커녕 당장 먹고살 길이 걱정이로구나!" 하면서 한숨을 지었을 것입니다.

바로 그때 하나님이 아브라함에게 나타나서 말씀하셨습니다. "여호와께서 아브람에게 나타나 이르시되 내가 이 땅을 네 자손에게 주리라."(7절) 여기에 보면 이 땅을 '네 자손'에게 주겠다고 말씀하셨습니다. 여기서 '자손'은 히브리어로 '제라'(זֶרַע)인데 '씨'란 뜻입니다. 이 '씨'는 다음 두 가지 뜻이 있습니다. 첫째는, 아브라함의 씨 곧 메시아, 예수님을 뜻합니다. 둘째는, 아브라함의 자손 곧 이스라엘 백성을 가리킵니다. 문자적으로는 아브라함의 육적 자손인 이스라엘 백성이 나중에 이 땅을 차지했습니다. 그러나 영적으로는 아브라함의 영적 자손인 교회가 그리스도 안에서 약속의 땅 곧 천국을 얻게 됩니다(갈 3:14).

이처럼 하나님은 아브라함에게 '약속'을 주셨습니다. 미래의 약속입니다. 약 700년 후에 이루어질 약속입니다. 말하자면, 하나님은 아브라함에게 당장 현찰을 주신 게 아니고 만기가 700년인 약속어음을 주신 것입니다. 참 길지요? 요즘 사람들 같으면 못 참습니다. "돈 벌어서 1년 후에 좋은 차 사 줄게." 해도 사람들은 시큰둥합니다. "그 약속 믿을 수 있어?"라고 되묻습니다. 요즘 아이들은 "내일 맛있는 통닭 사 줄게" 하면 "와! 신난다." 하는 아이도 있지만, 어떤 아이는 "안 돼. 당장 오늘 사 줘. 지금 당장 먹고 싶단 말이야." 하면서 떼를 씁니다. 이처럼 하루도 못 참는 아이들도 있습니다. 그런데 하나님은 아브라함에게 700년짜리 약속어음을 주셨습니다. 물론 여기에 몇 년이란 말은 없고 그냥 "이 땅을 네 자손에게 주리라."고 약속하셨습니다.

그러면 그때 아브라함은 어떻게 했습니까? 아브라함은 거기서 단을 쌓았습니다. 7절 끝에 보면 "그가 자기에게 나타나신 여호와를 위하여 그곳에 단을 쌓았다."고 합니다. 아브라함은 돌을 가져다가 단을 쌓고 그 위에 하나님께 제사를 드렸습니다. 홍수 후에 노아가 단을 쌓았는데(창 8:10), 그 후에 처음으로 아브라함이 단을 쌓았다고 나타납니다. 따라서 아브라함이 단을 쌓았다는 것은 노아의 신앙을 이어받았다는 것을 의미합니다.

단을 쌓은 것은 무엇보다도 하나님께 대한 '감사'를 의미합니다. "하나님 감사합니다. 이 땅을 저의 자손들에게 주시겠다니 감사합니다." 그래서 감사의 마음을 담아서 단을 쌓고 하나님께 제사를 드렸습니다. 단을 쌓은 것은 또한 하나님께 대한 '간구'의 의미도 있습니다. "하나님, 약속하신 대로 확실히 이루어 주옵소서. 이 땅을 제 자손에게 주옵소서."

그런데 눈을 떠 보니 주위에는 이방인들이 살고 있습니다. 해가 뜨니 세겜 땅에 살던 가나안 사람들이 우르르 몰려와서 고함을 칩니다. "웬 낯선 사람들이 우리 땅에 들어와 장막을 치는 거요? 왜 우리 허락도 없이 여기에 사는 거요? 당장 떠나지 않으면 한 명도 살아남지 못할 줄 아시오." 할 수 없이 아브라함은 보따리를 쌌습니다. 장막을 걷어서 남쪽으로 내려갔습니다. 이처럼 믿음의 조상 아브라함은 갈 바를 알지 못하고 정처 없이 길을 떠났습니다. 아내 사라와 조카 롯을 데리고 또 많은 종들을 거느리고 길을 떠났는데, 양들은 "매~ 매~" 울면서 따라옵니다. 양들도 고생입니다.

그래서 아브라함은 조금 내려가서 벧엘 동편에 있는 산에 장막을 쳤습니다. 8절에 보면 "거기서 벧엘 동쪽 산으로 옮겨 장막을 치니 서쪽은 벧엘이요 동쪽은 아이라."고 했습니다. '벧엘'은 세겜에서 남쪽으로 약 35km 지점에 있습니다. 예루살렘 북쪽 약 15km 지점입니다. 그러나 아브라함은 벧엘 동네 안에 들어갈 수가 없었습니다. 왜냐하면 거기에는 사람들이 살고 있었기 때문입니다. 그래서 아브라함은 벧엘 동쪽 산에다 장막을 쳤습니다. 그 동쪽은 '아이'라고 했습니다. '아이'는 옛날에 번성한 도시였다고 합니다. 주전 3번째 천년기에 번성했는데 세 겹으로 둘러싼 성벽이 있고 그 안에 신전이 있었다고 합니다. 애굽에서 온 도자기들과 코끼리 상아들이 발견되었다고 합니다.[5]

아브라함은 벧엘과 아이 사이 산에다 장막을 쳤습니다. 왜 벧엘과 아이 사이에 장막을 쳤을까요? 벧엘과 아이에는 이미 사람들이 살고 있었기 때문입니다. 거기에는 이미 주인이 있었습니다. 벧엘에 들어가려고 하면, 벧엘 사람들이 "안 돼. 어디서 굴러온 녀석들이야? 썩 나가지 못할까?" 합니다. 아이 성 안에 들어가려고 하니까, 아이 사람들이 "웬 놈이야? 빨리 안 나가? 내일까지 안 나가면 양들을 다 몰수한다."고 위협합니다. 그래서 아브라함은 할 수 없이 벧엘과 아이 사이의 산에다 장막을 쳤습니다. 서러운 신세입니다. 이처럼 고향을 떠나면 서럽고 무시당하고 어려움을 당합니다.

우리나라도 옛날에 텃세가 있었습니다. 특히 젊은 청년들은 텃세가 세었습니다. 만일 다른 동네 아이들이 허락도 없이 자기 동네에 오면 두들겨 맞습니다. "너, 왜 왔냐? 죽고 싶어?" 예를 들어, 옛날에 천안에 있는 아이들이 아산에 가서 어슬렁거리면 두들겨 맞습니다. 잘못하면 맞아 죽습니다. 지금도 천안 택시가 아산에 가서 영업하면 큰일 난다고 합니다. 그래서 천안아산역에는 천안 택시들이 못 들어옵니다. 잘못했다가는 혼줄이 납니다. 텃세가 심해서 그렇습니다.

---

5 Gispen, *Genesis*, II, 33.

아브라함은 벧엘과 아이 사이의 산에다 장막을 치고, 거기서도 하나님을 위해 단을 쌓고 여호와의 이름을 불렀습니다. 8절 끝에 보면 "그가 그곳에서 여호와께 제단을 쌓고 여호와의 이름을 부르더니"라고 말합니다. 이것이 아브라함의 신앙입니다. 아브라함은 서러운 마음을 담아서 하나님께 제사드리고 기도드렸습니다. 울컥한 마음을 참을 수 없어 하나님께 기도했습니다.

성도 여러분, 여러분은 서러울 때 어떻게 합니까? 억울한 일을 당하면 어떻게 합니까? 어떤 사람은 울고불고 고함을 지릅니다. "세상에 이렇게 억울한 일이 어디 있습니까?" 어떤 사람은 신경질을 부리고 짜증을 냅니다. "열심히 공부했는데 왜 점수가 이것밖에 안 나와? 정말 짜증 나!" 그런데 어떤 사람은 누워 자 버립니다. "세상만사 다 귀찮다. 다 잊어버리고 자자." 또 어떤 사람은 짜증 나면 발로 툭툭 찹니다. "아 이 짜증 나!" 하면서 발로 툭툭 차고 아무나 만나는 대로 때립니다.

그러나 아브라함은 그렇게 하지 않았습니다. 아브라함은 세상에서 서럽고 억울한 일을 당할 때 돌을 주워서 단을 쌓고 하나님께 제사를 드렸습니다. 칼을 꺼내서 양을 잡았습니다. 아브라함은 양을 잡아서 하나님께 제사드리고, 또 하나님께 기도했습니다. 여기서 "여호와의 이름을 불렀다."는 것은 하나님께 기도했다는 것을 말합니다. "갈대아 우르에서 나타나신 하나님, 하란에서 부르시고 이곳에 오게 하신 하나님, 세겜 땅 모레 상수리나무 아래서 나타나신 하나님, 하나님께서 약속하신 대로 이 땅을 내 자손에게 주옵소서. 저 벧엘과 아이도 주옵소서. 이 가나안 땅을 다 주옵소서." 이렇게 기도했을 것입니다.

그런데 제사 지내고 나서 조금 있으니, 벧엘과 아이에서 사람들이 몰려와서 아브라함에게 야단을 칩니다. "아니, 왜 허락도 없이 우리 땅에 들어와서 사는 거야? 왜 산에서 연기를 모락모락 피우고 우리가 알지도 못하는 신에게 제사를 지내는 거야? 당장 이곳을 떠나 우리 눈앞에서 사라지시오. 그렇게 하지 않으면 당신 목이 달아날 줄 아시오."

그래서 아브라함은 또 보따리를 쌌습니다. 장막을 걷고 짐을 챙기고 길을 떠났습니다. 사라는 솥과 밥그릇을 챙긴다고 바쁩니다. 아브라함과 사라는 이사 전문입니다. 오늘날 '이삿짐센터'를 했으면 잘했을 것 같아요. 그래서 여러분이 혹시 이삿짐센터를 하시려면 "사라 이삿짐센터"라고 이름 지으시면 됩니다. 아니면 "아브라함 포장 이사"라고 이름을 지어도 됩니다. 아브라함과 사라는 갈대아 우르에서 애굽까지 이사를 했습니다. 동물을 데리고 이사한 이사 전문가들입니다.

그래서 아브라함과 그 일행은 점점 남방으로 옮겨 갔다고 합니다(9절). 여기서 '남방'은 네게브인데, 남방을 뜻할 수도 있고 또 네게브 사막을 뜻할 수도 있습니다. '네게브'가 곧 남방이란 뜻입니다. 아브라함 당시에는 남방 사막에도 마을들이 많이 있었다고 합니다. 여기저기에 마을들이 있었습니다. 사막에서는 텃세가 좀 덜 심했겠지요. 아브라함은 가는 곳마다 단을 쌓고 하나님의 이름을 불렀습니다. 이것이 아브라함의 신앙이고 우리가 배워야 할 점입니다.

오늘날 우리가 이 세상에 살 때에도 어려운 일들이 많습니다. 뜻대로 안 되는 일들이 많습니다. 열심히 일했는데 돈은 안 벌리고, 열심히 공부했는데 성적은 안 오르고, 열심히 수고했는데 칭찬은 못 받고 도리어 잔소리 들을 때가 있습니다. 하나님을 위해 열심히 사는데 길은 안 열리고 어려운 일은 계속 생기고… 그러면 짜증이 납니다.

제일 큰 문제는 하나님이 현찰을 안 주시고 약속어음을 주신다는 것입니다. 하나님은 자기를 믿는 자에게 복을 주시겠다고 약속하셨는데, 당장 주시는 게 아닙니다. 말하자면 현찰이 아니라 약속어음을 주십니다. 나중에 주겠다고 약속하십니다(행 7:5). 그러니 당장은 손에 쥐는 게 없습니다. 우리는 당장 현찰이 필요한데 말이죠. 그래서 소위 '만기 불일치'의 문제가 발생합니다.

우리나라에 왜 IMF 위기가 왔느냐? 여러 가지 설명이 있는데, 그 중의 하나는 만기 불일치입니다. 당시 은행들이 외국에서 단기로 외화를 빌려와서는 국내 기업들에 장기로 빌려주었습니다. 예를 들면 1년짜리 단기 외화를 차입해서 기업들에게 3년짜리, 5년짜리로 빌려준 것입니다. 장기 대출이 금리가 높으니까 그렇게 한 것입니다. 그런데 갑자기 아시아 통화가 출렁거리고 위기 조짐이 보이니까, 외국 은행들이 1년짜리 대출 만기가 돌아오는 속속 다 갚으라고 요구했습니다. 그러니 우리나라 은행들은 달러가 부족하게 되었습니다. 받을 돈은 3년~5년 지나야 받는데, 빌린 돈은 당장 갚아야 하니 달러가 부족하게 된 것입니다. 그래서 한국은행에서 달러를 빌려서 갚다 보니 한국은행의 달러가 바닥난 것입니다. 그래서 IMF에서 긴급히 구제금융을 신청한 것입니다. 만기 불일치가 문제였습니다.

오늘날 신앙생활에도 이런 문제가 있습니다. 사람들은 당장 복 받기를 원합니다. 당장 현금이 필요합니다(사실, 이것은 대부분 인간의 욕심입니다). 그러나 하나님은 20년, 30년짜리, 어떤 때는 50년짜리, 100년짜리 장기어음을 주십니다. 그러니 우리의 생활에 어려움이 있는 것입니다. 20년, 30년짜리 장기어음을 손에 쥐고 있는데, 당장 현금이 부족해서 어려움을 겪습니다. 그래서 많은 사람이 실망하고 짜증을 냅니다.

그러면 우리는 어떻게 해야 하겠습니까? 그 답은 아브라함처럼 하는 것입니다. 무엇입니까? 가는 곳마다 단을 쌓고 하나님의 이름을 부르는 것입니다. 우리는 하나님이 주신 약속의 말씀을 펴놓고 하나님 앞에 기도해야 합니다. "하나님, 이런 약속을 주셔서 감사합니다. 이 약속대로 이루어 주옵소서." 이렇게 기도해야 합니다. 우리가 이렇게 주일 날 와서 예배드리는 것은 하나님께 단을 쌓는 것입니다. 하나님이 주신 약속을 생각하면서 하나님께 감사드리는 것입니다. 그리고 그 약속대로 이루어 달라고 기도하는 것입니다. 이런 감사와 기도, 이것이 바로 아브라함의 신앙이었습니다. 아브라함은 가는 곳마다 단을 쌓고 기도했습니다. 서러움을 당할 때마다, 억울한 일을 당할 때마다, 빨리 이사 가라는 말을 들을 때마다 하나님께 나아와 단을 쌓고 기도했습니다.

여러분, 혹 전세 살고 있는데 주인이 방 빼라고 말하거든 실망하지 말고 하나님께 나아와서 기도하시기 바랍니다. 아브라함도 방 빼라는 말을 수없이 들으면서 쫓겨 다녔습니다. 그때마다 아브라함은 단을 쌓고 하나님의 이름을 불렀습니다. "하나님, 이 땅을 약속대로 제 자손에게 주옵소서." 아브라함은 가는 곳마다 단을 쌓고 하나님께 기도했더니, 세월이 지나니 하나님의 약속이 그대로 이루어졌습니다. 700년 후에 이스라엘 백성이 가나안 땅을 차지하게 된 것입니다.

그러므로 사랑하는 성도 여러분,

오늘도 우리는 하나님의 약속을 가지고 살아갑니다. 우리는 이 약속어음을 받아 들고서 가만히 있지 말고, 이것을 하나님 앞에 펼쳐놓고 감사하고 그 약속대로 이루어달라고 기도하시기 바랍니다. 그러면, 때가 되면 마침내 하나님께서 그 약속을 이루어 주시고 큰 복을 주실 줄로 믿습니다.

하나님은 아브라함이 살아 있는 당대에도 복을 많이 주셨습니다. 처음에는 서러움을 많이 당했지만, 여기저기 쫓겨 다니면서 단을 쌓고 기도했더니 몇 년이 지나자 아브라함의 소유가 자꾸 늘어나고 그 세력이 자꾸 커지는 것을 볼 수 있습니다. 아브라함 당대에도 하나님이 복을 주시고 번창하게 하신 것을 봅니다.

사랑하는 성도 여러분,

지금 이 세상에서 어려운 일을 당한다고 해서 실망치 말고, 힘을 내어서 더욱 하나님을 바라보고, 하나님을 위하여 단을 쌓고 기도하는 여러분이 되시기 바랍니다. 가는 곳마다 하나님의 이름을 부르며 기도하면, 하나님이 그 기도를 들으시고 그 약속을 이루어 주실 줄로 믿습니다.

그래서 하나님의 약속이 여러분에게 이루어지고, 하나님의 복이 여러분에게 충만하여서, 하나님께 영광 돌리는 귀한 성도들이 다 되시기 바랍니다. 아멘. (2011년 7월 17일 주일 오전)

3. 애굽에 내려간 아브라함 (12:10-20)

10 그 땅에 기근이 들었으므로 아브람이 애굽에 거류하려고 그리로 내려갔으니 이는 그 땅에 기근이 심하였음이라 11 그가 애굽에 가까이 이르렀을 때에 그의 아내 사래에게 말하되 내가 알기에 그대는 아리따운 여인이라 12 애굽 사람이 그대를 볼 때에 이르기를 이는 그의 아내라 하여 나는 죽이고 그대는 살리리니 13 원하건대 그대는 나의 누이라 하라 그러면 내가 그대로 말미암아 안전하고 내 목숨이 그대로 말미암아 보존되리라 하니라 14 아브람이 애굽에 이르렀을 때에 애굽 사람들이 그 여인이 심히 아리따움을 보았고 15 바로의 고관들도 그를 보고 바로 앞에서 칭찬하므로 그 여인을 바로의 궁으로 이끌어 들인지라 16 이에 바로가 그로 말미암아 아브람을 후대하므로 아브람이 양과 소와 노비와 암수 나귀와 낙타를 얻었더라 17 여호와께서 아브람의 아내 사래의 일로 바로와 그 집에 큰 재앙을 내리신지라 18 바로가 아브람을 불러서 이르되 네가 어찌하여 나에게 이렇게 행하였느냐 네가 어찌하여 그를 네 아내라고 내게 말하지 아니하였느냐 19 네가 어찌 그를 누이라 하여 내가 그를 데려다가 아내를 삼게 하였느냐 네 아내가 여기 있으니 이제 데려가라 하고 20 바로가 사람들에게 그의 일을 명하매 그들이 그와 함께 그의 아내와 그의 모든 소유를 보내었더라

아브라함은 하나님의 말씀을 좇아 가나안 땅에 들어왔습니다. 갈대아 우르에서 하란으로, 하란에서 가나안으로, 오직 하나님의 약속만 믿고 하나님의 말씀을 좇아 가나안 땅에 들어왔습니다. 말하자면 약속어음 한 장 들고 온 것입니다. 사실은 서류도 없고 하나님의 구두약속만 믿고 왔습니다.

가나안 땅에 들어오니 거기에는 이미 사람들이 살고 있었습니다. 사람들이 곳곳에서 땅을 차지하고 살고 있었습니다. 그래서 아브라함이 발붙일 땅이 없었습니다. 외진 산에다 장막을 치면 이웃 동네 사람들이 몰려와서 "나가라!"고 합니다. "웬 낯선 사람이 여기 와서 장막을 치는 거요? 빨리 여기를 떠나시오." 그래서 아브라함은 장막을 걷고 이사했습니다. 계속 남쪽으로 이사하게 되었습니다. 그래서 아브라함과 사라는 이사 전문가가 되었습니다. 그러면서도 가는 곳마다 돌을 주워 단을 쌓고 하나님의 이름을 불렀습니다. 하나님께 제사드리고 기도한 것입니다.

아브라함과 그 일행은 계속 남쪽으로 내려왔는데, 남방 네게브 사막에까지 내려왔습니다. 거기는 풀이 별로 없고 유목민들이 사는 곳이라 텃세가 덜 심했을 것입니다. 아브라함과 사라, 그리고 조카 롯은 남방에서 장막을 치고 살았습니다. 양떼와 소들을 거느리고 풀을 찾아 이리저리 돌아다녔습니다. 종들도 많이 있었습니다. 이들은 광야에서 텐트를 치고 살았습니다. 낮에는 양떼를 몰고 다니고, 밤에는 하늘의 별들을 바라보면서, 날마다 양고기를 구워 먹고 살았습니다.

참 재미있었겠지요? 저는 이스라엘 광야에 가서 텐트 치고 한번 살아봤으면 좋겠다는 생각을 합니다. 어린이 여러분, 학교 가지 말고, 학원 다 때려치우고, 저랑 같이 이스라엘 광야로 가실래요? 낮에는 양떼를 몰고 다니면서 놀다가 저녁에는 양고기 구워 먹고, 밤하늘 별들을 세다가 잠이 들고 … 참 재미있겠지요? 그런데 먼저 영어가 되어야 가지요. 영어를 못하면 의사소통도 안 되고 살 수가 없습니다. 돈도 있어야 하고요. 그래서 먼저 영어를 잘 배우고, 나중에 돈 벌어서 형편 되면 이스라엘 광야에 가서 딱 한 달만 살다 오면 좋겠다 싶습니다.

그러나 아브라함과 사라에게는 장막 생활이 그리 즐거운 것은 아니었습니다. 늘 이리저리 옮겨 다녀야 했습니다. 풀을 찾아서 이리저리 장막을 옮겨야 했고, 많은 종들과 양들을 먹여 살리려니 걱정입니다.

게다가 시련이 닥쳐왔습니다. 혹독한 시련이 닥쳤는데 곧 그 땅에 기근이 든 것입니다. 비가 오지 않았어요. 이스라엘 남쪽 사막 지대는 원래 비가 잘 오지 않고 우기에만 조금 비가 옵니다. 그런데 웬일인지 우기가 되어도 비가 오지 않는 것이었습니다. 뜨거운 햇볕만 계속 내리쬐었습니다. 비가 와야 풀이 자라고 곡식이 자라서 열매가 열릴 것인데, 비가 오지 않으니 풀은 죽고 채소와 곡식은 아예 되지 않습니다. 큰일 났습니다. 소와 양들이 먹을 풀이 없습니다.

아브라함은 고민 끝에 애굽으로 내려가기로 결심했습니다. 10절에 "그 땅에 기근이 들었으므로 아브람이 애굽에 거류하려 하여 그리로 내려갔으니 이는 그 땅에 기근이 심하였음이라."고 합니다. '애굽'은 오늘날 우리가 '이집트'라고 부르는 나라입니다. 애굽 사람들은 자기 나라를 '미츠라임'이라고 부릅니다.[1] 이스라엘에서 남쪽으로 쭉 내려가면 있는데, 아프리카에 속하는 더운 나라입니다. 뜨거운 태양에 피부가 그을려서 피부 색깔이 조금 검습니다. 완전히 검은 것은 아니고 약간 거무스름합니다. 얼굴은 넓적하고 신체는 건장합니다. 함의 자손에 속한다고 합니다.

그러나 애굽에는 물이 있습니다. 나일강이 있는데 이 강은 하나님이 주신 큰 복입니다. 아프리카 내륙 적도 부근에서부터 흘러 내려오는데, 길이가 장장 6,671km나 된다고 합니다. 아마존강 다음으로 긴 강입니다. 이 나일강에는 물이 엄청 많습니다. 그래서 나일강 유역은 비옥합니다. 1년에 한 번씩 범람하면 자연적으로 거름을 주는 효과가 있어서 곡식과 식물이 잘 자랍니다. 그래서 나일강 유역을 중심으로 사람들이 사는데, 이집트 인구의 97%가 나일강 주변에 산다고 합니다. 그래서 애굽에는 먹을 것이 풍부합니다. 비의 영향을 거의 받지 않습니다. 비가 오든 안 오든 나일강은 항상 물이 많습니다. 이 물을 끌어오기만 하면 농사를 지을 수 있습니다.

아브라함과 사라는 식솔들을 거느리고 애굽에 내려가기로 하였습니다. 하나님이 애굽에 가라고 명령하시지는 않았지만, 그래서 마음이

---

[1] '미츠라임'은 문법적으로 쌍수(雙數, dual)인데, 저지 이집트(lower Egypt, 마초르)와 고지 이집트(upper Egypt, 파트로스)를 가리킨다고 보는 견해가 있다(cf. Gesenius). 그러나 창 10:6에는 '함'의 아들 중에 '미스라임'이 나온다.

좀 찜찜하기는 했지만 먹을 것이 없으니 어쩌겠습니까? 하나님이 가나안 땅을 주시겠다고 해서 왔는데, 땅은커녕 먹을 것도 안 주시니 어찌하겠습니까? 복은커녕 굶어 죽게 생겼습니다. "하나님이 우리를 굶겨 죽이시려고 가나안 땅으로 부르셨는가? 갈대아 우르에 매장지가 없어서 이곳으로 부르셨는가?" "큰 민족이 되게 해 주겠다고 하시더니 아들 하나도 안 주고 … 나 원 참 …" 온갖 생각이 다 듭니다.

아마 아브라함은 그때부터 어쩌면 한동안 제사도 안 지내고 기도도 안 했을지 모릅니다. 하더라도 속으로는 불평이 있었을 것입니다. "제사를 지내도 소용없네. 기도해도 소용없네. 복은커녕 어려움만 자꾸 닥치네." 이처럼 아브라함은 실의에 빠져 터벅터벅 걸어서 애굽으로 내려가고 있었습니다. 조카 롯과 함께 또 종들과 양들도 거느리고 갔습니다.

애굽에 가까이 이르렀을 때에 아브라함은 또 걱정이 있었습니다. 무슨 걱정입니까? 아내 사라 때문이었습니다. 아내가 너무 예쁜 게 문제였습니다. 11절에 "내가 알기에 그대는 아리따운 여인이라. 애굽 사람이 그대를 볼 때에 이르기를 이는 그의 아내라 하여 나는 죽이고 그대는 살리리니"고 합니다. 여기서 '아리땁다'는 것은 '아름답다'는 뜻인데, 히브리어 원어로 '야페'(יָפֶה)라고 합니다. 이 단어의 어원적 의미는 '빛나다, 비춰다'(shining)라고 합니다(Gesenius). 빛을 잘 반사한다는 뜻이지요. 여러분, 빛을 잘 반사하기 위해서는 어떻게 해야 할까요? 얼굴 표면이 평탄해야 합니다. 구멍이 많이 있으면 빛을 흡수합니다. 따라서 얼굴이 깨끗하고 매끄러워야 하고, 또 검은색보다는 흰색이 빛을 잘 반사합니다. 따라서 사라는 얼굴이 깨끗하고 희었다고 생각됩니다. 물론 얼굴 윤곽이 보기 좋았을 것입니다. 균형이 잘 갖추어졌을 것입니다. 어쨌든 사라는 미인이었습니다. 자타가 공인하는 미인이었는데, 남편인 아브라함도 인정했습니다. "나 알기에 그대는 아리따운 여인이라." 60이 넘었지만 아름다운 미인이었습니다.

그런데 이것이 근심거리였습니다. 12절에 보면 "애굽 사람이 그대를 볼 때에 이르기를 이는 그의 아내라 하여 나는 죽이고 그대는 살리리니"라고 합니다. 애굽 사람들이 보고서 아브라함을 죽이고 사라를 빼앗아갈 것이라는 걱정입니다. 아브라함은 지금 자기 아내를 걱정하는 것이 아니라 자기 목숨을 걱정하고 있습니다. 참, 졸장부지요? 어쨌든 아브라함의 걱정은 기우(杞憂)가 아니라 사실이었습니다. 현실적인 위험이었습니다. 이때 아브라함은 어쩌면 아름다운 여인과 결혼한 것을 후회했을지 모릅니다. "내가 왜 아름다운 여자와 결혼해서 이런 걱정을 한담? 차라리 못 생긴 여자와 결혼했더라면 이런 걱정은 안 해도 되었을 텐데…"

여러분, 여행 갈 때는 못 생긴 여자가 좋습니다. 너무 못 생기면 그렇고, 그냥 평범한 여자가 좋습니다. 그러면 누가 관심 가지고 달려들지도 않을 것이고, 아내를 빼앗길 염려도 없고, 자기 목숨을 잃을 염려도 없이 편안하게 여행할 수 있습니다. 그러나 아브라함은 그렇지 않았습니다. 아내가 아름다운 게 골치입니다. "아이도 못 낳는 게 얼굴은 예뻐 가지고… 나 원 참. 반품할 수도 없고 리콜할 수도 없고…" 이것이 아브라함의 고민이었습니다.

그러다가 아브라함은 한 꾀를 생각해 내었습니다. "원하건대 그대는 나의 누이라 하라. 그리하면 내가 그대로 말미암아 안전하고 내 목숨이 그대로 말미암아 보존되리라 하니라."(13절) 창세기 20장 12절에 보면, 아브라함은 아비멜렉에게 사라는 자기의 '이복누이'라고 말합니다. 이 말이 사실이라면, 사라는 아버지는 같은데 어머니가 다른 이복누이입니다. 그러니까 아브라함과 사라는 배다른 오빠와 여동생의 관계였습니다. 그러나 결혼했으면 '아내'라고 말해야 옳습니다. 누가 뭐래도 '아내'입니다.

그런데 아브라함은 '뻔한 술수'를 쓰고 있습니다. '얕은 꾀'를 부린 것입니다. "그대는 나의 누이라 하라." 곧 아내인 사실을 감추어 달라는 것입니다. "그리하면 내가 그대로 말미암아 안전하고, 내 목숨이 그대로 말미암아 보존되리라." 이것을 보면, 아브라함은 치졸한 졸장부임을 알 수 있습니다. 하나님을 믿는 믿음은 어디 가고 없고, 자기 아내를 의지하고 아내 때문에 자기 목숨을 부지하려고 하였습니다. 하나님을 믿지 못하면 사람을 의지하게 되고, 물질을 의지하게 되고, 또 거짓말을 하고 술수를 쓰게 됩니다.

그런데 사라는 아브라함의 이런 요청을 받아들였습니다. 우리나라 여자 같으면 "에이 졸장부 같은 사람!" 하고 쫓아내 버렸을 것인데, 사라는 졸장부 같은 남편의 말도 그대로 따랐습니다. 이처럼 사라는 착한 여인이었습니다. 남편에게 순종한 여인이었습니다. 오늘날 모든 아내의 귀감이 되는 거룩한 부녀였습니다(벧전 3:5-6).

아브라함 일행이 애굽에 도착하자 난리가 났습니다. 14절에 "애굽 사람들이 그 여인의 심히 아리따움을 보았다."고 합니다. 아마도 우리나라의 '소녀시대'가 프랑스 파리에 도착한 것보다 더한 소동이 일어났을 것입니다. 우리나라 가수들은 춤으로 사람을 혹하게 하는데(그래서 어른들이 볼 때는 좀 어지럽습니다), 사라는 가만히 있어도 사람들의 이목을 집중시켰습니다. "햐! 대단히 아름다운 여자다. 저렇게 아름다운 여자는 세상에서 처음 본다. 애굽 개국 이래로 이런 미인은 처음이야."

15절에 보면 "바로의 고관들도 그를 보고 바로 앞에 칭찬하므로 그 여인을 바로의 궁으로 이끌어 들인지라."고 합니다. '바로(파라오)'는 애굽의 왕을 가리키는 칭호입니다.[2] 바로의 대신들, 신하들도 사라를 보고 바로 앞에 칭찬했습니다. "위대한 파라오시여, 가나안에서 온 어떤 여자가 있는데 대단한 미인이옵니다. 지금 애굽 전체가 발칵 뒤집혔사옵나이다. 한번 불러서 보시옵소서."

그래서 사라는 바로의 궁 안으로 들어가게 되었습니다. 아브라함은 아마도 멀찍이서 쳐다보고 있었을 것입니다. 바보처럼 아무 말도 못하고 아내를 빼앗겼습니다. 도살장으로 끌려가는 자기 새끼 송아지를 바라보는 어미소처럼 물끄러미 쳐다보고 있었을 것입니다. 바로는 아브라함에게 양과 소와 노비와 암수 나귀와 낙타를 많이 주었습니다. 일종의 결혼 예물입니다. 사라를 데려오는 대신에 보호자 되는 오라비에게 결혼 예물을 잔뜩 주었습니다. "이것 받고 떨어져라."는 의미입니다

---

2 이집트어에서 '파라오'(Pharaoh)는 '왕'(king)을 의미한다(Gesenius).

다. "이제 사라는 내 아내로, 내 후궁으로 데려간다."는 뜻입니다.

아브라함은 많은 짐승들과 종들을 받았지만, 자기 아내 사라는 빼앗겼습니다. 참 졸장부입니다. 자기 아내를 지키지도 못하고, 자기 아내를 팔아서 자기 목숨을 부지하고 또 물질을 얻었습니다. 어떻게 보면 졸장부의 극치입니다. 믿음의 조상 아브라함도 이렇게 비열하고 졸렬할 때가 있었습니다.

그럼에도 불구하고 하나님은 아브라함에게 주신 약속을 잊지 않으셨습니다. 갈대아 우르에서 아브라함을 부르실 때 주신 약속, 하란에서 부르실 때 약속하신 말씀 곧 "내가 너로 큰 민족을 이루고 네게 복을 주어 네 이름을 창대하게 하리니 너는 복이 될지라. ... 땅의 모든 족속이 네 안에서 복을 얻을 것이니라."고 하신 약속을 잊지 않으셨습니다. 아브라함은 실패했지만 하나님은 실패하지 않으셨습니다.

그래서 위기에 빠진 아브라함과 사라를 하나님이 직접 나서서 건져주십니다. 17절에 "여호와께서 아브람의 아내 사래의 일로 바로와 그 집에 큰 재앙을 내리신지라."고 했습니다. '큰 재앙'이 구체적으로 무엇인지는 나타나 있지 않습니다. 어쩌면 바로와 그 집 식구들에게 독종(악한 피부병)이 생기게 하셨는지 모릅니다. 아니면 갑자기 문둥병이 발하게 하셨을 수도 있습니다. 아니면 고열에 급성 폐렴이 생겼는지도 모릅니다. 그리고 아마도 꿈에 하나님이 바로에게 나타나서 말씀하셨을 것입니다. "사라는 아브라함의 아내이니라. 네가 왜 남의 아내를 취하였느냐?" 그리고 "빨리 돌려보내지 않으면 너와 네 집 식구들이 다 죽게 될 것이다."고 말씀하셨을 것입니다.

어떻게 보면 바로는 잘못한 것이 없는데 억울합니다. 거짓말한 것은 아브라함인데 바로와 그 집이 벌을 받았습니다. 그래서 이튿날 바로가 아브라함을 불러서 호통을 쳤습니다. "네가 어찌하여 나에게 이렇게 행하였느냐? 네가 어찌하여 그를 네 아내라고 내게 말하지 아니하였느냐? 네가 어찌 그를 누이라 하여 나로 그를 데려다가 아내를 삼게 하였느냐? 네 아내가 여기 있으니 이제 데려가라."(18-19절) 아브라함은 바로의 호통에 한 마디도 대답하지 못했습니다. 부끄러울 뿐이었습니다. 하나님을 믿는 사람이 믿음이 떨어지면 하나님을 모르는 이방인에게서 호통을 당한다 하는 것을 알 수 있습니다. 아브라함은 이방인에게서 부끄러움을 당하고 책망을 받았습니다.

그러나 하나님의 긍휼로 아브라함은 다시 사라를 데리고 나왔습니다. 빼앗겼던 아내를 다시 찾아왔습니다. 사라는 믿음 없는 남편 때문에, 졸장부 아브라함 때문에 바로에게 갔다가 다시 원주인에게로 돌아왔습니다. 아브라함은 사라 앞에서 아무말도 못하고 고개를 숙였을 것입니다. 할 말이 없습니다. 입이 열 개라도 할 말이 없습니다.

그래서 아브라함은 아내 사라와 그리고 바로에게서 받은 소유를 데리고 다시 가나안 땅으로 돌아왔습니다. 양들과 소와 나귀와 낙타들, 노비들을 데리고 왔습니다. 이것을 보면 바로는 통이 크다 하는 것을 알 수 있습니다. 결혼이 성사되지 않았으면 결혼 예물을 돌려받을 수 있는데, "예물 도로 내놔!" 해도 되는데, 바로는 돌려받지 않고 다 주었습니다. 치사하게 돌려달라고 하지 않았습니다. 바로는 아브라함을 후대해서 돌려보내었습니다. 어쩌면 꿈에 나타나신 하나님이, 재앙을 내리신 하나님이 두려워서 아브라함을 후대한 것으로 생각할 수도 있습니다.

그래서 아브라함은 아내 사라와 롯과 많은 소유와 종들을 데리고 다시 가나안 땅으로 돌아왔습니다. 어디로 갔습니까? 창세기 13장 3절에 보면, 남방으로 올라가서 벧엘과 아이 사이, 전에 장막 쳤던 곳으로 돌아갔다고 합니다. 결국 원위치한 것입니다. 약속의 땅 가나안 땅에 다시 돌아왔습니다.

그러나 달라진 것이 있습니다. 무엇일까요? 아브라함은 전보다 소유가 많아졌습니다. 양들과 소들과 나귀와 낙타들이 많아지고 종들도 많아졌습니다. 복 받은 사람은 넘어져도 복을 받습니다. 아브라함은 실패했는데도 복을 받았습니다. 아브라함은 이제 무시 못할 세력으로 자랐습니다. 벧엘과 아이 사람들도 이제는 함부로 "나가라."는 소리를 못하게 되었습니다. 아브라함 일행을 쫓아내기에는 세력이 너무 커졌습니다.

여기서 우리는 무엇을 알 수 있습니까? 하나님을 믿는 사람 곧 하나님의 부르심을 받은 사람은 비록 이 세상에서 어려움을 당해서 실패하고 넘어질지라도 하나님이 복 주신다는 사실입니다. "내가 너로 큰 민족을 이루고 네게 복을 주어 네 이름을 창대하게 하리니 너는 복이 될지라."는 하나님의 약속은 변치 않고 이루어진다는 사실입니다. 아브라함이 잘 나서가 아닙니다. 믿음이 좋아서가 아닙니다. 오직 하나님의 신실하심 때문입니다. 하나님이 약속하셨기 때문입니다. 하나님은 인생이 아니시므로 식언치 아니하십니다. "그때 약속은 실수였어. 그 말 취소다."고 하지 않으십니다. 아브라함을 통해 큰 민족을 이루시고 또 아브라함의 씨에게서 메시아(예수님)가 나게 하시고, 그 씨 안에서 땅의 모든 민족이 복을 얻게 하시겠다는 하나님의 계획은 결코 실패할 수 없는 것입니다.

그러므로 사랑하는 성도 여러분,

오늘날 우리가 복을 받는 것은 우리가 잘 나서가 아닙니다. 우리의 믿음이 좋아서가 아닙니다. 우리가 신실해서가 아닙니다. 오직 하나님의 은혜로, 하나님의 약속 때문에 복을 얻는 것입니다. 로마서 8장 28절에는 이렇게 말합니다. "우리가 알거니와 하나님을 사랑하는 자 곧 그 뜻대로 부르심을 입은 자들에게는 모든 것이 합력하여 선을 이루느니라." 하나님을 사랑하는 자 곧 그의 뜻대로 부르심을 입은 자들은 바로 예수님을 믿는 우리를 말합니다. 합력하여 선을 이룬다는 것은 모든 것이 협력하여서 선(善) 곧 좋은 것을 이룬다는 말입니다. 아브라함은 하나님의 부르심을 받았기 때문에 위기에서도 건짐받고, 실패 중에도 하나님의 사랑을 받고, 넘어져도 다시 일어나는 것을 봅니다. 그리고 회개하고 다시 가나안 땅으로 돌아올 때 그의 소유가 더욱 많아져 있는 것을 보게 됩니다.

사랑하는 성도 여러분,

우리는 비록 믿음이 약하고 실수하고 실패할 때도 있지만, 하나님은 신실하셔서 그 약속대로 우리에게 은혜를 베푸시고 우리에게 점점 복이 많아지게 하시는 줄로 믿습니다. 왜냐하면 우리는 하나님의 부르심을 받고 하나님의 사랑을 받은 자이기 때문입니다.

그러므로 여러분 모두, 이처럼 은혜 베푸시는 하나님께 감사하고 하나님의 약속을 굳게 붙들고 믿음으로 나아가는 성도들이 되시기 바랍니다. 하나님의 약속을 붙들고 믿음으로 나아가면, 하나님께 단을 쌓고 하나님의 이름을 부르며 기도하며 나아가면, 하나님이 마침내 그 약속을 이루시고 큰 복을 주실 줄로 믿습니다.

환난 중에도 버리지 아니하시고, 위기 가운데서도 건져 주시는 하나님을 믿고, 하나님께 감사하며 나아가는 성도들이 다 되시기 바랍니다. 아브라함의 믿음을 본받아 가는 곳마다 단을 쌓고 하나님의 이름을 부르는 성도들이 되시기 바랍니다. 그러면 하나님이 약속하신 대로 이루어 주시고 우리에게 큰 은혜와 복을 주실 것입니다. 그래서 기쁨으로 하나님을 섬기며 하나님의 영광을 크게 드러내는 성도들이 다 되시기 바랍니다. 아멘. (2011년 7월 24일 주일 오전)

4. 가나안 땅에 돌아온 아브라함 (13:1-6)

1 아브람이 애굽에서 그와 그의 아내와 모든 소유와 롯과 함께 네게브로 올라가니 2 아브람에게 가축과 은과 금이 풍부하였더라 3 그가 네게브에서부터 길을 떠나 벧엘에 이르며 벧엘과 아이 사이 곧 전에 장막 쳤던 곳에 이르니 4 그가 처음으로 제단을 쌓은 곳이라 그가 거기서 여호와의 이름을 불렀더라 5 아브람의 일행 롯도 양과 소와 장막이 있으므로 6 그 땅이 그들이 동거하기에 넉넉하지 못하였으니 이는 그들의 소유가 많아서 동거할 수 없었음이니라

아브라함은 기근을 당하여 애굽 땅에 내려갔습니다. 애굽은 나일강이 있어서 물이 풍부하고 양식이 많았기 때문입니다. 그러나 아브라함의 아내 사라가 너무 아름다워서 애굽 왕 바로에게 빼앗길 뻔하였으나, 하나님의 간섭으로 아내를 도로 찾아서 데리고 오게 되었습니다. 일촉즉발의 위기 상황에서 하나님이 개입하신 것입니다. 하나님이 바로와 그 온 집에 재앙을 내리셨습니다. 그래서 바로는 사라를 도로 돌려주었습니다. 아브라함에게 호통을 치면서 돌려주었습니다. "네가 어찌하여 네 아내를 누이라 하여 나로 그를 취하게 하였느냐? 네 아내

가 여기 있으니 속히 데려가라." 그래서 결혼은 취소되고, 사라는 원주인에게 반환되었습니다.

그래서 아브라함은 가나안 땅으로 돌아오게 되었는데, 그의 아내 사라와 함께 오고 또 조카 롯도 데리고 왔습니다. 종들도 많이 데리고 왔는데, 원래 거느리고 있던 종들도 제법 있었고 또 애굽에서 바로에게서 받은 종들도 많이 있었습니다. 2절에 보면 "가축과 은과 금이 풍부하였더라."고 합니다. '가축(家畜)'은 양, 소, 나귀, 낙타 등과 같은 짐승을 말합니다.[1] 원래 많이 있었는데 바로에게서 또 많이 얻었습니다. 그리고 '은과 금'은 바로에게서 받은 것입니다.

그래서 아브라함은 애굽에서 나올 때 큰 부자가 되어서 나왔습니다. 내려갈 때에는 기근을 당하여 먹을 것을 구하러 갔다가 나올 때에는 큰 부자가 되어서 나왔습니다. 놀라운 변화입니다. 그런데 아브라함이 특별히 잘한 게 없습니다. 아브라함이 한 것은 거짓말한 것뿐입니다. 자기 아내를 누이라고 속인 것입니다. 자기 아내를 의지하고 아내 덕분에 자기 목숨을 부지하려고 한 졸장부였습니다. 치사한 남편, 무능한 남편이었습니다. 이렇게 아브라함은 실패하고 잘못했지만, 하나님은 아브라함에게 복을 주셨습니다. 그의 아내도 지켜주시고, 그 위에 복을 주셔서 큰 부자가 되게 해 주셨습니다.

---

1 히브리어로는 '미크네'(מִקְנֶה)인데, 가축(cattle)으로 이루어진 재산(possession), 부(wealth)를 의미한다(Gesenius). 전의 개역한글판에서는 '육축(六畜)'이라고 번역하였다.

왜 그렇게 하셨을까요? 하나님은 아브라함에게 복을 주시겠다고 약속하셨기 때문입니다. "내가 너로 큰 민족을 이루고 네게 복을 주어 네 이름을 창대하게 하리니 너는 복이 될지라."(창 12:2). 아브라함이 잘한 게 있다면 하나님의 약속을 믿고 하나님의 말씀을 좇아 갈대아 우르를 떠났다는 것입니다. 그리고 하란에 잠시 머물다가 말씀을 좇아 가나안 땅에 들어왔다는 것입니다. 이것이 제일 중요합니다. 그리고 가는 곳마다 단을 쌓고 하나님의 이름을 불렀습니다. 이것도 중요합니다. 아브라함은 늘 하나님을 예배하고 기도하는 사람이었습니다. 이처럼 하나님의 약속을 믿고 말씀에 순종하는 사람은, 비록 이 세상에서 어려움을 당하고 실패를 경험하고 낭패를 당할 때도 있지만, 하나님은 반드시 그 약속을 이루어 주시고 위기에서 건져 주시고 또 복을 받게 하십니다.

그래서 아브라함과 사라는 감사하는 마음이 충만하여 다시 가나안 땅으로 돌아오게 되었습니다. 아브라함은 아내 사라를 바라볼 때마다 미안한 마음이 들었을 것입니다. "하마터면 다시는 당신을 못 볼 뻔했구려. 다시는 그런 거짓말 안 하고 당신을 지켜 드리리이다." 이 말을 들었을 때 사라는 속으로 피식 웃었을 것입니다. "당신 말 믿어도 될까요?" 그러나 안 믿으면 어쩔 겁니까? 거짓말이라도 믿고 살아야지 … 졸장부 남편이라도 믿고 살아야 하는 게 여자의 운명입니다. 그래도 사라는 착한 여인이었습니다. 남편을 존경하고 남편을 '주'라 부르며 순종하였습니다(창 18:12; 벧전 3:6). 아브라함과 사라는 하나님께 감사하면서 가나안 땅으로 올라갔습니다.

어디로 갔을까요? 3절에 보면 "그가 네게브(남방)에서부터 길을 떠나 벧엘에 이르며, 벧엘과 아이 사이 전에 장막 쳤던 곳에 이르니"라고 했습니다. 애굽을 나와서 올라오면 수르 광야가 나타나고, 그 위에 네게브 사막이 있습니다. 아브라함 일행은 계속 올라가서 벧엘에 이르렀습니다. 벧엘은 예루살렘 위쪽에 있습니다. 가나안 땅 중심부라고 할 수 있습니다. 아브라함은 "벧엘과 아이 사이 전에 장막 쳤던 곳"에 이르렀습니다. 결국 원위치하고 말았습니다.

4절에 보면 "그가 처음으로 제단을 쌓은 곳이라. 그가 거기서 여호와의 이름을 불렀더라."고 합니다. 전에 돌을 주워서 단을 쌓아 제사드리던 곳, 하나님께 기도하던 곳입니다. 참 반가운 곳입니다. 마치 고향에 온 기분이었을 것입니다. 아브라함은 거기서 여호와의 이름을 불렀습니다. 단을 쌓아서 하나님께 제사드리고 기도했다는 말입니다. "하나님, 감사합니다. 애굽에서 지켜주시고 보호해 주시고 무사히 돌아오게 해 주신 하나님, 감사합니다." 이것을 보면 아브라함은 다시금 옛날의 신앙을 회복했다는 것을 알 수 있습니다. 단을 쌓고 하나님의 이름을 부르는 신앙, 제사드리고 기도하는 신앙을 회복했습니다.

그러나 차이가 있습니다. 이전에 비해 달라진 것이 있습니다. 아브라함은 이전보다 더욱 정성껏 제사드리고 더욱 간절히 기도했을 것입니다. 애굽에서 지켜주시고 보호해 주신 하나님, 이렇게 종들과 가축과 은금이 많도록 복 주신 하나님, 약속을 지키시는 하나님을 생각하니 가슴이 뭉클했을 것입니다. 가슴이 울컥하고 눈물이 나오려고 합니다. "하나님, 감사합니다. 졸장부 같은 이 못난이도 지켜주시고, 무엇보다도 사랑하는 아내를 빼앗기지 않고 되찾게 하신 하나님, 너무 감사합니다." 눈물이 주르르 흘러내렸을 것입니다.

사랑하는 우리 성도 여러분,

우리는 실패를 통해서도 하나님의 사랑을 경험하게 되고, 우리의 잘못을 통해서도 하나님의 보호하심을 경험하게 됩니다. 우리는 비록 잘못했지만, 하나님은 신실하셔서 약속을 지키시고 더욱 은혜를 베푸시고 복 주시는 것을 깨닫게 됩니다. 그럴 때 우리는 더욱 하나님께 감사하고, 참 마음으로 하나님께 예배드리고 기도하게 됩니다.

아브라함은 이제 부자가 되었습니다. 짐승들이 많고 종들도 많고 또 은금이 풍부합니다. 이 돈으로 이제 종을 더 살 수도 있고, 짐승을 더 살 수도 있고, 또 필요하면 창과 칼을 살 수도 있습니다. 그래서 이제는 벧엘과 아이 사람들이 아브라함을 깔보지 못하게 되었습니다. 감히 와서 입을 놀리는 사람이 없었습니다.

뿐만 아니라 롯도 부자가 되었습니다. 5-6절에 보면 "아브람의 일행 롯도 양과 소와 장막이 있으므로 그 땅이 그들의 동거하기에 넉넉하지 못하였으니 이는 그들의 소유가 많아서 동거할 수 없었음이니라." 고 합니다. 롯도 양과 소가 많았습니다. 그리고 종들 곧 목자들이 많이 있었습니다. 롯도 부자가 되었다는 것을 알 수 있습니다. 롯이 언제 부자가 되었을까요? 물론 하란에서 떠나올 때 양과 소를 조금 데리고 왔을 수도 있지만 그리 많지는 않았을 것입니다. 롯이 부자가 된 것은 애굽에 내려갔을 때로 생각됩니다. 아브라함이 바로에게서 양과 소와 노비와 나귀와 낙타, 그리고 은금을 많이 얻었는데, 그때 롯도 바로에게서 예물을 받은 것으로 생각됩니다. 왜냐하면 롯은 사라의 친척이잖아요. 조카입니다. 그러니 바로는 사라의 조카에게도 예물을 많이 내렸을 것입니다.

바로가 아브라함과 롯에게 예물을 줄 때 쩨쩨하게 조금 주지는 않았을 것입니다. 왜냐하면 사라를 바로의 아내로 데려가지 않았습니까? 첩이나 적어도 후궁으로 데려갑니다. 그런데 바로의 체면이 있지, 예물을 조금 주지는 않았을 것입니다. 대신이나 귀족들도 결혼할 때는 예물을 많이 줍니다. 예를 들면, 소 수십 마리, 양 수백 마리, 또 낙타와 나귀, 은금을 많이 주지 않겠습니까? 이로써 자기의 세력을 과시합니다. 애굽의 바로가 사라를 아내로 취하여 들이는데 예물을 조금 주면 체면이 안 서겠지요? 그래서 듬뿍 주었을 것입니다. 예를 들면, 소는 수백 마리, 양은 수천 마리, 나귀와 낙타도 많이 주었을 것입니다. 또 종들도 아마 수십 명 또는 수백 명을 주었을 것입니다. 은금은 큰 자루에 담아서 몇 자루를 주었을 것입니다. 이때 롯도 함께 예물을 받아서 부자가 되었습니다.

여기서 우리가 배울 수 있는 하나의 교훈은 복 있는 사람을 따라다니면 복 받는다는 사실입니다. 잠언 13장 20절에 보면 "지혜로운 자와 동행하면 지혜를 얻고"라고 했는데, 이와 마찬가지로 복 있는 사람을 따라다니면 복을 얻게 됩니다. 롯이 한 일은 아브라함을 따라다닌 것밖에 없습니다. 그랬더니 복을 받아 부자가 되었습니다.

여러분, 신앙생활도 마찬가지입니다. 꾸준하게 신앙생활을 잘하고 복을 받는 사람을 눈여겨보고 "나도 저렇게 하면 되겠구나!" 이렇게 생각하고 따라 하는 사람은 지혜로운 사람입니다. "큐티를 열심히 잘하는 아이들이 착하게 되고 공부도 잘하는구나." 이런 걸 보고 따라 하면 복을 받습니다. 그래서 그런 사람을 주목하고 따라 하다 보면 복을 받습니다. 롯은 일찍이 아버지를 여의고 오갈 데 없는 신세가 되었지만, 숙부 아브라함을 잘 따라다녔더니 복을 받게 되었습니다.

어쨌든 아브라함과 롯은 애굽에서 돌아올 때 큰 부자가 되어 돌아왔습니다. 이것을 보면 하나님이 복 주시는 방법은 참 기이하다는 생각이 듭니다. 아브라함의 실패를 통해, 위기를 통해 하나님은 간섭하시고 복을 주셨습니다. 처음에 애굽에 내려갈 때에는 먹을 게 없어서 양식을 구걸하러 갔는데 오히려 큰 부자가 되어 돌아왔습니다. 애굽에 내려갈 때에는 아름다운 아내 사라가 마음에 걸리고 골치였습니다. "이렇게 힘든 때에 왜 아내가 아름다워서 속을 썩인담? 좀 평범했으면 좋겠는데 …" 이렇게 투덜투덜 불평하였지만, 나중에 보니 자기 아내 때문에 복을 받고 부자가 되었습니다.

이 모든 배경에는 하나님이 개입하시고 도와주셨기 때문입니다. 하나님이 바로에게 나타나서 재앙을 내리지 아니하셨더라면 아브라함은 고스란히 아내를 빼앗기고 홀아비가 되었을 것입니다. 남은 여생을 탄식하며 살다가 죽었을 것입니다. 그러나 하나님이 바로에게 나타나셔서 재앙을 내리시고 호통을 치셨기 때문에. 바로는 사라를 돌려보내지 않을 수 없었고 아브라함과 사라는 무사히 가나안 땅으로 돌아오게 된 것입니다. 돌아올 때에는 부자가 되어서 돌아왔습니다. 무엇보다도 신실하신 하나님, 약속을 지키시는 하나님을 믿는 믿음이 자라고, 마음에 감사와 찬송이 넘쳤을 것입니다. "어디로 가든지 지켜주시고 복을 주시겠다고 하신 하나님의 약속은 결코 헛되지 않고, 하나님은 반드시 약속을 지키시는 분이구나. 이 약속을 믿고 갈대아 우르를 떠나온 내가 잘못이 아니었어. 하란에서 여호와의 말씀을 좇아 낯선 땅 가나안에 들어와서 처음에는 설움을 많이 당하고 이리저리 쫓겨 다녔지만, 그래도 하나님은 우리를 다 지켜보고 계셨어. 하나님의 약속은 한 치의 착오도 없어. 하나님은 반드시 우리에게 아들을 주시고 큰 민족이 되게 하실 것이야. 또 이 땅을 내 자손에게 주실 것이야."

그리하여 아브라함은 더욱 믿음의 사람이 되었습니다. 그래서 벧엘과 아이 사이, 전에 장막 쳤던 곳에 돌아와서 단을 쌓고 기도할 때 더욱 간절하고 정성을 다하여 기도드렸을 것입니다. "하나님, 감사합니다. 하나님께서 약속대로 이루어 주실 줄로 믿습니다." 이렇게 믿음이 자랐습니다. "이제 주위의 가나안 사람들이 두렵지 않습니다. 하나님이 지켜주실 줄 믿습니다." 이렇게 담대하게 되었습니다.

사랑하는 성도 여러분,

우리의 신앙생활도 이와 같습니다. 우리도 처음에는 아브라함처럼 의심하고 실망하고 넘어져서 좌절할 때도 있습니다. 그러나 위기 가운데서도 도우시는 하나님의 손길을 경험할 때, 우리의 믿음은 더욱 자라고 한 단계 성숙하게 됩니다. 살아 계신 하나님을 확실히 믿게 되고, 하나님의 약속을 더욱 신뢰하게 됩니다. 하나님은 나를 지키시고 돌보시며 앞으로도 선하게 인도해 주실 것을 굳게 믿게 됩니다.

그래서 전에 예배드릴 때보다 지금 드리는 예배가 더 정성이 있고 감사가 충만하고 하나님의 말씀이 쏙쏙 마음에 들어오게 됩니다. 전에는 멀리 느껴지던 하나님이 이제는 가까이 느껴지게 됩니다. 전에는 공수표처럼 보이던 하나님의 약속이 이제는 확실한 보증수표로 보이게 됩니다.

아브라함은 애굽에서 큰 위기와 낭패를 당할 뻔하였지만, 하나님의 도우심으로 가나안 땅에 돌아왔습니다. 전에 장막 쳤던 곳으로 원위치 했습니다. 하나님이 주신 땅은 가나안이지, 애굽이 아니었습니다. 아브라함은 예전에 단을 쌓던 그 자리에 다시 단을 쌓고 여호와의 이름을 불렀습니다. 그러나 이제는 훨씬 더 감사한 마음으로, 하나님의 약속을 굳게 믿는 믿음으로 제사드렸습니다. 그리고 그의 기도는 더욱 간절해지고 믿음으로 드리는 기도가 되었습니다.

사랑하는 성도 여러분,

하나님의 약속은 결코 헛되지 않습니다. 비록 우리가 세상에서 환난을 당하고 어려움을 당할 때도 있지만, 하나님은 반드시 자기가 하신 약속을 기억하시고 우리를 건져주시고 마침내 복을 주실 것입니다.

하나님이 우리에게 주신 약속은 "땅의 모든 족속이 네 안에서 복을 얻을 것이니라."는 것입니다. "너로 인하여"가 아니라 "네 안에서"입니다. 이는 곧 "아브라함의 씨 안에서" 복을 얻을 것이라는 말씀입니다. 창세기 22장 18절에서는 "네 씨 안에서 천하 만민이 복을 얻으리니"라고 분명히 말했습니다. '네 씨' 곧 '아브라함의 씨'는 메시아 곧 예수님을 가리킵니다(행 3:25; 갈 3:16). 따라서 오늘날 이 세상의 어느 민족 누구든지 아브라함의 씨 곧 그리스도 예수 안에 있으면 복을 얻습니다(갈 3:14).

예수님을 믿는 자 곧 예수님을 믿고 예배드리고 기도하는 자는 비록 큰 어려움을 당하고 위기를 당하고 낭패를 당할지라도 하나님이 건져 주시고 지켜주시고 보호해 주실 줄로 믿습니다. 그리고 이전보다 믿음이 자라게 하시고 감사가 더욱 풍성하게 해 주실 줄로 믿습니다. 시편 40편 1-2절에서 다윗은 이렇게 고백했습니다. "내가 여호와를 기다리고 기다렸더니 귀를 기울이사 나의 부르짖음을 들으셨도다. 나를 기가 막힐 웅덩이와 수렁에서 끌어올리시고 내 발을 반석 위에 두사 내 걸음을 견고하게 하셨도다." 기가 막힐 웅덩이와 수렁은, 아브라함 같으면 애굽에서 아내를 빼앗길 뻔한 위기입니다. 자칫하면 목숨을 잃을 뻔한 위기였습니다. 그런 기가 막힐 웅덩이와 수렁에서도 하나님은 아브라함과 사라를 끌어올리시고 다시 가나안 땅으로 돌아오게 하셨습니다. 그래서 다윗은 계속해서 이렇게 말합니다. "새 노래 곧 우리 하나님께 올릴 찬송을 내 입에 두셨으니 많은 사람이 보고 두려워하여 여호와를 의지하리로다."(3절) 애굽에서 올라올 때 아브라함의 입에는 찬송이 가득하였을 것입니다. 그래서 더욱 더 하나님을 믿고 의지하였을 것입니다.

사랑하는 성도 여러분,

아브라함에게 주신 약속 때문에 우리를 사랑하시는 하나님, 아브라함과 맺은 약속을 기억하시고 우리에게 은혜 베푸시는 하나님, 그리고 무엇보다도 독생자 예수님 때문에 우리에게 은혜를 베푸시고 복 주시는 하나님을 생각하면서, 더욱 더 하나님을 의지하고 감사함으로 섬기는 성도들이 되시기 바랍니다.

기가 막힐 웅덩이와 수렁에서 우리를 끌어올리셔서 우리의 발을 반석 위에 두게 하실 하나님을 바라보면서 믿음으로 나아가는 성도들이 되시기 바랍니다. 그래서 예전보다 더욱 하나님을 사랑하고 감사함으로 예배드리고 기도하는 성도들이 다 되시기 바랍니다. 아멘. (2011년 7월 31일 주일 오전)

5. 아브라함의 양보 (13:7-13)

7 그러므로 아브람의 가축의 목자와 롯의 가축의 목자가 서로 다투고 또 가나안 사람과 브리스 사람도 그 땅에 거주하였는지라 8 아브람이 롯에게 이르되 우리는 한 1)친족이라 나나 너나 내 목자나 네 목자나 서로 다투게 하지 말자 9 네 앞에 온 땅이 있지 아니하냐 나를 떠나가라 네가 좌하면 나는 우하고 네가 우하면 나는 좌하리라 10 이에 롯이 눈을 들어 요단 지역을 바라본즉 소알까지 온 땅에 물이 넉넉하니 여호와께서 소돔과 고모라를 멸하시기 전이었으므로 여호와의 동산 같고 애굽 땅과 같았더라 11 그러므로 롯이 요단 온 지역을 택하고 동으로 옮기니 그들이 서로 떠난지라 12 아브람은 가나안 땅에 거주하였고 롯은 그 지역의 도시들에 머무르며 그 장막을 옮겨 소돔까지 이르렀더라 13 소돔 사람은 여호와 앞에 악하며 큰 죄인이었더라

1) 히, 형제들

아브라함은 애굽에 내려갔다가 가나안 땅에 다시 돌아왔는데, 소와 양들과 나귀 등 짐승들과 은금이 풍부하였습니다. 또 종들도 많았습니다. 아브라함은 조카 롯도 같이 데리고 올라왔습니다. 그들은 전에 단

을 쌓았던 벧엘과 아이 사이에 장막을 쳤습니다. 이처럼 아브라함과 롯은 애굽에 내려갔다가 큰 부자가 되어서 돌아왔는데, 그 땅이 좁아서 그들의 동거함을 용납하지 못하게 되었습니다. 6절에 보면 "그 땅이 그들이 동거하기에 넉넉하지 못하였으니 이는 그들의 소유가 많아서 동거할 수 없었음이니라."고 합니다.

여러분, 전쟁이 왜 일어날까요? 여러 가지 이론이 있습니다만, 그 중의 하나는 '레벤스라움'(Lebensraum) 이론인데, 독일어로 '생활공간' 이론이란 뜻입니다. 생활공간 곧 삶의 공간이 협소하니 전쟁이 일어난다는 것입니다. 인구는 많아지는데 땅은 좁고, 그래서 삶의 공간이 부족해서 서로 부딪히고 결국 전쟁이 일어나게 된다는 것입니다. 일리가 있습니다. 오늘날에도 좁은 집에 많은 식구들이 모여 살면 오순도순 사이좋게 잘 지내겠다 싶지만, 실제로는 그렇지 않습니다. 좁은 집에 모여 살면 자주 부딪히게 됩니다. 지나가다가 부딪히면 서로 싸우고, 또 시끄럽다고 서로 싸웁니다. "조용히 해!", "음악 소리 좀 작게 해!" 이래저래 싸우게 됩니다.

어쨌든 아브라함과 롯은 하나님의 복을 받아 소유가 많아지자 문제가 발생하였습니다. 아브라함의 목자와 롯의 목자가 서로 다투게 된 것입니다. 소와 양을 먹이려면 넓은 풀밭이 필요한데, 서로 풀밭을 차지하려고 싸우게 된 것입니다. "이 풀밭은 내가 먼저 발견했어. 그러니 내 거야." "아냐. 내가 먼저 왔어. 먼저 차지한 사람이 임자지." 이래서 목자들이 서로 싸웁니다. 또 양을 키우다 보면 길을 잃고 헤매다가 다른 쪽 양 무리에게 갈 수도 있습니다. 아브라함의 목자가 롯의 목자에게 가서 말합니다. "우리 양 한 마리가 그쪽으로 갔거든. 돌려줘." 롯의 목자가 말합니다. "무슨 소리야? 이건 우리 양이야." "아냐. 우리 거야!" "아냐. 우리 양이야." 이렇게 하다 보면, 나중에는 치고받고 싸우게 됩니다. 둘이서 싸우면 목자들이 우르르 몰려 와서 패싸움을 하게 됩니다.

그러면 목자들이 각각 자기 주인에게 달려가서 보고합니다. "롯의 목자들이 우리 목자들을 때렸어요. 코피가 났어요." 롯의 목자들은 이렇게 말합니다. "아브라함의 목자들이 우리 목자들을 때렸어요. 뼈가 부러졌어요." 그러면 롯이 아브라함에게 가서 따집니다. "아니, 이럴 수 있소? 왜 우리 목자를 때리고 해요?" 아브라함이 말합니다. "무슨 소리야? 우리 목자가 코피 나고, 아파서 누워 있는데 …"

아브라함은 온갖 생각이 다 들었을 것입니다. "조카라고 불쌍히 여겨서 거두어 주었더니, 이제는 내게 대어 드네. 자기 아버지가 죽고 나서 혼자 남은 조카를 불쌍히 여겨 갈대아 우르를 떠날 때에도 데려오고, 하란에서 가나안에 올 때도 데려오고, 가나안에서 애굽에 내려갈 때도 데려가고, 이렇게 데리고 다니고 보호해 주었건만 감사하기는커녕 도로 대어 드네. 물에 빠진 사람 건져주었더니 보따리 내어놓으라는 격이네. 마음 같아서는 확 패버리고 싶은데, 죽은 형을 생각해서라도 그렇게 할 수는 없고 … 어떻게 하지?"

게다가 또 하나 문제가 있습니다. 7절 끝에 보면 "또 가나안 사람과 브리스 사람도 그 땅에 거하였는지라."고 합니다. 가나안 사람과 브리스 사람은 그 땅에 살던 원주민들입니다. 이방인들입니다. 그러니 이들이 소식을 듣습니다. "저 산에 사는 아브라함과 롯이 서로 싸운대. 삼촌과 조카가 막 싸운대." 이 말을 듣고는 이방인들이 킥킥 웃었을 것입니다. "꼴 좋~다. 잘하는 짓이야. 뭐, 여호와 하나님을 섬긴다고 제사드리고 연기 모락모락 피우고 하더니 … 그들 신은 삼촌과 조카가 서로 싸우게 하는 신인가 보지. 참 웃기는 신이군." 그래서 하나님의 이름이 더럽혀지고, 하나님의 이름이 욕을 얻어먹습니다.

아브라함은 어떻게 이 문제를 해결할까 고민해 보았지만, 쉽사리 답은 보이지 않습니다. 같이 살다 보니 양들이 자꾸만 길을 잃고 다른 쪽으로 가고, 목자들은 서로 좋은 풀밭을 차지하려고 다투고 우물을 서로 차지하려고 다툽니다. 고민에 고민을 거듭하다가 아브라함은 드디어 결단을 내렸습니다. 용단을 내렸습니다. 어떻게 했습니까?

아브라함이 롯을 찾아가서 말했습니다. "우리는 한 친족이라. 나나 너나 내 목자나 네 목자나 서로 다투게 말자."(8절) 아브라함과 롯은 한 친족[1]이었습니다. 아주 가까운 친척이었습니다. 롯은 아브라함의 죽은 형 하란의 아들이었습니다. 아브라함 눈에는 죽은 형 하란의 모습이 생생했을 것입니다. 60살 많은 아버지 같았던 형, 어릴 때 같이

---

1 '친족(親族)'은 히브리어로 '형제들인 사람들'이다. 롯은 아브라함의 조카이기 때문에 여기의 '형제'는 넓은 의미로, '친척, 친족'으로 이해해야 맞다. Cf. Gispen, *Genesis*, II, 55.

소먹이고 양치고 물고기 잡던 시절이 생각납니다. 롯이 태어났을 때 좋아하던 형의 모습, 롯은 모르지만 아브라함은 압니다. 조카는 삼촌을 미워해도 삼촌은 조카를 미워할 수 없습니다. 그래서 아브라함이 말했습니다. "우리는 한 골육이다. 서로 다투지 말자."

그래서 어떻게 했습니까? 구체적인 방안은 무엇입니까? 9절에 보면 "네 앞에 온 땅이 있지 아니하냐? 나를 떠나가라. 네가 좌하면 나는 우하고 네가 우하면 나는 좌하리라."고 했습니다. 서로 헤어지자는 것입니다. 같이 있으면 아무리 해도 문제 해결이 되지 않습니다. 아무리 잘 지내자고 다짐하고 약속해도 양들은 이것을 모릅니다. 양들은 풀을 찾아 이리저리 다니다가 또 길을 잃고 다른 양들 사이로 들어갑니다. 그래서 같이 살면 늘 문제가 발생합니다. 양들 문제, 풀밭 문제, 우물 문제가 끊이지 않습니다. 문제 해결이 안 됩니다. 그래서 근본적인 문제 해결은 서로 헤어지는 것입니다.

그런데 중요한 것은 이때 아브라함이 양보했다는 사실입니다. "네가 좌하면 나는 우하고, 네가 우하면 나는 좌하리라." 롯 네가 좌하면(왼쪽으로 가면), 나는 우하고(오른쪽으로 가고), 네가 우하면(오른쪽으로 가면), 나는 좌하리라(왼쪽으로 가겠다)는 것입니다. 네가 먼저 택하라. 네가 좋은 땅을 택하라, 내가 양보하겠다는 것입니다. 여러분, 상식적으로 생각하면 롯이 양보하는 것이 옳습니다. 롯은 조카입니다. 아브라함보다 어립니다. 아브라함이 롯을 아들처럼 보호하고 데려왔습니다. 아비 없는 불쌍한 롯, 고아 롯을 버리지 않고 보호해 주었습니다. 얼마나 큰 은혜입니까? 롯은 아브라함에게 백 번 감사하고 절해도 모자랐을 것입니다. 그런데도 아브라함이 양보했습니다. 어떻게 보면 어이없는 일 같지만, 이렇게 해야만 문제가 풀립니다.

우리 성도 여러분, 이처럼 내가 양보해야 문제가 해결되고, 힘 있는 사람이 양보해야 문제가 해결됩니다. 집에서 혹 남편과 아내가 싸우면 누가 양보해야 합니까? 남편이 양보해야 합니다. 힘 있는 남편이 양보해야 문제가 해결됩니다. 물론 아내가 양보할 수도 있습니다. 그러면 아내가 힘 있는 자가 되는 것입니다. 차를 타고 가다 보면 짜증 나는 문구를 보게 되는데, "양보해 주셔서 감사합니다."라는 문구입니다. 이것은 양보가 아닙니다. 이것은 다른 사람에게 양보해 달라는 요구입니다. 다른 사람이 양보해 달라, 나는 못하겠다, 나는 먼저 가겠다는 것입니다. 따라서 이것은 양보와는 거리가 먼, 정반대인 자기주장이고 이기적인 태도입니다. 그러면서 양보니, 감사니 하는 좋은 말을 쓰고 있으니 짜증 나는 것입니다. 차라리 "비켜 주세요. 제가 먼저 가겠습니다."라고 했다면 솔직하기라도 하지요. 양보란 것은 '내가' 양보하는 것이지, 다른 사람에게 '양보해 달라'고 말하는 것이 아닙니다.

아브라함은 큰맘 먹고 자기가 양보했습니다. 조카에게 양보했습니다. 곤장을 쳐서 쫓아 보내어도 시원찮은 판국에 아브라함이 양보한 것입니다. 여러분, 양보란 것은 포기하는 것을 의미합니다. "롯, 네가 원하는 대로 땅을 차지해라. 좋은 땅은 네가 차지해라. 나는 남은 것, 안 좋은 땅을 차지하마." 이렇게 자기를 비우고 포기해야 참 양보이고 문제가 해결됩니다. "네가 좌하면 나는 우하고, 네가 우하면 나는 좌하리라." 이 말은 내가 양보한다, 다 포기한다는 뜻입니다. 좋은 땅, 좋은 풀밭을 다 포기한다는 말입니다.

그러자 롯은 어떻게 했을까요? 조카 롯은 삼촌 아브라함의 이 제안을 덥석 받아들였습니다. "얼씨구나 좋다. 웬 떡이냐?" 하면서 받아들였습니다. 좋은 땅 차지하라는데 싫어할 사람이 어디 있겠습니까? 그래도 우리나라 사람 같으면 형식적으로나마 양보를 했을 것입니다. "에이, 삼촌이 먼저 택하셔야지 … 제가 어찌?" "삼촌 먼저, 조카 먼저" 이렇게 몇 번 주고받다가 "그럼, 할 수 없지요." 하면서 차지해야 예의인데, 롯은 좋다고 단번에 덥석 받았습니다.

10절에 보면 "이에 롯이 눈을 들어 요단 지역을 바라본즉 소알까지 온 땅에 물이 넉넉하니 여호와께서 소돔과 고모라를 멸하시기 전이었으므로 여호와의 동산 같고 애굽 땅과 같았더라."고 합니다. 동쪽을 바라보니 저 멀리 요단 강이 흐르고, 그 강 주위의 요단 들판에는 물이 넉넉했습니다. '소알'이 어딘지는 모르지만 대개 소돔과 고모라 근처로 추정됩니다. 사해 남동쪽에 있습니다. 그러니까 사해 북쪽에 있는 여리고 위쪽 들판에서부터 시작해서 사해 호수 남동쪽까지 물이 넉넉했습니다. 지금은 요단강에 물이 조금밖에 없고 요단강 주위는 거의 사막입니다만 옛날에는 물이 많았습니다. 온통 푸른 들판이었습니다. 그러니 소와 양들이 자라기에 얼마나 좋습니까?

그래서 "여호와의 동산 같고 애굽 땅과 같았더라."고 합니다. '여호와의 동산'은 에덴동산을 말합니다. 에덴동산의 특징은 물이 많다는 것입니다. 물이 많아야 나무들이 잘 자라고 각종 열매가 맺힙니다. 메소포타미아 동쪽은 엘람이고 그 동쪽은 페르시아인데, 페르시아 동쪽에 인더스강이 있습니다. 오늘날에는 파키스탄에 있는데 전에는 인도였습니다. 이 인더스강이 흐르는 주변 곧 인더스 밸리(Indus Valley)에는 물이 많아서 곡식이 잘 자라고 풍요했습니다. 그래서 고대에 이 지역은 '에딘 동산' 또는 '에틴 동산'이라고 불렸는데, 수메르어로는 '슈-에딘-훔'(Shu-Edin-hum)이라고 합니다.[2] 비옥한 에덴동산이라는 뜻입니다. 이처럼 인더스 밸리를 '에덴동산'이라고 부른 것은 물이 많아서 에덴동산과 같다는 의미입니다. 말하자면 신(新)에덴동산이라는 말입니다. 옛 에덴동산, 진짜 에덴동산, 요즘 말로 하면 원조 에덴동산은 티그리스 강과 유브라데 강 상류에 있었습니다.[3]

어쨌든 중요한 것은 물이 많아야 에덴동산이라는 것입니다. 물이 생명입니다. 그런 점에서 우리나라는 복 받은 나라입니다. 왜냐하면 비가 많이 와서 물이 넉넉하기 때문입니다. 그러면 어떤 사람은 펄쩍 뛸 것입니다. "무슨 소리냐? 비가 너무 많이 와서 수해가 나서 죽겠는데…" 지금 우면산 산사태로 피해 입은 사람들이 서초구청장을 소환하려고 움직인다고 합니다. 수해 때문에 단단히 화가 난 거지요. 그런데

---

2 L. A. Waddell, *Makers of Civilization in Race and History* (1929; Kessinger Publishing's Rare Reprints), 115-118, 267.

3 '에덴동산'이 어디에 있었는가에 대한 여러 견해에 대해서는 G. Ch. Aalders, *De Goddelijke openbaring in de eerste drie hoofdstukken van Genesis* (Kampen: J. H. Kok, 1932), 434-448를 보라.

수해란 것은 대부분 인재(人災)입니다. 사람이 대비를 제대로 안 해서 그런 것입니다. 대비만 잘하면 문제없습니다. 오히려 비가 많이 오고 물이 많다는 게 얼마나 큰 복인지 모릅니다. 지금 이스라엘은 물이 부족하다고 합니다. 갈릴리 호수의 수면이 최저치까지 내려갔다고 합니다. 비는 적게 오는데 물을 많이 빼 써서 그렇습니다. 큰일입니다. 아프리카도 물 부족이 심각합니다. 짐승도 사람도 물이 없어서 죽어가고 있습니다. 중동도 물이 부족하고 중국도 물이 부족합니다. 그런데 한국은 물이 많아서 복입니다. 하나님은 우리나라에 복을 엄청 주시는데, 그걸 우리가 감당하지 못해서 문제입니다.

10절 끝에 보면 또 "애굽 땅과 같았더라."고 합니다. 애굽 땅에는 나일강이 있어서 물이 풍부합니다. 그래서 나일강 주위는 땅이 비옥하고 곡식이 잘 자랍니다. 그러니 애굽 땅도 에덴동산처럼 좋은 땅입니다. 그런데 요즈음 이집트가 못 사는 것은 죄가 많아서 그렇습니다. 부정부패가 심합니다. 공항에 입국하는데 조사할 게 있다면서 여권을 가져가서는 이유 없이 안 내줍니다. 그러나 이집트는 원래 물이 많아서 농사가 잘되고 양식이 풍부한 복 받은 땅이었습니다. 옛날에는 요단 들이 물이 많아서 애굽 땅과 같았다고 합니다.

그래서 롯은 요단 온 들을 택하고 동쪽으로 떠나갔습니다. 욕심 많은 롯, 양보할 줄 모르는 롯은 좋은 땅을 차지했습니다. 이처럼 사람은 욕심 앞에서는 뻔뻔스럽습니다. 형님도 없고 삼촌도 없습니다. 어린이들에게 피자 시켜 주면 서로 많이 먹으려고 야단입니다. 형님도 없고 누나도 없습니다. 그러다가 나중에 배부르면 양보합니다. "이것 너 먹어." 그러나 처음에는 양보가 없습니다. 롯은 물이 넉넉하고 풀이 많은 요단 들판으로 떠나가고 아브라함은 그냥 가나안 땅에 머물렀습니다. 산지에 장막치고 살았습니다.

12절에 보면 "아브람은 가나안 땅에 거주하였고 롯은 그 지역의 도시들에 머무르며 그 장막을 옮겨 소돔까지 이르렀더라."고 합니다. 롯은 가나안 산지를 떠나 평지 성읍들에 머물렀습니다. 도시생활을 한 것입니다. 도시에 사니 좋았을 것입니다. 동네 안에 우물도 있고 가게도 있고 또 술집도 있었을 것입니다. 아마도 롯의 아내가 매우 좋아했을 것입니다. 여자들은 도시생활을 좋아합니다. 생활이 편리하다고 좋아합니다. 롯과 그 아내는 자꾸 큰 도시로 옮겨 갔습니다. 사해 동쪽으로 해서 남동쪽으로 내려갔습니다. 당시에 발전된 도시들이 거기에 있었습니다. 그 중에 특히 소돔이 큰 도시였습니다. 사해 남동쪽에 있었던 것으로 생각되는데 정확한 위치는 모릅니다.

그런데 소돔은 어떤 도시라고 했습니까? 13절에 보면 "소돔 사람은 여호와 앞에 악하며 큰 죄인이었더라."고 합니다. 소돔은 당시에 발전된 도시였는데 악하였습니다. 죄가 많았습니다. 술집이 있었고, 도박하는 집이 있고, 아마 창기들 집이 있었을 것입니다. 게다가 동성애자들도 많았습니다. 남자가 남자를 사랑하고 서로 관계를 하였습니다. 그래서 오늘날 동성애자들을 다르게는 '소도마이트'(sodomites)라 부릅니다. '소돔 사람'이란 뜻입니다. 지금 유럽과 미국에 많이 있습니다. 요즘은 다른 나라에도 많습니다. 그러니 그런 나라들이 제대로 되겠습니까? 지금 미국과 유럽이 '재정위기다, 금융위기다' 하며 말이 많습니다. 세계 석학들이 이렇게 저렇게 원인 분석을 하는데 참 복잡하고 어렵습니다. 사람마다 말이 달라요. 누구 말이 맞는지 알 수 없습니다. 그런데 제가 볼 때는 무식한 소리 같지만, 유럽과 미국의 위기는 죄가 많아서 그렇습니다. 하나님 앞에 죄가 많아서 그렇습니다. 특히 동성애자들, 소도마이트들이 많습니다. 기원전 2천년경에 이미 그런 죄인들이 소돔에 있었다고 합니다. 그들은 여호와 앞에 큰 죄인이었습니다.

그래서 어떻게 되었습니까? 하나님이 소돔과 고모라에 벌을 내리셨습니다. 하늘에서 유황과 불을 비같이 내리셨습니다. 그래서 소돔은 불타버렸습니다. 폐허가 되었습니다. 그 발전한 도시들이 다 불타버렸습니다. 롯이 살던 집도 불타버리고 좋은 가구들도 다 불타서 재가 되어버렸습니다. 애써 모은 재산이 다 재가 되었습니다. 들판에 있던 소와 양들은 통구이가 되었습니다. 너무 타서 재가 되어버렸습니다. 롯의 아내는 그 집과 가구들과 재산이 너무 아까워서 뒤를 돌아보다가 그만 소금기둥이 되었습니다. 롯은 결국 양들과 소들과 재산을 다 잃고, 또 아내도 잃고 빈털터리가 되었습니다. 빈털터리에 홀애비가 되었습니다. 양보할 줄 모르고 욕심을 부리고 좋은 것을 차지한 롯은 결국 자기 양들과 짐승들, 재산을 다 잃고 자기 아내마저 잃고 말았습니다. 욕심쟁이의 말로는 비참하다 하는 것을 알 수 있습니다. 그러나 신약 성경은 롯에 대해 '의로운 롯', '의인'이라고 말합니다(벧후 2:7, 8). 그래도 롯은 하나님을 믿는 사람이었고, 하나님이 의롭게 여겨주셨다는 것을 알 수 있습니다.

그러면 아브라함은 어떻게 되었을까요? 좋은 들판을 내어주고 좋은 것을 조카에게 양보한 아브라함은 쓸쓸히 가나안 땅에 머물렀습니다. 벧엘과 아이 사이 산에 장막을 치고 살았습니다. 가게도 없고 술집도 없는 산속에 머물렀습니다. 주위에 재미있는 것이라고는 아무것도 없었습니다. 낮에는 양떼를 몰고 다니고, 밤에는 하늘의 별을 보고 살았습니다. 조카 롯을 생각하면 참 쓸쓸합니다. "어떻게 키우고 돌봐준 조카인데 … 갈대아 우르를 떠날 때 고아인 롯을 데리고 오고, 하란을 떠날 때에도 버리지 않고 데리고 왔는데 … 기근을 당해 애굽에 내려갈 때도 데리고 가고, 가나안으로 돌아올 때에도 다시 데리고 올라오고 했는데 … 이렇게 돌봐주었더니 결국 욕심을 부리고 떠나갔구먼. 그래도 조카인데, 죽은 내 형님의 아들인데 떠나고 나니 왠지 보고 싶구먼. 죽은 형님 생각하면 눈물이 나는구나."

그런데 바로 그때 하나님이 나타나셔서 아브라함에게 말씀하셨습니다. "너는 눈을 들어 너 있는 곳에서 동서남북[4]을 바라보라. 보이는 땅을 내가 너와 네 자손에게 주리니 영원까지 이르리라."(14-15절. 개역

---

4 개역개정판의 '북쪽과 남쪽 그리고 동쪽과 서쪽'은 히브리어 표현에 지나치게 얽매인 직역이다. 이것을 우리말로는 '동서남북'이라고 한다.

한글판) 하나님은 약속의 하나님입니다. 또 다시 약속을 주셨습니다. 그러나 이번에는 좀 더 구체적인 약속을 주십니다. "동서남북을 바라보라. 너와 네 자손에게 주리라." 우리 성도 여러분, 이처럼 우리가 세상에서 억울한 일을 당하여 양보하고 나면, 하나님이 아시고 우리에게 더 크고 좋은 것으로 갚아 주시고 복 주십니다. 우리가 양보하고 희생하면 하나님이 갚아 주십니다. 하나님이 우리의 위로가 되시고 상급이 되십니다.

욕심을 부리고 떠나간 롯은 얼마 가지 않아 완전히 망했습니다. 빈털터리에 홀애비가 되었습니다. 그러나 양보한 아브라함은 하나님의 복을 받아서 더욱 번창하고 세력이 강해졌습니다. 야고보서 4장 2절에 "너희가 욕심을 내어도 얻지 못하고 살인하며 시기하여도 능히 취하지 못하나니 너희가 다투고 싸우는도다."고 했습니다. 잠언 11장 24절에 "흩어 구제하여도 더욱 부하게 되는 일이 있나니 과도히 아껴도 가난하게 될 뿐이니라."고 했습니다. 잠언 10장 22절에 "여호와께서 복을 주시므로 사람으로 부하게 하시고 근심을 겸하여 주지 아니하시느니라."고 했습니다.

그러므로 사랑하는 성도 여러분,

여러분 모두, 롯처럼 욕심을 부리지 말고, 세상을 사랑하지 말고, 아브라함처럼 하나님을 바라보고 양보할 줄 아는 사람이 되시기 바랍니다. 하나님을 바라보고 양보하면 하나님이 아시고 더 좋은 것으로 갚아 주십니다. 우리의 소망이 되시고 우리의 상급이 되시고 우리의 복이 되시는 하나님을 바라보고 하나님을 의지하여 나아가는 성도들이 되시기 바랍니다. 그래서 아브라함처럼 하나님의 복을 받아서 더욱 번창하고 창대해지는 성도들이 다 되시기 바랍니다. 아멘. (2011년 8월 14일 주일 오전)

6. 동서남북을 바라보라 (13:14-18)

14 롯이 아브람을 떠난 후에 여호와께서 아브람에게 이르시되 너는 눈을 들어 너 있는 곳에서 북쪽과 남쪽 그리고 동쪽과 서쪽을 바라보라 15 보이는 땅을 내가 너와 네 자손에게 주리니 영원히 이르리라 16 내가 네 자손이 땅의 티끌 같게 하리니 사람이 땅의 티끌을 능히 셀 수 있을진대 네 자손도 세리라 17 너는 일어나 그 땅을 종과 횡으로 두루 다녀 보라 내가 그것을 네게 주리라 18 이에 아브람이 장막을 옮겨 헤브론에 있는 마므레 상수리 수풀에 이르러 거주하며 거기서 여호와를 위하여 제단을 쌓았더라

아브라함과 롯은 서로 갈라섰습니다. 롯은 삼촌인 아브라함을 떠나 동쪽으로 갔습니다. 물이 많은 요단 들을 차지했습니다. 왜 헤어졌을까요? 소유가 많았기 때문입니다. 아브라함도 소유가 많았고 롯도 소유가 많았습니다. 소와 양들이 많아지고 종들이 많아졌습니다. 그래서 땅이 비좁아서 두 가족이 같이 살 수 없었던 것입니다. 좋은 풀과 우물을 서로 차지하려고 목자들이 싸우고 다툼이 끊이지 않았습니다. 그래서 아브라함은 용단을 내렸습니다. "우리는 한 골육이다. 서로 다투지 말자." 아브라함과 롯은 삼촌과 조카 사이입니다. 가까운 친척입

니다. 그래서 싸우지 말자고 했습니다.

 구체적으로 어떻게 했습니까? 아브라함이 양보했습니다. "내가 양보하마. 네가 먼저 선택하라. 네가 좌하면 나는 우하고, 네가 우하면 나는 좌하리라." 그러자 롯은 물이 넉넉한 요단 들판을 차지했습니다. 당시에 요단 들판은 물이 많아서 마치 에덴동산 같았다고 합니다.

 아브라함은 그냥 산에 머물렀습니다. 벧엘과 아이 사이의 산지에 머물렀습니다. 문화적 시설이라고는 아무것도 없는 산에서 장막치고 살았습니다. 좋은 들판은 조카에게 양보하고 자기는 산에서 쓸쓸하게 살았습니다. 인간적으로 보면 미련한 짓입니다. 바보 같은 거래입니다. 그러나 조카와 싸워서는 안 된다는 생각에 양보하였습니다. 다 포기하였습니다. 아브라함은 쓸쓸한 마음에 밥맛도 떨어지고 한숨만 나왔을 것입니다. "나는 왜 이럴까? 나는 왜 바보일까? 왜 이렇게 된 걸까? 내가 잘못된 것일까?" 온갖 생각이 다 듭니다.

 바로 그때 하나님이 아브라함에게 나타나셔서 말씀하셨습니다. "너는 눈을 들어 너 있는 곳에서 동서남북을 바라보라. 보이는 땅을 내가 너와 네 자손에게 주리니 영원히 이르리라."(14-15절) 개역개정판에서는 '동서남북' 대신에 '북쪽과 남쪽 그리고 동쪽과 서쪽'이라고 번역하였는데 지나친 직역으로 보입니다. 이것을 우리말로 표현하면 '동서남북'이 됩니다. 초등학생만 되어도 '동서남북'이 무엇인지 다 압니다. 그런데 구태여 그것을 히브리어 원문을 따라 '북쪽과 남쪽 그리고 동쪽과 서쪽'으로 번역한 것은 융통성이 없는 현학적 태도로 보입니다.

하나님은 우선 아브라함에게 "눈을 들어라."고 말씀하십니다. 고개를 떨구고 땅만 쳐다보지 말고 눈을 들라고 하십니다. 여러분, 일이 안 된다고, 뜻대로 안 된다고 땅만 쳐다보고 있으면 안 됩니다. 땅을 쳐다보고 있으면 개미밖에 안 보입니다. 한숨만 푹푹 쉬고 있으면 이산화탄소가 많이 나와서 공기만 오염시킵니다. 우리는 일이 잘 안 될 때, 뜻대로 안 될 때에는 오히려 일어나서 눈을 들어 동서남북을 바라보아야 합니다. 그래서 기분 안 좋은 일이 있을 때, 짜증 나는 일이 있을 때에는 방 안에 틀어박혀 있지 말고 일어나서 산에 가는 게 좋습니다. 산에 올라가서 동서남북을 바라보면 가슴이 탁 트이고 마음이 시원해집니다. "이 아래 온 세상이 다 내 세상이다."라고 생각하면 기분이 좋습니다.

하나님은 실의에 빠진 아브라함에게, 씁쓸한 마음에 젖어 한숨 쉬고 있는 아브라함에게 나타나셔서 "너는 눈을 들어 너 있는 곳에서 동서남북을 바라보라."고 하셨습니다. '동서남북'은 양 사방을 뜻합니다. 히브리어 원어로는 '북쪽과 남쪽과 동쪽과 서쪽'으로 되어 있습니다만, 뜻은 우리말의 '동서남북'과 같습니다. 하나님은 아브라함에게 "북쪽과 남쪽, 동쪽과 서쪽을 바라보라."고 하시면서 "보이는 땅을 내가 너와 네 자손에게 주겠다."고 약속하셨습니다.

그리고 하나님은 또 약속하셨습니다. "내가 네 자손이 땅의 티끌 같게 하리니 사람이 땅의 티끌을 능히 셀 수 있을진대 네 자손도 세리라."(16절) 아브라함은 지금 자식이 한 명도 없습니다. 나이는 들어 80

세 전후가 되었습니다. 옛날 사람들이 오래 살았다는 것을 감안한다고 하더라도 노인입니다. 그런데 하나님은 아브라함의 자식이 땅의 티끌같게 해 주겠다고 약속하셨습니다. 통 큰 약속입니다. 통 큰 시리즈의 원조는 하나님이라고 할 수 있습니다. 하나님은 진짜 통 큰 약속을 하셨습니다.

그리고 나서 하나님은 또다시 말씀하십니다. "너는 일어나 그 땅을 종과 횡으로 두루 다녀 보라. 내가 그것을 네게 주리라."(17절) 이것을 보면 아브라함은 그때 앉아 있었다는 것을 알 수 있지요? 아브라함은 롯에게 좋은 땅을 다 양보한 후에 쭈그리고 앉아 있었습니다. 일하러 가지도 않고 양을 돌보러 가지도 않았습니다. 쭈그리고 앉아서 한숨만 푹푹 쉬고 있었을 것입니다. 그리고 지나간 과거를 생각하면서 후회하고 있었을 것입니다. "하란에서 떠나올 때 롯을 그냥 두고 오는 건데… 괜히 데리고 와서 고생이야. 그때 냉정하게 떼 놓고 우리끼리 왔더라면 이런 험한 꼴은 안 당했을 텐데… 내가 바보지. 내가 너무 인정이 많아서 탈이야."

이렇게 쓸데없이 과거 생각을 하고 한숨짓고 있는 아브라함에게 하나님은 "일어나라."고 하셨습니다. "너는 일어나 그 땅을 종과 횡으로 두루 다녀 보라. 내가 그것을 네게 주리라." '종(縱)'은 세로를 말합니다. 아래위로, 남북으로 다녀 보라는 것입니다. '횡(橫)'은 가로를 말합니다. 동서로, 옆으로 다녀 보라는 것입니다. "두루 다녀 보라"는 것은 이리저리 걸어 보라, 다녀 보라는 것을 의미합니다. "내가 그것을 네게 주리라." 네가 발로 밟는 땅을 다 네게 주겠다는 약속입니다.

그러자 아브라함은 어떻게 했습니까? 하나님의 말씀을 듣고는 용기를 내어 일어났습니다. 눈에 보이는 땅을 다 주겠다는데 얼마나 기분이 좋았겠습니까? 그래서 아브라함은 이리저리 다니며 눈을 들어 멀리 바라보았습니다. 옛날 사람들은 눈이 좋았습니다. 10리, 20리 밖의 사람도 알아보았습니다. 지금도 몽고 사람들은 눈이 좋다고 하잖아요? 넓은 초원에서 양치며 사니까 눈이 엄청 좋습니다. 아브라함도 눈이 좋았을 것입니다. 50리, 100리 밖의 땅을 바라보았을 것입니다.

  18절에 보면 "이에 아브람이 장막을 옮겨 헤브론에 있는 마므레 상수리 수풀에 이르러 거주하며 거기서 여호와를 위하여 제단을 쌓았더라."고 합니다. 아브라함은 장막을 옮겼습니다. 텐트를 걷어서 이사를 했습니다. 아브라함은 이제 이사의 달인이 되었습니다. 이리저리 옮기며 살았습니다. 그러다가 헤브론에 있는 마므레 상수리 수풀에 이르러 거기 거하였습니다. 헤브론은 예루살렘 남쪽에 있습니다. 직선거리로 약 30여km 거리인데, 자동차로 가면 쑥 내려갔다가 다시 쑥 올라오니까 좀 더 될 것입니다. 헤브론은 높은 산지입니다. 해발 1,000미터 정도 됩니다. 그러니 시원합니다. 아브라함이 헤브론을 택한 이유는, 첫째로 방어상 이유였을 것입니다. 높은 산지이니까 적이 쳐들어오기 어렵습니다. 둘째 이유는 멀리 바라볼 수 있기 때문이었을 것입니다. 동서남북으로 멀리 바라볼 수 있었습니다. 아브라함은 헤브론에 있는 마므레 상수리 수풀에 거하였습니다. 마므레 수풀은 헤브론 북쪽 약 3km 지점에 있는데 상수리나무들이 많이 자라는 수풀이었습니다. 그 수풀 이름은 '마므레 상수리 수풀'이라 불렸습니다. '마므레'는 아모리 사람의 이름입니다.

　아브라함은 산을 좋아하고 수풀을 좋아했습니다. 왜냐하면 양들을 먹여야 하니까요. 아브라함은 유목생활을 했습니다. 그리고 성 안에는 들어갈 수가 없었습니다. 거기는 사람들이 이미 살고 있었으니까요. 그래서 성 밖의 수풀에서 살았습니다. 수풀에서 장막치고 소박한 생활을 하였습니다. 문화적인 시설은 없고 그냥 단순한 삶을 살았습니다.

　그리고 중요한 것은 아브라함은 거기서 "여호와를 위하여 단을 쌓았다"는 사실입니다. 18절 끝에 보면 "거기서 여호와를 위하여 제단을 쌓았더라."고 합니다. '제단(祭壇)'의 원래 히브리어(미즈베아흐) 의미는 '죽임의 장소'입니다. 짐승을 잡아서 희생 제물을 드리는 장소입니다. 아브라함은 돌을 주워서 단을 쌓고 짐승을 잡아서 그 위에 올려놓고 불을 때어서 태워서 드렸습니다. 이것은 하나님께 대한 감사의 의미였습니다. "하나님, 감사합니다." 또한 간구의 의미도 있습니다. "하나님, 약속대로 이루어 주옵소서." 이처럼 아브라함은 하나님을 바라보며 하나님께 감사하고 하나님께 기도하며 살았습니다. 가는 곳마다 단을 쌓고 하나님께 제사를 드렸습니다. 요즘 같으면 가는 곳마다 하나님께 예배드리고 기도한 것입니다.

사랑하는 성도 여러분,

오늘날 여러분이 낙심될 때, 뜻대로 안 되고 일이 잘 안 풀리고 그래서 실망이 되고 낙심이 될 때 여러분은 어떻게 하십니까? 다른 사람에게 좋은 것을 다 빼앗기고 나서 쓸쓸할 때 어떻게 하십니까? 어떤 사람은 자기 머리를 쥐어뜯으면서 "아이, 나는 왜 되는 일이 없냐?" "나는 왜 바보일까?" 합니다. 어떤 사람은 이불을 뒤집어쓰고 누워서는 아예 일어나지를 않습니다. "나, 몸 안 좋아. 세상 살기 싫다."고 합니다.

그러나 우리는 어려운 일을 당할 때, 답답하고 짜증날 때 일어나서 눈을 들어 동서남북을 바라보아야 합니다. 창문을 열고 바깥세상을 바라보아야 합니다. 아니면 아파트 옥상이라도 올라가서 동서남북을 바라보아야 합니다. "아, 세상은 넓고 할 일은 많구나. 이 넓은 땅은 다 하나님 아버지의 땅이야. 그리고 내가 일할 땅이야." 그리고 이리저리 다녀 보아야 합니다. 종과 횡으로, 이리저리 다녀 보아야 합니다.

하나님을 믿는 사람은 방 안에만 가만히 틀어박혀 있으면 안 됩니다. 또 천안에만 틀어박혀 살면 안 됩니다. "하늘 아래 제일 편안한 곳 천안에서 살련다. 나는 한평생 천안을 떠나지 않으련다."고 해서 누가 상 주는 것 아닙니다. 또 어떤 사람은 "세계에서 우리나라가 제일 좋아! 나는 한평생 외국에 안 가고 한국에서 살다가 한국에서 죽으련다."고 합니다. 이런 사람은 애국자 같지만 사실은 우물 안 개구리입니다.

우리나라의 어떤 대통령은 미국에 한 번도 안 가보고 대통령이 되었습니다. 참 특별한 사람입니다. 처음에는 미국은 제국주의자라 생각하고 미워했습니다. 대통령이 되어서 미국에 가보니, "햐! 그게 아니구나. 미국은 크고 넓고 굉장한 나라야. 우리가 살기 위해서는 미국과 자유무역협정을 맺어야 하겠구나." 그래서 대통령의 지시로 미국과 협상해서 자유무역협정(FTA)을 맺었습니다. 나라를 사랑하는 마음에서 맺은 결단이었습니다. 그런데 그의 정신을 계승한다는 어떤 사람들은 FTA 비준을 반대하고 있습니다. 좋은 점을 본받지 않고, 도로 우물 안 개구리로 돌아가려고 하고 있습니다.

우리는 우물 안 개구리가 되면 안 됩니다. 우리는 온 세상을 우리의 활동 무대로 생각하고 온 세상을 다니며 일해야 합니다. 예수님은 우리에게 "너희는 온 천하에 다니며 만민에게 복음을 전파하라."고 하셨습니다(막 16:15). 따라서 우리는 온 천하에 다녀야 합니다. 여기서 '온 천하'는 온 세상을 의미합니다. 지구 위의 온 세계를 말합니다. 5대양 6대주가 우리의 활동 무대입니다.

그러면 어떤 사람은 이렇게 말합니다. "온 천하에 다니고 싶은데, 호주머니에 돈이 없어서 … 주머니 사정이 안 좋아서 …" 여러분, 그렇다고 포기하면 안 됩니다. 그럴 때는 우선 지구의(地球儀)를 한 개 사서 책상 위에 두고 전 세계 지도를 눈에 익혀야 합니다. 이스라엘이 어디에 있지? 예루살렘은 어디에? 헤브론은 어디에? 이집트는 어디에 있고, 나일강은 어디서 시작해서 어디로 흘러가는지, 보고 보고 또 보고 하면 마침내 소원이 이루어질 것입니다. 다니기 전에 먼저 바라보아야 합니다. 동서남북을 바라보아야 합니다. 온 세계를 바라보아야 합니다. 눈에 안 보이는 땅은 지도책을 보고 공부해야 합니다. 그리고는 영어를 배워야 합니다. 영어를 알아야 다니지요. 그리고 책을 읽고 공부해야 합니다. 책을 통해 과거와 현재를 다닙니다. 그래서 준비를 잘하고 있으면, 시간이 지나면 하나님이 이루어 주십니다. 몇 년 지나면 소원하는 것이 이루어질 것입니다. 하나님은 준비된 사람을 쓰시지, 준비 안 된 사람을 쓰시지 않습니다.

제가 현재 제일 가보고 싶은 곳은 터키의 카파도키아입니다. 작년 연말에 가보았습니다만 그냥 관광지만 둘러봤습니다. 진짜 가봐야 할 곳은 못 갔는데, 제가 어떤 책을 읽어 보니 세계 문명의 최초 발상지는 오늘날 터키에 있다고 주장합니다. 카파도키아에 있다고 합니다. 아마도 수도 앙카라에서 동쪽으로 약 150km쯤 떨어져 있는 보아즈커이(현재 지명: 보아즈칼레) 부근이 그 중심일 것이라고 합니다.[1] 보아즈칼레는 옛날에 히타이트 제국의 수도(하투샤)가 있던 곳입니다. 히타이트는 주전 약 1700년에서 약 1200년경 사이에 존재했던 제국입니다.

그런데 그 이전에 있었던 인류 최초의 문명은 수메르 문명입니다. 고대 바빌론 제국 이전에 존재했던 제국입니다. 그러니까 주전 2,000년 이전입니다. 약 80여년 전에 영국의 학자 오스틴 와덜(Austine Waddell)이 수메르 연대기를 해독했다고 하는데,[2] 학자들에 의해 얼마나 인정받고 있는지는 모르겠습니다. 수메르 왕들의 연대기는 누가

---

1 Waddell, *Makers of Civilization in Race and History*, 72.

2 Waddell, *Makers of Civilization in Race and History*, 56-64.

어디에서 몇 년간 통치했다는 것을 간단히 기록한 것인데 대단히 중요합니다. 이라크 남부에서 발견된 점토판들과 왕들의 무덤에서 발견된 인장(印章)들과 다른 상형문자들을 해독했는데, 참 대단한 일입니다.

해독 결과 인류의 최초의 문명을 건설한 수메르 왕국의 최초의 왕은 '우쿠시'(Ukusi)라고 합니다, '우쿠'(Ukhu)에서 왕이 되어(주전 3,378년) 30년을 다스렸다고 합니다. '우쿠'는 매(Hawk, Eagle)란 뜻입니다. 그런데 '우쿠'가 어디에 있느냐? 카파도키아에 있다고 합니다. 옛날에 거기에 매가 많았다고 합니다. 헤로도투스(Herodotus)란 옛날 그리스 역사가는 최초의 수도는 '프테리아'(Pteria)였다고 합니다.[3] 인도 베다 경(經)에는 '프라티'(Prati)라고 되어 있는데, 와딜(Waddell)은 오늘날 카파도키아의 보아즈커이(보아즈칼레)로 추정하고 있습니다.[4] 앞으로 발굴이 더 진행되면 밝혀질 것입니다.

수메르 왕국은 메소포타미아와 아나톨리아(터키) 지역뿐만 아니라, 나중에는 인더스 밸리(에딘 식민지)까지 지배했습니다. 심지어 이집트도 점령하고 지배했다고 합니다. 샤르-구니(Shar-Guni)의 아들 마니스(Manis)가 주전 2,704년에 상(上)이집트를 점령하고 왕이 되었다고 합니다. 후에 지중해를 지배하고 크레타 문명을 건설하고 지중해 끝까지 갔다고 합니다. 심지어 아일랜드(Ireland)까지 갔다고 합니다. 이집트 아비도스(Abydos)에 있는 마니스의 무덤에 있는 비문에 그림들이 그려져 있는데 상형문자입니다. 이것이 수메르 상형문자임이 와

---

3 Waddell, *Makers of Civilization in Race and History*, 72.

4 Waddell, *Makers of Civilization in Race and History*, 72f.

덜에 의해 밝혀졌습니다.[5] 그 비문을 해독해 보니, 이집트와 메소포타미아의 왕 마니스가 배를 타고 서쪽 땅 끝 우라니(Urani = 에린 = 아일랜드) 땅에 가서 성을 쌓고 시찰하다가, 산 정상 호수 근처에서 말벌에 쏘여 죽었다고 합니다. "운명이 그를 찔렀다, 말벌에 의해"(남 칼 무시)라고 되어 있는데, 참새 모양(NAM)은 운명(fate)을 뜻하고 말벌 모양(MUSH)은 그림을 그렸습니다.[6] 마니스가 이런 비극적 죽음을 맞이한 것은 그의 나이 80세경 곧 주전 약 2,641년경이었다고 합니다.[7]

이런 비문이 발견된 곳은 이집트 나일강 중류 룩소르(Luxor) 근처에 있는 아비도스(Abydos)입니다. 룩소르에서 북서쪽 145km 지점에 있습니다. 여기에 옛날 왕들의 무덤이 여러 개 발견되었는데, 이집트와 메소포타미아를 다스렸던 수메르 왕들(이집트 초대 왕조)의 무덤입니다. 사르곤(정확하게는 Shar-Guni)의 아들 마니스(Manis)는 전사(戰士, Tusu)로 불리는데, 이집트 최초의 파라오입니다. 이 마니스의 무덤에서 이런 비문(상형문자)이 발견된 것입니다.

놀라운 것은 아일랜드에서 이와 똑같은 비문이 발견되었다는 것입니다. 아일랜드 County Tyrone 남쪽 경계에 있는 Clogher 근처 Knock-Many(마니의 언덕)에 선사시대 거석들이 많이 있는데, 거기 큰 입석 두 개에서 그림들이 발견된 것입니다. 그런데 그 그림들은 이집트 아비도스에 있는 마니스의 무덤에 있는 것과 같은 것이었습니다.

---

5 Waddell, *Makers of Civilization in Race and History*, 230-255.

6 Waddell, *Makers of Civilization in Race and History*, 567, 284-290.

7 Waddell, *Makers of Civilization in Race and History*, 285, 483.

이집트의 파라오, 동시에 메소포타미아와 수리아와 지중해를 지배하는 수메르 제국의 왕 마니스는 배들을 거느리고 멀리 서쪽 땅 끝까지 왔다가 뜻밖에 말벌에 쏘여 죽었다고 되어 있습니다. 그래서 그는 아일랜드에 묻혔습니다. 이집트 나일강 중류의 아비도스에 있는 무덤은 사실 빈 무덤입니다. 비문만 있는 것입니다.

그런데 수메르 연대기 해독과 비문 해독에 결정적 도움을 준 것은 무엇이냐? 놀랍게도 인도의 베다 경이라고 합니다. 베다 경에 나오는 푸라나(Purana) 서사시인데, 여기에 옛날 수메르 왕들의 연대기가 고스란히, 빠짐없이 그리고 정확하게 기록되어 있다고 합니다. 왜냐? 아리안 족들이 인도로 이동할 때(아리안의 대이동) 고대 역사를 그대로 가지고 간 것입니다. 그리고 그것을 기록해서 후대에 물려주었다고 합니다.

주전 700년경에 아리안의 대이동이 있었는데, 앗수르 사람들에 쫓겨서 이동하게 된 것입니다. 앗수르의 사르곤 2세가 이스라엘 왕국을 멸망시켰는데(주전 722년경), 앗수르 사람들은 아주 야만적이었습니다. 이들은 주전 717년에 히타이트인들의 후손들을 학살했습니다. 갈그미스에 소왕국으로 남아 있던 히타이트 후손들의 마지막 왕을 죽였습니다. 그래서 갑바도기아 남쪽 쿠르(Kur) 지방에 살던 아리안들이 쫓겨서 이주한 것입니다. 메소포타미아를 거쳐 페르시아를 거쳐 인더스 밸리를 지나 갠지즈 강 중류에 도착한 것이 주전 700년경이었습니다. 이들은 이주할 때 고대 역사를 고스란히 가지고 가서 산스크리트어로 기록했습니다. 그래서 이 인도의 연대기와 메소포타미아에서 발견된 연대기들 비교하고, 그리고 이집트 나일강 중류의 아비도스에서 발굴된 무덤들에 있는 비문들과, 심지어 아일랜드의 선사시대 거석들의 비문들 비교해서 고대 역사를 밝혀낸 것입니다. 물론 와델의 이 주장은 좀 더 연구하고 검증될 필요가 있습니다.

여러분, 재미있지 않습니까? 우리는 눈을 들어 멀리 바라보아야 합니다. 온 세상을 활동무대로 생각해야 합니다. 종과 횡으로 다녀 보아야 합니다. 또 역사적으로도 현재에서부터 과거로 다녀 보아야 합니다.

여러분, 불교의 스님들(중들) 옷을 보면 오른쪽 어깨를 내어놓고 있잖아요? 왼쪽 어깨 위로 천을 두르는데, 왜 그런지 아십니까? 그건 바로 메소포타미아의 수메르 제사장 옷에서 온 것이라고 합니다.[8] 메소포타미아의 날씨가 매우 덥고 습하니까 그런 옷을 입은 것입니다. 불교 스님들의 까까머리도 수메르 제사장의 모습에서 온 것입니다.[9] 메소포타미아가 너무 더워서 그렇습니다. 주전 700년경에 갠지즈 강 중류에 아리안들이 나타나고 나서 약 150여년 후에 인도에서 불교가 생겨났는데, 이것은 우연이 아니라고 합니다. 결국 불교의 기원도 메소포타미아의 수메르 종교에 있다고 할 수 있습니다.

우리는 눈을 들어 동서남북을 바라보아야 하겠습니다. 종과 횡으로 행하여 보아야 하겠습니다. 이리저리 다녀 보아야 하겠습니다. 그리

---

8 Waddell, *Makers of Civilization in Race and History*, 374f.

9 Waddell, *Makers of Civilization in Race and History*, 375.

고 중요한 것은 다니면서 복음을 전해야 합니다. 예수님은 "온 천하에 다니며 복음을 전하라."고 하셨습니다. 아브라함은 하나님의 말씀에 순종했습니다. 일어나서 장막을 옮겨 이리저리 다녔습니다. 그리고 여호와 하나님을 위하여 단을 쌓았습니다. 가는 곳마다 하나님을 예배하고 기도하였습니다.

사랑하는 성도 여러분,

오늘날 여러분도 믿음의 조상 아브라함을 본받아 눈을 들어 동서남북을 바라보고, 온 세상에 다니며 복음을 전하는 자들이 되시기 바랍니다. 땅만 바라보지 말고, 온 세상을 바라보고, 하나님의 약속을 믿고, 단을 쌓고 하나님의 이름을 부르는 자들이 되시기 바랍니다.

그래서 하나님이 지으신 온 세상에 하나님의 말씀을 전하고, 하나님의 사랑을 전하고, 하나님의 살아 계심을 나타내고 증거하는 성도들이 다 되시기 바랍니다. 아멘. (2011년 8월 21일 주일 오전)

7. 롯의 실패 (14:1-12)

1 당시에 시날 왕 아므라벨과 엘라살 왕 아리옥과 엘람 왕 그돌라오멜과 고임 왕 디달이 2 소돔 왕 베라와 고모라 왕 비르사와 아드마 왕 시납과 스보임 왕 세메벨과 벨라 곧 소알 왕과 싸우니라 3 이들이 다 싯딤 골짜기 곧 지금의 염해에 모였더라 4 이들이 십이년 동안 그돌라오멜을 섬기다가 제십삼년에 배반한지라 5 제십사년에 그돌라오멜과 그와 함께 한 왕들이 나와서 아스드롯 가르나임에서 르바 족속을, 함에서 수스 족속을, [1]사웨 기랴다임에서 엠 족속을 치고 6 호리 족속을 그 산 세일에서 쳐서 광야 근방 엘바란까지 이르렀으며 7 그들이 돌이켜 엔미스밧 곧 가데스에 이르러 아말렉 족속의 온 땅과 하사손다말에 사는 아모리 족속을 친지라 8 소돔 왕과 고모라 왕과 아드마 왕과 스보임 왕과 벨라 곧 소알 왕이 나와서 싯딤 골짜기에서 그들과 전쟁을 하기 위하여 진을 쳤더니 9 엘람 왕 그돌라오멜과 고임 왕 디달과 시날 왕 아므라벨과 엘라살 왕 아리옥 네 왕이 곧 그 다섯 왕과 맞서니라 10 싯딤 골짜기에는 역청 구덩이가 많은지라 소돔 왕과 고모라 왕이 달아날 때에 그들이 거기 빠지고 그 나머지는 산으로 도망하매 11 네 왕이 소돔과 고모라의 모든 재물과 양식을 빼앗아 가고 12 소돔에 거주하는 아브람의 조카 롯도 사로잡고 그 재물까지 노략하여 갔더라

1) 평지

창세기 14장에 보면 전쟁이 기록되어 있습니다. 아브라함 때에 큰 전쟁이 있었습니다. 국제적인 전쟁이었습니다. 침략자는 메소포타미아의 네 왕이었습니다. 본문 1절에 보면, 시날 왕 아므라벨, 엘라살 왕 아리옥, 엘람 왕 그돌라오멜, 고임 왕 디달, 이렇게 네 왕이 동맹을 맺고 가나안 땅으로 쳐들어왔다고 합니다.

이 네 나라가 어디에 있었을까요? '시날'(Shinar)은 바빌론 지역 전체를 일컫습니다. 오늘날 이라크 남부 지역입니다. '아므라벨'(Amraphel)이 누구일까요? 전에는 함무라비(Khammu-rabi)가 아닐까 많이 생각했습니다. 발음이 비슷하잖아요? 자음이 거의 같습니다. 옛날 중동의 글자들은 대개 자음만 가지고 있었습니다(정확하게 말하자면, 자음과 모음이 합쳐진 음절 문자였습니다). 따라서 모음은 조금씩 다르게 발음할 수 있습니다. 그러나 오늘날은 대개 함무라비가 아니라고 봅니다. 제가 봐도 아닌 것 같습니다. 함무라비의 재위 연도는 주전 2003-1961년입니다.[1] 아브라함은 그 이전 사람입니다. 아브라함이 가나안 땅에 들어온 때는 주전 2,090년경입니다.[2] 그러면 이 전쟁이 있었던 때는 대략 주전 2,080년 전후가 됩니다. 따라서 함무라비가 태어나기도 전입니다. 그래서 우리는 아므라벨이 누구인지 모릅니다. 분명한 것은 시날 왕이라는 사실입니다.

'엘라살'(Ellasar)은 수메르 도시 에렉 남동쪽에 있는 '라르사'(Larsa)로 보기도 하고, 아니면 앗수르 북쪽에 있는 '텔라르살'(Tel-larsar)로

---

1 Cf. Waddell, *Makers of Civilization in Race and History*, 485.

2 Gispen, *Genesis*, II, 7f.

보기도 합니다. 어느 것이 옳은지 모릅니다. '아리옥'(Arioch)도 누구인지 모릅니다. '엘람'(Elam)은 메소포타미아 동쪽에 있는데, 시날 땅 동쪽 산지입니다. 오늘날 이란과 이라크의 국경 지대에 있습니다. '그돌라오멜'(Kedorlaomer)은 연합군의 주동자였는데 누구인지 모릅니다. '고임'(Goiim)은 '나라들'이란 뜻입니다. '디달'(Tidal)이 누구인지 역시 모릅니다.

이처럼 오늘날 우리가 모르는 것들이 많습니다. 고대의 역사는 기록이 많지 않고 아직 발굴되지 않은 것이 많습니다. 메소포타미아 지역에 엄청난 고고학적 유물이 있는데, 이라크는 아직도 치안이 불안합니다. 그래서 발굴 작업을 할 수 없습니다. 또 발굴이 되어도 그것을 해독하고 세상에 알려지는 데는 오랜 시간이 걸립니다. 그러나 앞으로 많이 알려지게 될 것입니다.

어쨌든 중요한 것은 메소포타미아 지역과 그 주변의 네 왕들이 연합해서 가나안 땅에 쳐들어왔다는 사실입니다. 왜 쳐들어왔습니까? 가나안의 다섯 왕들이 배반했기 때문입니다. 엘람 왕 그돌라오멜을 12년 동안 섬기다가 제13년에 배반했습니다. 여기서 '섬긴다'는 것은 해마다 양들과 소들을 바치고, 양털을 바치고 또 좋은 물건들을 바치는 것을 의미합니다. 이런 것들을 해마다 바치려니 얼마나 아깝겠습니까? 그래서 제13년째 되던 해에 배반했습니다. 아마도 메소파타미아의 정정이 혼란한 틈을 타서 공물 바치는 것을 중단한 것으로 생각됩니다만 알 수 없습니다.

그러면 메소포타미아의 네 왕에 맞선 가나안 왕들은 누구입니까? 2절에 나옵니다. "소돔 왕 베라와 고모라 왕 비르사와 아드마 왕 시납과 스보임 왕 세메벨과 벨라 곧 소알 왕과 싸우니라." 소돔과 고모라는 사해 남쪽 해안에 있었다고 추정됩니다. 아드마, 스보임, 소알은 그 부근으로 생각되는데, 사해 남동쪽에 있던 도시들이 아닐까 생각됩니다. 그러니까 옛날에는 사해(死海) 다르게는 염해(鹽海) 남쪽과 남동쪽 지역이 발달했다고 생각됩니다. 물이 많고 풀이 잘 자라고 도시가 발달했습니다. 그래서 사람들이 많이 모여 살고 각 도시마다 왕이 있었습니다. 요즘 같으면 시장 또는 동장인데 옛날에는 왕이었습니다.

5절 이하에 전쟁의 경과가 기록되어 있습니다. 성경은 실제로 일어난 역사를 기록한 책입니다. 그래서 성경의 기록은 사실입니다. 그 핵심은 아브라함 때에 전쟁이 있었다는 것입니다. 메소포타미아와 인근 지역 네 왕의 군대가 사해 남동쪽 다섯 왕의 군대와 접전했습니다. 그 전에 메소포타미아 군대가 먼저 가나안 일대를 휩쓸었다는 것을 알 수 있습니다. 태풍이 지나가듯이 가나안 일대를 휩쓸고 지나가면서 사람들을 죽이고 재물과 양식을 빼앗아 갔습니다. 양들과 소들을 빼앗고 종들을 빼앗아 갔습니다. 일종의 약탈 전쟁입니다.

그러자 사해 남동쪽의 다섯 왕이 연합군을 조직해서 막으러 나갔습니다. 가만히 앉아서 당할 수만은 없다, 침략자들을 막아야 하겠다고 해서 나갔습니다. 그러면 어디에서 서로 싸웠을까요? 8절 끝에 보면 "싯딤 골짜기에서 그들과 접전하였다."고 합니다. 3절에도 그렇게 되어 있습니다. '싯딤 골짜기'가 어디인지 정확한 위치는 모릅니다. 아마도 사해 남동쪽으로 생각되는데 잘 모릅니다. 어쩌면 사해 자체였는데, 옛날에는 사해(남쪽 일부)가 골짜기였을 수도 있습니다. 10절에 보면 "싯딤 골짜기에는 역청 구덩이가 많은지라."고 합니다. 역청(瀝青)은 아스팔트 같은 것을 말합니다. 진득진득합니다. 사해 부근을 깊이 파면 지금도 역청 같은 것이 나온다고 합니다.

이렇게 사해 부근 싯딤 골짜기에서 양쪽 군대가 접전하였는데 어떻게 되었습니까? 누가 이겼을까요? 메소포타미아에서 온 군대들이 이겼습니다. 이들은 단단히 벼르고 준비를 하고 왔습니다. 가나안 일대를 휩쓸고 다니면서 많은 도시들과 지역들을 정복하고 약탈했습니다. 그러니 사기가 충천했을 것입니다. 그러나 사해 남동쪽의 군대는 급하게 조직된 시민군들입니다. 농사짓다가 나온 군인들이었습니다. 고기 잡다가 온 군인들, 술집에서 술 마시다 온 군인들도 있었을 것입니다. 그러니 오합지졸입니다. 상대가 안 됩니다.

그래서 소돔과 고모라의 군대가 패배했습니다. 대패했습니다. 전쟁이 붙자마자 얼마 안 되어서 도망치고 말았습니다. 소돔 왕과 고모라 왕도 도망쳤습니다. 군사들도 도망가다가 역청 구덩이에 빠졌습니다. 진득진득한 역청 구덩이에 빠져서 발이 떨어지지가 않습니다. 움직일 수가 없습니다. 메소포타미아의 군인들이 쫓아 와서 창으로 찌르니 그대로 죽습니다. 아니면 칼로 목을 베었습니다. 소돔과 고모라의 군대는 대패하고, 나머지 군사들은 산으로 도망쳤습니다. 메소포타미아 군인들은 소돔과 고모라의 재물과 양식을 빼앗아 갔습니다.

그리고 중요한 것이 있습니다. 12절에 보면 "소돔에 거주하는 아브람의 조카 롯도 사로잡고 그 재물까지 노략하여 갔더라."고 합니다. 롯은 아직 결혼을 안 했는지 그의 아내에 대해서는 분명하게 말하지 않습니다. 16절의 '부녀'(나쉼)에 포함되어 있을 수 있습니다.[3] 창세기 19장에 딸들과 정혼한 사위들이 나오는 것으로 보아 아마 결혼했을 것으로 생각됩니다. 중요한 것은 아브라함의 조카 롯도 사로잡혀 갔다는 사실입니다. 사슬에 꽁꽁 묶여 끌려갔습니다. 롯이 애써 모았던 재물들, 양들과 소들과 낙타들, 종들도 다 빼앗겼습니다. 롯은 빈털터리가 되었습니다. 뿐만 아니라 롯은 이제 언제 죽을지 모르는 신세가 되었습니다. 안 죽더라도 메소포타미아에 끌려가면 종으로 팔리게 될 것입니다. 평생 노예로 살아가게 될 것입니다.

이 사실은 오늘날 우리에게 어떤 교훈을 주는 것일까요? 사람이 욕심을 부리고 세상을 사랑하여 세상을 쫓아가면 낭패를 당한다 하는 것을 가르쳐 줍니다. 롯은 욕심이 많은 사람이었습니다. 삼촌인 아브라함과 싸워서 좋은 땅을 차지했습니다. 물이 많은 요단 들판을 차지했습니다. 마땅히 롯이 삼촌에게 좋은 땅을 양보했어야 할 터인데, 도리어 자기가 좋은 땅을 차지했습니다.

게다가 죄가 많은 도시로 들어갔습니다. 점점 사해 동쪽으로 내려가서 소돔에 들어갔습니다. 소돔은 죄가 많은 도시였습니다. "소돔 사람

---

3   Gispen, *Genesis*, II, 89.

은 악하여 여호와 앞에 큰 죄인이었더라."고 합니다(창 13:13). 소돔은 당시에 발전한 도시였습니다. 문명이 있는 도시였습니다. 살기에 편리한 도시였습니다. 그러나 죄악이 관영한 도시였습니다. 롯은 바로 그런 도시 소돔에 가서 살았습니다. 세상을 사랑하고 세상을 좇아갔다는 것을 알 수 있습니다.

롯은 소돔에 살면서 아마도 삼촌 아브라함을 비웃었을 것입니다. "우리는 이렇게 편리하고 발전된 도시에 사는데, 삼촌은 고리타분하게 산에서 원시적인 생활을 하고 있어. 삼촌은 다른 것은 다 좋은데, 너무 고리타분하고 케케묵고 꽉 막힌 게 문제야." 요즘 같으면, 서울의 좋은 아파트에 사는 사람이 강원도 골짜기 심심산골 초가집에 사는 할머니 할아버지를 보고 촌스럽다고, 원시적인 생활을 한다고 비웃는 것과 마찬가지입니다. "전기도 안 들어오고 가스도 안 들어오고, 인터넷도 안 되고 휴대폰도 안 터지는 시골 골짜기에서 어떻게 살아? 아휴 답답해!" 그런데 그렇게 비웃던 롯은 어떻게 되었습니까? 그가 자랑하던 소돔 성은 파괴되고 약탈당하고, 그가 애써 모았던 재물들은 하루아침에 다 빼앗기고 말았습니다. 빈털터리에 포로가 되고 말았습니다.

사랑하는 성도 여러분,

사람이 욕심을 부리고 세상을 좇아가면, 어느 순간에 갑자기 낭패를 당하게 됩니다. 전혀 예상치 못한 순간에, 예상치 못한 일로 인하여 낭패를 당하고, 여태까지 쌓아두었던 모든 것을 일순간에 빼앗기는 것을 볼 수 있습니다. 롯은 자기가 이렇게 되리라고는 전혀 생각지 못했습니다. 전혀 예상치 못했습니다.

2008년에 금융위기가 있었는데 벌써 3년이 지났습니다. 아무도 금융위기를 예상치 못했습니다. 경제학자들도, 관리들도, 천재들도 예측 못했습니다. 미리 예견했다고 하는 사람들이 있는데, 그것은 소발에 쥐잡기로 어쩌다 맞춘 것입니다. 소발에 쥐잡기로 맞춰 놓고서는 무슨 대가인 것처럼 TV에 나오고, 신문에 나오고 하는데, 다음에는 틀립니다. 계속 틀리고 있습니다. 그러니 소발에 쥐잡기로 맞췄다는 말이 맞지 않습니까? 우리는 앞일을 예측하지 못합니다. 미국 월가에서 모두들 "잘 나간다. 잘 된다. 수익 많이 올렸다."고 기분 좋아하고 흥에 취해 있을 때 갑자기 금융위기가 닥쳤습니다. 높은 수익을 좇아 욕심부리던 수많은 사람들이 파산하고 낭패를 당했습니다.

이처럼 하나님은 욕심부리는 사람들을 벌하시는데, 사람들이 전혀 예견치 못한 일로 갑자기 벌하시는 경우가 많습니다. 잠언 27장 1절에 "너는 내일 일을 자랑하지 말라. 하루 동안에 무슨 일이 일어날는지 네가 알 수 없음이니라."고 했습니다. 전도서 9장 11절에서는 이렇게 말합니다. "내가 다시 해 아래에서 보니 빠른 경주자들이라고 선착하는 것이 아니며, 용사들이라고 전쟁에 승리하는 것이 아니며 지혜자들이라고 음식물을 얻는 것도 아니며, 명철자들이라고 재물을 얻는 것도 아니며, 지식인들이라고 은총을 입는 것이 아니니, 이는 시기와 기회는 그들 모두에게 임함이니라." 전의 개역한글판에서는 "… 시기와 우연이 이 모든 자에게 임함이니라."고 했습니다.

시기와 우연이 임한다는 것이 무슨 뜻입니까? '시기'(時期, 에트)는 때, 특별한 때, 하나님이 정하신 때, 기회를 말합니다. '우연'(偶然, 페가)은 어떤 사람에게 일어나는 것, 사건, 사고를 말합니다. 우리 인생에게는 '시기'와 '우연'이 닥칩니다. 그래서 미래를 예측할 수 없습니다. 전도서 9장 12절에서는 "분명히 사람은 자기의 시기를 알지 못하나니 물고기들이 재난의 그물에 걸리고 새들이 올무에 걸림 같이 인생들도 재앙의 날이 그들에게 홀연히 임하면 거기 걸리느니라."고 했습니다. 물고기가 넓은 바다를 마음껏 헤엄쳐 다니다가 어느 순간에, 아차 하는 순간에 그물에 걸리면 그것으로 끝입니다. 새가 공중을 마음껏 날아다니며 짹짹거리다가, 우연히 사람이 친 올무에 걸리는 순간 그 생명도 끝나는 것입니다. 이와 마찬가지로 인생도 재앙의 날이 홀연히 임하면 거기 걸리고 만다는 뜻입니다.

롯은 잡히기 하루 전만 해도 이렇게 포로로 잡힐 줄은 몰랐을 것입니다. 아니, 한 시간 전만 해도 몰랐을 것입니다. 소돔과 고모라 군대가 이길 것이라고 생각했을 것입니다. 그러나 갑자기 메소포타미아의 군사들이 들이닥쳐서 롯을 사로잡고 양과 짐승들, 재물들을 다 빼앗아 갔습니다.

사랑하는 성도 여러분,

오늘날도 그렇습니다. 사람이 욕심을 부리고 죄를 짓고 살다가 보면, 처음에는 잘 나가는 것 같습니다. 돈 벌어서 잘 살고 콧노래 부르다가 어느 날 갑자기 재앙이 닥치면 망하고 맙니다. 야고보서 1장 15절에 "욕심이 잉태한즉 죄를 낳고 죄가 장성한즉 사망을 낳느니라."고 했습니다. 따라서 우리는 욕심을 부리면 안 됩니다. 욕심을 많이 부리면 망하게 됩니다.

압살롬은 다윗의 아들들 중 하나였습니다. 아주 잘생긴 왕자였습니다. 건강하고 미남이었습니다. 머리카락 숱이 얼마나 많고 잘 자라는지, 연말에 머리를 깎는데 저울에 달아보니 200 세겔이었다고 합니다 (삼하 14:26). 약 3kg이었습니다. 온 백성이 압살롬의 아름다운 모습에 반했습니다. 발바닥부터 정수리까지 흠이 없었다고 합니다. 사람들은 "다윗이 죽고 나면 아마 압살롬이 왕이 될 거야…"라고 생각했습니다.

그런데 나중에 압살롬이 아버지 다윗을 향하여 반란을 일으켰습니다. 다윗은 급히 일어나 도망했습니다. 급히 요단강을 건너갔습니다. 다윗의 운명은 바람 앞의 등불과 같았습니다. 요단강 동편 에브라임 수풀에서 양쪽 군대가 붙었습니다. 최후의 결전을 벌였습니다. 이 전쟁에서 압살롬은 다윗의 군대에 패배했습니다. 압살롬은 노새를 타고 수풀 사이로 도망쳤습니다. 그런데 뜻밖에도 압살롬의 머리털이 큰 상수리나무의 번성한 가지들에 걸리고 말았습니다. 노새는 지나가버리고, 압살롬은 공중에 대롱대롱 달렸습니다. 압살롬의 머리털이 너무 많아서 떨어지지 않았기 때문입니다. 그러자 다윗의 장군 요압이 와서 창으로 압살롬의 심장을 찔러 죽였습니다. 이렇게 해서 압살롬은 젊은 나이에 인생이 끝나고 말았습니다. 전혀 뜻밖에, 자기 머리털 때문에 죽었습니다. 아버지를 배반하고 반란을 일으킨 죄를 하나님이 갚으신 것입니다.

지난 주일에 말씀드렸습니다만, 이집트의 초대 파라오는 '마니스'(대개 '메네스'라 부름)입니다. 마니스(Manis)는 원래 수메르 제국의 왕 '샤르-구니'(Shar-Guni. 보통 사르곤 대왕이라 부름)의 장남이었습니다. 어려서부터 싸우는 것을 좋아하고 아버지 말을 안 듣고 해서, 아버지 샤르-구니는 마니스의 동생(무쉬)에게 왕위를 물려주었습니다. 그러자 장남 마니스는 화가 잔뜩 나서 반란을 일으켰습니다. 당시에 메소포타미아 동쪽 '인더스 밸리'의 총독으로 있었는데, 6만명의 군대와 많은 배들을 이끌고 이집트로 갔습니다. 아라비아해와 홍해를 거쳐 이집트 나일강 상류 지역에 있는 상(上)이집트를 침입하여 점령하였습니다. 주전 2,704년경의 일입니다. 하(下)이집트는 아버지의 군대들이 지키고 있어서 침입하지 못했습니다.

마니스는 전쟁에 뛰어난 전사(戰士)였습니다. 나중에 하이집트도 점령하고 이집트를 통일했습니다. 이집트의 초대 파라오입니다. 그는 15년 후에 메소포타미아에 있는 동생을 죽이고, 수메르 제국 전체의 왕이 되었습니다. 메소포타미아와 이집트, 소아시아, 인더스 밸리까지 지배한 대제국의 왕이었습니다. 마니스는 그 후에도 지중해 일대를 지배하고 대제국을 이루었습니다. 마니스는 마음속으로 죽은 아버지를 비웃었을 것입니다. "거 보라구. 아버지가 장남인 나를 무시하고 동생에게 왕위를 물려주더니만, 결국 내가 다 차지했어. 동생은 내가 없앴고, 그의 나라는 내가 칼과 창으로 다 빼앗았어. 이 세상에 안 되는 게 어디 있어?"

그런데 어떻게 되었습니까? 마니스는 나이 80세에 배들을 이끌고 자기 나라를 시찰 나갔습니다. 서쪽 땅 끝까지 갔다고 합니다. 그런데 '우라니'(Urani) 땅 호수 정상에서 '말벌'에 쏘여 죽었다고 합니다. 아일랜드의 현재 클로거(Clogher) 근처의 Knock-Many(마니의 언덕)라 불리는 곳에서 조그만 벌레인 '말벌'에 쏘여 죽었습니다(주전 2,641년경). 그의 무덤의 비문에 보면 "운명이 그를 찔렀다. 말벌에 의해."라고 기록되어 있습니다. 대제국의 통치자, 이집트와 메소포타미아, 소아시아와 인더스 밸리, 지중해 일대, 심지어 아일랜드까지 통치했던 전사 마니스는 조그만 곤충인 말벌에 쏘여 인생을 마감하고 말았습니다. 그래서 그는 아일랜드에 묻혔습니다.

오래 전에 아버지에 대해 반역하고 반란을 일으켜서 아버지의 제국에서 이집트를 떼내어 자기 왕국을 세운 죄, 그리고 자기 동생을 죽인 죗값을 오랜 세월 후에 하나님이 갚으셨다는 것을 알 수 있습니다. 사람들이 전혀 예상치 못한 방법으로 갑자기 비극적인 죽음을 맞이했습니다. 이처럼 하나님은 사람에게 '시기'와 '우연'이 임하게 하십니다. 그래서 악한 사람은 갑자기 재앙의 그물에 걸려 망한다 하는 것을 알 수 있습니다.

여기의 롯이 그렇습니다. 욕심을 부리고 삼촌과 싸워서 좋은 땅을 차지하고, 죄 많은 소돔 도시에 가서 재미있게 살던 롯은 어느 날 갑자기 메소포타미아의 군대들에 의해 포로가 되어 잡혀가고 말았습니다. 그가 욕심부려 모은 재산들은 다 빼앗기고 어느 날 갑자기 빈털터리가 되고 말았습니다. 하나님은 살아 계시고 모든 것을 보고 계시다가, 때가 되면 갑자기 갚으신다 하는 것을 알 수 있습니다.

따라서 우리는 평소에 욕심을 부리지 않도록 해야 합니다. 욕심을 부리고 죄를 많이 지으면 갑자기 망하게 됩니다. 하나님은 다 보고 계시다가 어느 날 갑자기 재앙을 내려서 그 죄를 갚으십니다. 따라서 우리는 항상 하나님 앞에서 겸손하여야 합니다. 하나님 앞에서 마음을 낮추고 하나님을 바라보며 겸손히 행해야 합니다. 아브라함처럼 비록 숲속에 살지라도, 하나님을 바라보며 하나님의 이름을 부르며 살아야 합니다. 그러면 하나님이 그런 사람을 기뻐하시고, 환난 날에 지켜주시고 보호해 주시고 마침내 큰 은혜를 베풀어 주시는 것입니다.

사랑하는 성도 여러분,

여러분 모두, 살아계신 하나님을 바라보고, 겸손히 기도하면서 나아가는 성도들이 되시기 바랍니다. 그래서 하나님이 여러분을 기뻐하셔서, 환난 날에도 하나님의 보호하심을 받고 하나님의 사랑을 받는 성도들이 다 되시기 바랍니다. 아멘. (2011년 8월 28일 주일 오전)

8. 롯을 구원한 아브라함 (14:13-16)

13 도망한 자가 와서 히브리 사람 아브람에게 알리니 그때에 아브람이 아모리 족속 마므레의 상수리 수풀 근처에 거주하였더라 마므레는 에스골의 형제요 또 아넬의 형제라 이들은 아브람과 동맹한 사람들이더라 14 아브람이 그의 조카가 사로잡혔음을 듣고 집에서 길리고 훈련된 자 삼백십팔 명을 거느리고 단까지 쫓아가서 15 그와 그의 가신들이 나뉘어 밤에 그들을 쳐부수고 다메섹 왼편 호바까지 쫓아가 16 모든 빼앗겼던 재물과 자기의 조카 롯과 그의 재물과 또 부녀와 친척을 다 찾아왔더라

롯은 아브라함의 조카였습니다. 죽은 형 하란의 아들이었습니다. 아브라함은 조카 롯을 불쌍히 여겨서 데리고 다녔습니다. 갈대아 우르에서 하란으로, 하란에서 가나안 땅으로, 그리고 가나안에서 애굽으로, 애굽에서 다시 가나안으로 데리고 다니면서 돌보았습니다. 왜냐하면 의지할 데 없는 조카였기 때문입니다.

그러나 문제가 생겼습니다. 아브라함이 부자가 되고 롯도 부자가 되고, 그래서 양들이 많아지고 소들이 많아지고 종들이 많아지니까 같이 지내기에 땅이 좁았습니다. 목자들이 풀밭을 두고 서로 싸우고 우물을

서로 차지하려고 싸웠습니다. 그래서 다툼이 끊이지 않았습니다. 그러자 주위의 이방인들이 비웃었습니다. "삼촌과 조카가 서로 싸우다니 꼴 좋다, 잘한다."

그래서 아브라함은 결단을 내렸습니다. "이래서는 안 되겠다. 삼촌과 조카가 서로 싸우다니 말이 안 된다." 그래서 조카 롯에게 말했습니다. "우리 서로 헤어지자. 네 앞에 땅이 있지 아니하냐? 네가 먼저 택하라. 네가 좌하면 나는 우하고, 네가 우하면 나는 좌하리라." 아브라함이 양보했습니다. 아무런 조건 없이 전적으로 양보했습니다.

욕심 많은 롯은 물이 많은 요단 들판을 차지했습니다. "양보해 주셔서 감사합니다." 하면서 아브라함을 떠나 동쪽으로 갔습니다. 나중에는 발전된 도시인 소돔에 가서 살았습니다. "도시생활 하니 너무 좋다." "삼촌이 없으니 잔소리 없어서 좋고, 숙모가 없으니 속이 시원하다. 10년 묵은 체증이 내려가는 것 같다."면서 좋아했을 것입니다.

그러나 어떻게 되었습니까? 갑자기 메소포타미아에서 군대가 들이닥쳤습니다. 약탈꾼이 들이닥쳤습니다. 소돔과 고모라를 약탈하고, 모든 재물과 양식을 빼앗아 갔습니다. 롯은 포로가 되었습니다. 사슬에 묶여서 끌려갔습니다. 이제 메소포타미아에 가면 종으로 팔리게 될 것입니다.

그때 도망친 사람들 중 하나가 급히 달려와서 아브라함에게 이 소식을 전했습니다. 아브라함은 그때 헤브론 북쪽 마므레 상수리 수풀에 머물고 있었습니다. 낮에는 양을 치고 밤에는 별을 보며 사라와 오순도순 이야기를 나누고 있었을 것입니다. "롯은 잘 지내고 있는지? 별일 없어야 할 텐데 …" 그때 어떤 사람이 헐레벌떡 뛰어와서 아브라함에게 말했습니다. "큰일 났습니다. 메소포타미아에서 군대가 들이닥쳐서 소돔과 고모라와 그 일대를 다 약탈했습니다. 아수라장이 되었습니다. 소돔 왕과 고모라 왕은 도망가고 많은 사람이 죽었습니다. 집들은 불타고 양들과 소들은 다 빼앗기고, 많은 사람이 포로로 끌려갔습니다. 롯도 포로가 되어 끌려갔습니다."

우리 성도 여러분, 롯이 포로가 되어 끌려갔다는 소식을 들었을 때 보통 사람 같으면 어떤 반응을 보였을까요? "고소하다. 깨소금보다 더 고소하다." "그렇게 욕심부리더니만 벌 받은 거야. 천벌 받은 거야." 또 어떤 사람은 "내버려 둬! 다 컸으니 자기가 알아서 하겠지 뭐." 또는 "안 됐군. 불쌍하지만 어쩌겠나?" 할 것입니다.

그러나 아브라함은 그러지 않았습니다. 아브라함은 조카 롯이 잡혀갔다는 말을 들었을 때 급히 군사를 동원해서 롯을 구하러 갔습니다. 14절에 보면 "집에서 길리고 훈련된 자 318명을 거느리고 단까지 쫓아갔다."고 합니다. 아브라함에게 이렇게 많은 군사가 있었다니 참 대단합니다. 이들은 종들입니다. 아브라함은 이들을 훈련시켰습니다. 칼싸움 훈련과 창던지기 훈련 등을 시켰습니다. 또 기본이 되는 게 달리기입니다. 이런 체력 훈련을 틈틈이 시켰습니다.

이것을 보면, 믿음의 조상 아브라함은 군사훈련을 게을리하지 않았다는 것을 알 수 있습니다. 얼핏 생각하면, 하나님을 믿는 사람은 믿음만 있으면 되지 군사훈련이 뭐 필요하냐고 생각할 수 있습니다. 그러나 그렇지 않습니다. 하나님을 믿는 사람은 또한 준비를 잘해야 합니다. 군사훈련을 잘해서 만약의 경우에 대비해야 합니다. 전에, 1970년대에는 늘 유비무환(有備無患)을 강조했습니다. 대비를 잘해야만 어려움을 당하지 않는다는 것이었습니다. 제가 고등학교, 대학교 다닐 때에는 교련 수업이 있었습니다. 1주일에 1시간씩 군사훈련을 했습니다.

지금 제주도 강정마을에서는 해군 군사 기지를 건설하는데 시위자들이 와서 평화를 외치면서 건설을 방해하고 있다고 합니다. 여러분, 평화라고 하는 것은 평화를 외친다고 되는 것이 아닙니다. 꽹과리 치고 평화 문화제를 한다고 해서 되는 게 아닙니다. 미리 대비하고 국방을 튼튼히 해야 됩니다. 해군 기지를 건설하는 것은 곧 국방을 든든히 하고 평화를 지키는 것입니다. 해군 기지를 건설 안 하고 평화 시위만 하고 있다가 일본군이 쳐들어오면 어떻게 되겠습니까? 중국군이 쳐들어오면 어떻게 되겠습니까? 여러분, 옛날에는 일본군이 심심하면 제주도에 쳐들어왔습니다. 그래서 제주도 사람들은 한라산 중턱에 숨어서 살았습니다. 굴뚝도 위로 못 내고 나지막하게 땅바닥에 흩어지도록 했습니다. 왜군에게 들키지 않기 위해서지요. 제주도를 다 빼앗기고 나서 후회해 본들 소용없습니다. 국방이란 빼앗기기 전에 지켜야 하는 것입니다. 평화로울 때 미리 대비해야 하는 것입니다.

13절에 보면, 아브라함은 마므레 수풀에 거주할 때 마므레와 에스골과 아넬과 동맹했다고 합니다. 마므레와 에스골과 아넬은 형제들입니다. 아브라함은 이들과 동맹을 맺었습니다. 어려움을 당할 때, 외적의 침입을 받을 때 서로 도와주기로 굳게 약속하였습니다. 일종의 군사동맹입니다. 24절에 보면, 이들의 군사들이 실제로 아브라함의 군사들과 동행했다고 합니다.

　이것은 오늘날 우리에게 시사하는 바가 큽니다. 아브라함처럼 하나님을 믿고 믿음으로 사는 사람도 만약의 경우에 대비해서 군사동맹을 맺었다는 것 곧 군사동맹이 필요하다는 것을 알 수 있습니다. 어떤 사람은, 하나님이 지켜주실 것인데 군사동맹은 뭐 때문에 필요하냐고 생각합니다. 믿음이 부족해서 그런 거 아닌가? 라고 생각하는데, 그렇지 않습니다. 하나님을 믿는 사람도 만약의 경우에 대비해야 합니다. 철저하게 대비해야 합니다. 그래서 군사동맹이 필요한 것입니다.

　오늘날 우리나라 같으면 외교를 잘해야 합니다. 외교를 잘못하면 아무리 경제개발을 해도 소용없습니다. 아무리 무기를 개발해도 소용없습니다. 일본은 독도를 빼앗으려고 호시탐탐 노리고 있는데, 지금 우리나라 군사력으로는 독도를 지키기 어렵습니다. 감정만으로는 독도를 지킬 수 없습니다. 국회의원이 독도에 가서 쇼 한다고 지켜지는 게 아닙니다. 10년쯤 전에 나온 시뮬레이션에 의하면, 독도에서 무력 충돌이 일어나면 우리나라 군대는 완패한다고 합니다. 우리나라 전투기 100여대가 떠도 일본 자위대 전투기 1대도 격추하지 못하고, 전부 격추당하는 것으로 나타났습니다. 왜냐하면 일본은 조기경보기를 4대나 가지고 한국군 전투기가 어디에서 오는지 수백 km 밖에서 보고 있기 때문입니다. 그러나 한국군은 눈뜬 장님과 같습니다. 캄캄합니다. 우리나라는 지난 8월 1일에 비로소 조기경보기 1대를 도입했다고 합니다. 시험비행을 거쳐 9월 초에 공군에 인도한다고 합니다. 그러나 일본은 오래전부터 조기경보기 4대를 가지고 있습니다. 그리고 일본은 전자 장비가 뛰어납니다.

따라서 독도를 지키려면 외교를 잘해야 합니다. 한미관계를 굳건하게 하는 수밖에 없습니다. 지금 무인정찰기 글로벌 호크도 도입하려고 하고 있는데, 이런 것도 다 외교관계를 잘해야 들여오는 것입니다. 앞으로 중국과의 관계에 있어서도 외교관계가 대단히 중요합니다. 외교관계를 잘못하면 나라가 망할 수도 있습니다. 조선이 망한 것도 결국 외교관계를 잘못해서 그렇다고 말할 수 있습니다. 대원군의 쇄국정책 때문입니다. 또 대원군에 맞선 민비 세력이 일본을 끌어들였다가 망했습니다. 지금은 우리가 북한의 도발에 철저히 대비를 해야 하지만, 또한 일본의 침략을 경계해야 하고 또 중국에 끌려가지 않도록 조심해야 합니다.

그러면 아브라함은 든든한 동맹관계를 바탕으로 유사시에 어떻게 했습니까? 15절에 보면 "그 가신을 나누어 밤을 타서 그들을 쳐서 파하고 다메섹 좌편 호바까지 쫓아갔다."고 합니다. 여기서 '가신(家臣)'은 종들을 의미합니다.[1] 16절에 보면 "모든 빼앗겼던 재물과 자기의 조카 롯과 그의 재물과 또 부녀와 친척을 다 찾아왔더라."고 합니다. 메소포타

---

1 히브리어는 '아바다우'(그의 종들).

미아의 군대를 격파하고 빼앗겼던 것들을 다 찾아왔습니다. 조카 롯도 무사히 구출하고 또 부녀들과 인민을 다 구하여 데려왔습니다. 말하자면 대승을 거둔 것입니다. 롯과 그 재산을 다 건져 내었습니다.

여기서 우리가 가지는 의문은 어떻게 아브라함의 적은 군대가 메소포타미아 다섯 왕의 연합군을 물리칠 수 있었을까? 그게 과연 가능한가? 하는 것입니다. 여기서 우리가 생각할 것은 아브라함은 뛰어난 군사 전략을 구사했다는 것입니다. 전쟁이란 꼭 군인 수가 많아야 이기는 게 아니고 전략이 좋아야 합니다. 소위 병법이 좋아야 합니다. 그러면 아브라함은 어떤 전략을 구사했습니까? 15절에 보니 기습작전을 펼쳤습니다. 군사를 나누어서 밤에 기습했습니다. 밤중에 적군이 깊이 잠들어 있는 틈을 타서 공격했습니다.

메소포타미아의 군사들은 아브라함이 군사를 거느리고 쫓아올 줄은 전혀 생각하지 못했을 것입니다. 전쟁에 승리한 기쁨에 도취되어 있었을 것입니다. 많은 노략물을 획득했습니다. 양과 소떼를 엄청 얻었고, 금과 은, 좋은 옷들을 많이 얻었습니다. 그리고 각자 종들을 몇 명씩 얻었습니다. 메소포타미아에 돌아가면 부자가 되어 평생 동안 떵떵거리며 살 것을 생각하니 입이 벌어집니다. 그래서 밤늦도록 술을 마시고 곤드레만드레 깊이 잠들었을 것입니다. 그때 아브라함은 한밤중에 군사를 거느리고 갑자기 들이닥쳤습니다. 그러자 적들은 자다가 죽었습니다. 살아남은 사람은 잠옷 바람으로 도망쳤습니다. 짐승도 두고 포로도 다 두고 "걸음아, 날 살려라." 하고 도망쳤을 것입니다.

성도 여러분, 아브라함이 여기서 구사한 기습작전은 나중에 로마의 카이사르도 구사했습니다. 율리우스 카이사르는 유럽 전체를 점령했습니다. 라인 강 서쪽을 다 점령하고, 심지어 영국에도 쳐들어갔다가 나왔습니다. 수많은 갈리아 족들을 차례차례 쳐서 복종시켰습니다. 그래서 카이사르는 전쟁 영웅입니다. 로마 사람들은 승전보를 들을 때마다 열광했습니다. 카이사르는 『갈리아 전기』[2]라는 책을 저술했습니다. '갈리아 전쟁기'란 뜻입니다. 이 책에 보면 카이사르가 구사한 전법은 기습작전입니다. 적이 예상치 못한 순간에, 전혀 준비하지 않고 있을 때 갑자기 들이닥쳐서 쳐부수는 것입니다. 예를 들어, 몇백 km 밖에 있는 갈리아 족들이 군사를 모아서 대항하려고 한다는 보고가 가이사에게 들어옵니다. 적어도 1주일이 걸리는 거리입니다. 그러나 카이사르는 군대를 재촉해서 빠른 걸음으로 걷게 합니다. 밤낮으로 행군합니다. 그래서 예상을 깨고 나흘만에 적진에 도착합니다. 적들은 전혀 예상치 못했습니다. "카이사르 군대가 도착하려면 적어도 일주일은 걸릴 것이야. 앞으로 3일은 더 있어야 돼!" 이렇게 방심하고 있을 때, 카이사르의 군대가 갑자기 들이닥쳐서 기습 공격을 감행합니다. 그래서 백전백승을 거둡니다.

  여기서 아브라함이 구사한 전법도 바로 기습작전입니다. 이것을 보면, 아브라함이 평소에 병법을 잘 알고 있었다고 생각됩니다. 아브라함이 갈대아 우르에 있을 때, 쐐기문자로 된 책들을 읽으면서 병법을 공부하지 않았을까 생각됩니다. 요세푸스의 기록에 보면, 아브라함은 여러 학문에 뛰어났다고 합니다. 갈대아 우르에 있을 때 학문을 익혔

---

2 카이사르, 『갈리아 戰記』, 박광순 옮김, 서울: 범우사, 1998 (2판 2쇄).

다고 합니다. 애굽에 내려갔을 때 애굽 사람들에게 수학과 천문학을 가르쳐 주었다고 합니다.[3]

이것이 사실인지 여부는 알 수 없지만, 제가 볼 때 아브라함은 병법을 알았다고 생각됩니다. 갈대아 우르에 있을 때 병법을 공부한 것 같습니다. 그러면 다른 학문도 공부했을 것입니다. 아마도 수메르 학교에 다니면서 쐐기문자를 공부했을 것입니다. 그러니까 아브라함은 양만 치고 논 것이 아니라 공부도 열심히 했다는 것을 알 수 있습니다. 아브라함은 틈틈이 군사훈련도 했습니다. 그래서 아브라함은 조카 롯과 그 재물을 다 구해서 돌아왔습니다. 부녀와 친척[4]을 다 찾아왔다고 했는데, 아마도 롯의 아내도 (만일 롯이 결혼해서 아내가 있었다면) 이때 찾아왔을 것입니다. 환난을 당한 롯, 위기에 빠진 롯을 모른 체하지 않고 목숨 걸고 쫓아가서 구해 왔습니다.

이 사실에서 우리는 무엇을 배울 수 있습니까? 아브라함은 조카 롯을 모른 체하지 않고 위기에서 건져내었다는 사실입니다. 위험을 무릎쓰고, 목숨 걸고 쫓아가서 건져내었습니다. 참으로 훌륭한 삼촌입니다. 잠언 24장 11절에 보면, "너는 사망으로 끌려가는 자를 건져 주며 살육을 당하게 된 자를 구원하지 아니하려고 하지 말라."고 합니다. 모르는 사람이라 할지라도 사망으로 끌려가는 자를 건져 주라고 했는데, 어찌 자기 조카를 모른 체하겠습니까? 디모데전서 5장 8절에 보면 이

---

3 Josephus, *Jew. Ant.* I,167.
4 여기에 '친척'으로 번역된 히브리어는 '하암'으로 '그 백성'이다.

렇게 말합니다. "누구든지 자기 친족 특히 자기 가족을 돌보지 아니하면 믿음을 배반한 자요 불신자보다 더 악한 자니라." 자기 친족, 자기 가족이 어려움에 빠졌는데 돌아보지 아니하면 믿음을 배반한 자요 불신자보다 더 악한 자입니다. 우리는 형제간에, 가족간에, 또 친척간에 어려움에 빠진 사람이 있으면 자기 일처럼 돕고 보살펴야 합니다.

어떤 사람은 이렇게 말합니다. "어휴! 얄미워서 싫어." 합니다. "다른 형제는 다 도와주겠는데, 저 언니는 싫어. 저 동생은 싫어. 순얌체, 욕심쟁이, 야시, 넝구렁이. 어휴, 진절머리 나." "딴 사람은 다 도와줘도 쟤는 못 도와줘." 이렇게 하면 안 됩니다. 아브라함이 뭐 조카 롯이 좋아서 도와주었겠습니까? 싸우고 욕심 차리고 떠나간 조카인데 … 그러나 아브라함은 조카를 미워하지 않았습니다. 롯은 아브라함을 미워해도, 아브라함은 롯을 미워하지 않았습니다. 도리어 사랑했습니다. 자기 아들처럼 여기고 목숨 걸고 쫓아가서 건져내었습니다. 로마서 12장 14절에 "너희를 핍박하는 자를 축복하라. 축복하고 저주하지 말라."고 했습니다. 아브라함은 얄미운 롯을 사랑하고 축복했습니다. 목숨 걸고 건져내었습니다.

이런 아브라함을 하나님은 사랑하시고 더욱 복을 주셨습니다. 아브라함은 전쟁에서 대승을 거두고 돌아왔습니다. 메소포타미아의 네 나라의 연합군대를 물리쳤습니다. 참 대단합니다. 소돔과 고모라 등 다섯 연합군이 당하지 못한 것을 아브라함이 물리쳤습니다. 아브라함은 이제 가나안의 맹주로 발돋움했습니다. 소돔 왕과 고모라 왕이 머리 숙이고 아브라함에게 찾아와서 감사했습니다. 예루살렘 왕 멜기세덱이 찾아와서 축복했습니다. 아브라함은 이제 가나안 땅에서 강력한 세력으로 성장하게 되었습니다. 어느 누구도 넘보지 못하게 되었습니다.

　사랑하는 성도 여러분,

　여러분도 강력한 세력으로 성장하고 싶으면, 어느 누구도 넘보지 못할 세력으로 자라고 싶으면, 아브라함처럼 양보할 줄 알고 어려움에 빠진 사람을 돕는 사람이 되시기 바랍니다. 환난당한 자를 건져 주고, 위기에 빠진 사람을 구해 주고, 미워하는 자를 사랑하고, 핍박하는 자를 축복하고, 이렇게 아브라함처럼 착하게 살면 하나님이 기뻐하셔서 여러분을 높여 주시고, 여러분을 세워 주시고, 큰 세력으로 자라게 하실 것입니다. 잠언 4장 18절에 "의인의 길은 돋는 햇살 같아서 크게 빛나 한낮의 광명에 이른다."고 했습니다.[5]

　그리고 어린이 여러분은 늘 양고기 먹을 생각만 하지 말고, 아브라함처럼 어려운 글자도 배우고 병법도 익히고 학문을 익혀서 미래를 잘 준비하는 자가 되기 바랍니다. 책을 많이 읽고 공부를 열심히 해서 머릿속을 채우고 체력 단련을 잘해서 미래를 잘 준비하는 자는 나중에 크게 빛나게 될 것입니다.

　여러분 모두, 아브라함처럼 평소에 준비를 잘하고 있다가 어려움 당

---

[5] 개역한글판에는 "의인의 길은 돋는 햇볕 같아서 점점 빛나서 원만한 광명에 이르거니와"로 되어 있다.

한 친척이나 이웃이 있을 때 적극적으로 도와주고 건져 주는 자들이 되시기 바랍니다. 그러면 하나님이 여러분을 기뻐하시고, 여러분을 지켜주시고, 더욱 큰 은혜를 내려 주실 것입니다. 그래서 아브라함처럼 더욱 하나님을 잘 믿고 섬기는 성도들이 다 되시기 바랍니다. 아멘.
(2011년 9월 4일 주일 오전)

9. 아브라함과 멜기세덱 (14:17-20)

17 아브람이 그돌라오멜과 그와 함께 한 왕들을 쳐부수고 돌아올 때에 소돔 왕이 사웨 골짜기 곧 왕의 골짜기로 나와 그를 영접하였고 18 살렘 왕 멜기세덱이 떡과 포도주를 가지고 나왔으니 그는 지극히 높으신 하나님의 제사장이었더라 19 그가 아브람에게 축복하여 이르되 천지의 주재이시요 지극히 높으신 하나님이여 아브람에게 복을 주옵소서 20 **너희 대적을 네 손에 붙이신 지극히 높으신 하나님을 찬송할지로다** 하매 아브람이 그 얻은 것에서 십분의 일을 멜기세덱에게 주었더라

내일은 우리 민족의 명절인 추석입니다. 추석은 팔월 한가위라고도 하는데, 우리 민족의 최대 명절입니다. 설날보다 더 큰 명절입니다. 추석은 한 해 동안 농사지어서 추수한 것에 대해 감사를 드리는 절기입니다. 벼 농사를 해서 추수하고 과일을 거둔 것에 대해 감사하는 것입니다. 원래는 하늘에 감사드리는 것이었습니다. 햇빛과 비를 내려 준 하늘에 감사하고, 친지와 이웃끼리 음식을 나눠 먹었습니다.

여러분, 중국의 제일 큰 명절이 무엇인지 아십니까? 추석이 아니라 춘절입니다. 음력으로 1월 1일 곧 설날입니다. 중국 사람들은 연말연

시에 폭죽을 엄청 터뜨립니다. 12월 31일 밤 12시가 되면, 쾅! 쾅! 폭죽을 터뜨리는데 밤새도록 터뜨립니다. 시끄러워서 잠을 잘 수가 없습니다. 왜 터뜨리느냐고 물어보면 귀신을 쫓아낸다고 그런다고 합니다. 여러분, 귀신은 거짓말쟁이입니다. 거짓말을 밥 먹듯이 합니다. 귀신은 귀신을 쫓아낸다고 하면서 들어옵니다. 그래서 새해 첫날부터 불이 나서 많은 집이 불타고 많은 사람이 죽거나 다칩니다. 신년 정초부터 불행한 일들이 일어납니다. 그리고 춘절에는 새해에 복이 많기를 빕니다. 새해에 돈 많이 벌라고 말합니다. 이처럼 중국 사람들은 매우 기복적(祈福的)입니다. 자기중심적이고 물질적입니다.

이에 비해 우리나라 추석은 '감사'가 주된 특징입니다. 하늘에 감사하고 또 주위 사람들에게도 감사를 표하고 기쁨을 나누는 것입니다. 원래는 남녀노소 다 함께 하늘에 제사하고 강강수월래를 하면서 뛰놀지 않았나 생각됩니다. 받은 은혜에 감사하고 이웃과 함께 기쁨을 나눈다는 것은 좋은 일입니다. 추석이 되면 떡을 해서 이웃과 나눠 먹고 음식을 나눠 먹었습니다. 그러니 예로부터 우리나라는 동방예의지국이라 불렸습니다. 옛날(고조선 시대)에 사람들이 길 가다가 만나면 서로 먼저 양보했다고 합니다. 그래서 공자도 동방에 가서 살고 싶다고 했습니다.

그러나 오늘날 우리나라 추석의 문제는 감사하기는 하는데, 하늘의 하나님께 감사하지 않고 죽은 조상에게 감사한다는 것입니다. 이것은 잘못된 것이고 큰 죄입니다. 햇빛과 비를 주신 하나님께 감사해야지 엉뚱한 사람에게 감사하니 잘못입니다. 여러분이 선물을 받았다고 합시다. 아버지가 새 휴대폰을 사 줬다고 합시다. 그러면 아버지께 감사해야 되겠지요? "아버지, 감사합니다. 열심히 공부해서 다음에 꼭 1등 하겠습니다." 그런데 아버지께 감사하지 않고 지나가는 아저씨에게 감사하면 안 되겠지요? 배은망덕하고 정신 나간 짓입니다. 이와 마찬가지로 우리는 우리에게 곡식을 주시고 과일을 주신 하나님께 감사해야 합니다. 따라서 죽은 조상에게 감사하고 제사 지내는 것은 잘못입니다. 감사의 번지수가 틀린 것입니다.

이 자리에 모인 우리는 살아 계신 하나님께 감사하고 하나님을 경배합니다. 이것은 감사의 번지수가 바로 된 것입니다. 우리는 감사의 대상을 바로 찾았습니다. 누구에게 감사해야 할지를 바로 알게 되었으니 이 또한 감사한 일입니다. 따라서 오늘날 우리야말로 팔월 추석을 올바르게, 참되게 보내는 사람들입니다.

오늘 우리는 성경에서 한 특별한 사람을 만나는데 그 이름은 멜기세덱입니다. 살렘 왕 멜기세덱인데 누구일까요?

우선 멜기세덱(Melchisedek)이란 이름이 특별합니다. 의미가 있습니다. '멜기'[1]는 나의 왕이란 뜻입니다. '세덱'[2]은 의, 의로움이란 뜻입니다. 그래서 '나의 왕은 의롭다'는 뜻입니다. 참 좋은 이름이지요? 그는 살렘 왕이었습니다. '살렘'은 평화, 평강이란 뜻입니다. 예루살렘을 가

---

1 히브리어는 '말키'(מַלְכִּי).

2 히브리어는 '체덱'(צֶדֶק).

리킵니다(시 76:3). 그래서 '살렘 왕'은 평강의 왕이란 뜻입니다. 따라서 살렘 왕 멜기세덱은 '의의 왕'이요 '평강의 왕'입니다. 예수 그리스도의 예표가 됩니다.

오늘 읽은 성경 본문에 보면 아브라함이 소돔 왕과 멜기세덱을 만나는 장면이 나옵니다. 때는 아브라함이 메소포타미아의 네 왕의 군대를 물리치고 승리하고 돌아온 때였습니다. 사로잡혀 간 롯과 재물과 백성을 구해서 돌아왔습니다. 그때 먼저 소돔 왕이 나와서 아브라함을 영접했습니다. 17절에 보면 "아브람이 그돌라오멜과 그와 함께한 왕들을 파하고 돌아올 때에 소돔 왕이 사웨 골짜기 곧 왕곡에 나와 그를 영접하였고"라고 합니다. 여기서 '사웨 골짜기'는 왕의 골짜기를 뜻하는데(삼하 18:17), 예루살렘 가까이에 있습니다. 요세푸스의 기록에 의하면 예루살렘에서 2 스타디온(약 400 미터) 떨어진 곳에 있다고 합니다.[3] 그러니 예루살렘 바로 옆에 있었습니다.

소돔 왕은 아브라함에게 나아왔습니다. 사해 남쪽에서 예루살렘까지 먼 길을 달려왔습니다. 소돔 왕은 메소포타미아 연합군과의 전쟁에 져서 도망쳤습니다. 군사들은 역청 구덩이 빠져서 많이 죽고 또 달아났습니다. 백성은 포로로 많이 잡혀갔습니다. 소돔에 살던 롯도 잡혀갔습니다. 그런데 뜻밖에도 아브라함이 종들을 거느리고 쫓아갔습니다. 물론 아브라함과 동맹한 아넬, 에스골, 마므레의 군대들도 함께 갔습니다. 아브라함의 동맹군이 쫓아가서 밤중에 기습해서 적을 격파했습니다. 대승을 거두고 포로를 구출해서 데리고 왔습니다. 양과 소들,

---

3 Josephus, *Jew. Ant.* VII, 243.

재물들을 다 찾아 왔습니다.

소돔 왕은 이 소식을 듣고 예루살렘 가까이, 왕의 골짜기까지 나와서 아브라함을 영접했습니다. 아브라함을 축하하고 감사했습니다. 그리고 말했습니다. "사람들은 내게로 돌려주고 물품은 네가 취하라. 소와 양들, 금은 물건들은 다 네가 가지고 사람들만 돌려다오." 이 포로들은 지금 아브라함의 수중에 있습니다. 아브라함이 건져내었으니 아브라함의 소유입니다. 그러니 아브라함이 이 포로들을 죽일 수도 있고 종으로 팔아먹을 수도 있고, 아니면 자기 종으로 부릴 수도 있습니다. 따라서 소돔 왕은 다급한 심정에서 부탁했습니다. 애원한 것입니다. "물건은 다 네가 취하고 사람들만 돌려다오."

그러나 아브라함은 이렇게 대답했습니다. "아니오. 사람들뿐만 아니라 물건도 다 돌려주겠소. 내가 당신 때문에 부자 됐다는 소리를 듣고 싶지 않으니 실오라기 하나도, 신발 하나도 취하지 않겠소." 이것을 보면, 아브라함이 얼마나 의롭고 깨끗한 사람인가 하는 것을 알 수 있습니다. 양심이 깨끗하고 물질보다 명예를 귀하게 여기는 고결한 사람임을 알 수 있습니다. 이런 사람이 서울시장 선거에 나오면 99%의 득표율로 당선되지 않겠나 생각해 봅니다. 그러나 모릅니다. 서울 시민은 하도 특별해서 다른 사람을 뽑을지도 모릅니다.

그리고 그때 살렘 왕 멜기세덱이 떡과 포도주를 가지고 나와서 아브라함을 영접했습니다. 떡과 포도주를 가지고 와서 아브라함의 병사들에게 주었습니다. 그리고 복을 빌었습니다. "그가 아브람에게 축복하여 이르되 천지의 주재시요 지극히 높으신 하나님이여, 아브람에게 복을 주옵소서."(19절) 또 "너의 대적을 네 손에 붙이신 지극히 높으신 하나님을 찬송할지로다."고 했습니다(20절). 18절 끝에 보면, 이 멜기세덱은 '지극히 높으신 하나님의 제사장'이라고 합니다. 왕이면서 또한 제사장이었습니다. 옛날에는 제사를 주관하는 사람이 왕으로 다스렸습니다.

그는 지극히 높으신 하나님의 제사장이었습니다. 여기서 '지극히 높으신 하나님'은 아브라함이 섬기던 여호와 하나님과 동일한 하나님이었습니다. 다른 신이 아니고 같은 신이었습니다. 히브리서 7장에도 보면, 이 멜기세덱이 섬기던 하나님은 참 하나님이지 다른 하나님이 아니었음을 알 수 있습니다. 멜기세덱은 지극히 높으신 하나님을 섬겼습니다. 그리고 19절에 보면 이 하나님은 '천지의 주재'라고 했습니다. 여기서 '주재(主宰)'[4]는 창조자란 뜻입니다. 하늘과 땅을 만드신 하나님입니다. 그러나 멜기세덱은 그 하나님의 이름이 '여호와'인 것은 몰랐던 것 같습니다. 어쨌든 멜기세덱도 참 하나님, 천지를 만드신 하나님을 믿었습니다. 아브라함이 믿었던 하나님과 같은 하나님을 믿었습니다.

그러면 우리는 의문을 가지게 됩니다. 멜기세덱은 어디서 이런 믿음을 가졌던 것일까? 아브라함 외에 또 참 믿음이 있었단 말인가? 이 믿음은 어디서 왔단 말인가? 상당히 어려운 문제이고 조심스럽게 살펴

4　히브리어 '코네'(קֹנֵה).

봐야 할 문제입니다. 결론적으로, 아브라함 당시에 아브라함 계통 외에 비록 소수이지만 참 믿음을 가진 사람들이 있었습니다. 살렘 왕 멜기세덱이 그 증거입니다.

그러면 멜기세덱은 어디서 이런 참 믿음을 가졌던 것일까요? 그것은 노아에게서 물려받았다고 봐야 합니다. 노아는 참 믿음을 가진 사람이었습니다. 홍수 후에 아라랏 산에서 돌로 단을 쌓고 짐승을 잡아 제사를 드렸습니다. 이런 참 믿음은 그 후손들에게 전수되어 내려왔습니다. 그러나 세월이 지날수록 그 믿음은 점점 변질되고 타락했습니다. 제사를 지내기는 지내는데 점점 미신적으로 변해 갔습니다. 기복적으로 되어 갔습니다. 그러다가 마침내 우상숭배로 전락하고 말았습니다.

그래서 세월이 지나자 아브라함의 자손들 외에는 전부 우상숭배로 전락했습니다. 예를 들면, 발람이란 선지자가 있었습니다. 가나안 북쪽 강변 브돌에 살던 선지자였는데, 돈을 받고 예언해 주는 거짓 선지자였습니다. 술수를 쓰기도 했습니다. 그는 '여호와'라는 이름을 알고 있었습니다. 여호와의 이름으로 예언했습니다. 그러나 돈을 받고 원하는 대로 예언해 주었습니다. 축복해 달라면 축복해 주고, 저주해 달라면 저주해 주고 했습니다. 우리나라 무당과 비슷합니다. 거짓 선지자였습니다. 이때가 모세 시대니까 주전 15세기였습니다. 1,400년대였습니다.

또 모세의 장인 이드로도 제사장이었습니다. 미디안 광야에서 하나님을 섬기던 제사장이었습니다. 그러나 그는 나중에 모세가 이스라엘 백성을 인도하여 내어 광야로 들어왔을 때에야 비로소 여호와가 참 하나님인 줄을 알았습니다. 그래서 온 가족이 다 여호와 하나님을 믿고 섬겼습니다. 그 전까지는 참 하나님을 몰랐습니다. 나름대로 하나님을 믿고 섬기는 제사장이었지만 참 하나님을 몰랐습니다. 그러면 이드로의 신앙은 어디에서 흘러오다가 타락한 것일까요? 결국 노아에게서 왔다고 봐야 합니다. 처음에는 신앙이 바로 내려오다가 후대에 가서 변질되고 타락한 것입니다.

그러나 아브라함 당시 곧 주전 2천년경에는 아직 참 하나님을 믿는 사람들이 소수 남아 있었다고 봐야 합니다. 바로 살렘 왕 멜기세덱 같은 사람입니다. 그는 지극히 높으신 하나님, 천지를 지으신 하나님을 믿었는데 참 하나님이었습니다. 아브라함이 믿던 여호와 하나님과 같았습니다.

이 멜기세덱이 나와서 아브라함을 영접하고 축복했습니다. 왜냐하면 아브라함이 승리한 것이 너무 기뻐서 그랬습니다. 왜 기뻤을까요? 멜기세덱이 믿던 하나님과 아브라함이 믿던 하나님이 같았기 때문입니다. 그래서 강한 동질 의식을 가졌을 것입니다. 뿐만 아니라 아브라함과 멜기세덱 사이에는 평소에 교분이 있었던 것 같습니다. 전혀 모르는데 갑자기 나와서 영접하고 축복한 것은 아니었을 것입니다. 멜기세덱은 평소에 아브라함에 대해 듣고 있었을 것입니다. "갈대아 우르에서 온 사람인데 참 의롭고 덕망이 높은 사람이다. 지혜도 뛰어나고 무엇보다도 하나님을 믿는 사람이다. 우상을 섬기지 않고 천지를 지으신 하나님을 믿는 사람이다." 이처럼 같은 하나님을 믿는다는 것이 무엇보다도 서로 끌리게 했을 것입니다.

　여러분, 신앙이 같으면 서로 마음이 통합니다. 유유상종(類類相從)이라고, 같은 신앙의 사람끼리 서로 통하고 어울리게 됩니다. 멀리 떨어져 있어도 마음이 통하면 금방 가까워집니다. 멜기세덱은 평소에 아브라함의 소식을 듣고 좋게 생각했을 것입니다. 이심전심으로 마음이 통했을 것입니다. 다음에 기회 있으면 한 번 만나봐야 되겠다고 생각했을 것입니다. 어쩌면 한 번 만났는지도 모릅니다. 아브라함이 가나안 땅을 이리저리 다닐 때에 멜기세덱을 만났을 수도 있습니다.

　아브라함이 메소포타미아 군대를 쫓아서 나갔다는 소식을 듣고서 멜기세덱은 아브라함이 이기고 돌아오도록 기도했을 것입니다. 천지를 지으신 지극히 높으신 하나님께 기도했을 것입니다. 그래서 아브라함이 전쟁에서 이기고 돌아올 때, 어느 누구보다도 멜기세덱이 기뻐하여 떡과 포도주를 준비하고 나와서 영접했습니다. 여러분, 평소에 존경하고 기도하지 않았다면 갑자기 이렇게 떡과 포도주를 준비해서 가져오기란 쉽지 않습니다. 그냥 "잘 됐군. 축하하네." 정도이지, 이렇게 빵을 구워서 만들고 포도주를 가지고 나오는 것은 쉽지 않습니다. 아브라함의 군사가 동맹군을 포함하면 천 명 가까이 되었을 것인데, 천 명이 먹을 빵과 포도주라면 적어도 나귀 수십 마리에 실어야 합니다. 이것은 멜기세덱이 갑자기 충동적으로 아브라함을 영접한 것이 아니라 평소에 아브라함을 좋게 생각하고 아브라함을 위해 기도했다는 것을 알 수 있습니다. 그래서 멜기세덱은 진심으로 아브라함과 그의 군사를 영접하고 환대하고 또 아브라함을 위해 축복한 것입니다.

그러자 아브라함은 어떻게 했습니까? 가만히 있었습니까? "고맙습니다, 감사합니다. 잘 먹겠습니다" 말만 하고 가만히 있었을까요? 아닙니다. 아브라함은 그 얻은 물건들 중에서 10분의 1을 멜기세덱에게 주었습니다. 적에게서 빼앗은 소와 양들, 금은보화들, 재물들 중에서 10분의 1을 주었습니다. 많은 양입니다. 아마도 양 수천 마리와 소 수백 마리와 금은보화를 멜기세덱에게 주었을 것입니다. 목숨 걸고 싸워서 빼앗은 재물들인데, 그 중에서 십분의 일을 주다니 참 대단합니다.

이것은 단순히 멜기세덱이 나와서 한 번 축복해 준 것에 대한 값이다, 이렇게 생각하면 안 됩니다. 단순히 한 번의 축복 기도 값이 아니고, 지극히 높으신 하나님 곧 여호와 하나님이 아브라함을 도와주셔서 전쟁에서 승리하게 하시고 많은 재물을 얻게 하시고, 또 무엇보다도 조카 롯을 무사히 건져오게 하신 하나님께 감사하는 마음으로 드린 것입니다. 하나님이 도와주셔서 전쟁에서 이겼으니 얼마나 감사합니까? 멜기세덱은 바로 그 하나님을 섬기는 제사장이었습니다. 그러니 아브라함은 멜기세덱이라는 개인을 보고 드린 것이 아니라 멜기세덱이 섬기는 하나님 곧 아브라함이 섬기는 하나님, 그 하나님을 보고 10분의 1을 드린 것입니다.

어떤 사람은 10분의 1을 주다니 아깝다고 생각합니다. "아이고 아까워라. 내가 다 가질 건데 10분의 1을 주다니 …" 그러나 여러분, 만일 하나님이 도와주지 않으셔서 전쟁에서 패배했다면 어떻게 되었겠습니까? 그러면 아브라함의 손에는 아무것도 없습니다. 10분의 9가 아니라 아무것도 없게 됩니다. 그러니 10분의 1을 드리고 10분의 9를 가져도 참 감사한 거지요. 뿐만 아니라 하나님이 도와주지 않으셨다면, 물질은커녕 목숨을 잃었을지도 모릅니다. 자기 종들도 다 죽고 아브라함 자신도 죽었을 수 있습니다. 롯도 못 건져내고 자기도 죽고… 그러면 아브라함의 아내 사라는 어떻게 됩니까? 생각만 해도 끔찍합니다.

그런데 하나님이 도와주셔서, 아브라함의 기도를 들어주시고 또 멜기세덱의 기도를 들어주셔서 전쟁에서 승리했습니다. 아군 피해는 거의 없이 적들을 격파했습니다. 롯과 포로들을 다 건져내고 수많은 재물도 얻었습니다. 얼마나 감사합니까? 그래서 아브라함은 기쁨으로 10분의 1을 멜기세덱에게 주었습니다. 하나님께 드리는 마음으로 멜기세덱에게 주었습니다. 자기 손에 10분의 9가 있는 것을 생각하면서 감사하는 마음으로 주었습니다. "이 모든 게 다 하나님의 은혜야."라고 생각하면서 아까워하지 않고 기쁨으로 주었습니다.

이런 아브라함을 하나님은 기뻐하시고 더욱 복을 주셨습니다. 하나님은 아브라함을 더욱 높이시고 재물도 자꾸 많아지게 하시고, 10분의 1을 드렸는데도 아브라함의 재물은 더 많아졌습니다. 몇 배로 더 많아졌습니다. 그리고 무엇보다도 아브라함이 오매불망 기다리던 아들을 주셨습니다. 그 아들을 통해 자손이 많아지게 하시고, 오랜 세월이 지난 후에 마침내 가나안 땅을 그 자손들에게 주셨습니다.

사랑하는 성도 여러분,

이처럼 감사하는 사람은 자꾸 잘 되고 복을 받습니다. 하나님께 감사하고, 하나님이 주신 은혜에 보답하고, 또 기도해 준 사람에 대해 감사를 표현할 줄 알고, 이렇게 물질을 드릴 줄 알고 나눠줄 줄 아는 사람은 하나님의 복을 받아 자꾸 잘 되고 번창합니다. 그러나 그러지 않고 롯처럼 욕심을 부리고, 자기 혼자 잘 살겠다고 떠나간 사람은 결국 물질을 잃어버리고 빈털터리가 되고 맙니다. 감사할 줄 모르고 자기 복만 찾는 사람은 복을 얻지 못합니다. 또 감사하더라도 엉뚱한 사람에게 감사하는 사람, 죽은 조상에게 감사하고 우상 신에게 감사하는 사람은 하나님의 벌을 받습니다.

우리는 우리에게 햇빛을 주시고 비를 내려 주시고, 그래서 곡식과 과일과 좋은 것을 주신 하나님, 지극히 높으신 하나님께 감사해야 합니다. 곧 천지를 만드신 여호와 하나님, 바로 예수 그리스도의 아버지 하나님께 감사해야 합니다.

여러분 모두, 이번 추석에 우리에게 건강을 주시고 은혜를 내려 주신 하나님께 감사하며, 하나님을 찬송하고 하나님께 감사를 표하는 성도들이 되시기 바랍니다. 그래서 아브라함의 믿음을 본받는 믿음의 자손들이 되어서, 하나님을 기쁘시게 해 드리고 하나님께 영광 돌리는 귀한 성도들이 다 되시기 바랍니다. 아멘. (2011년 9월 11일 주일 오전)

10. 아브라함과 소돔 왕 (14:21-24)

21 소돔 왕이 아브람에게 이르되 사람은 내게 보내고 물품은 네가 가지라 22 아브람이 소돔 왕에게 이르되 천지의 주재이시요 지극히 높으신 하나님 여호와께 내가 손을 들어 맹세하노니 23 네 말이 내가 아브람으로 치부하게 하였다 할까 하여 네게 속한 것은 실 한 오라기나 들메끈 한 가닥도 내가 가지지 아니하리라 24 오직 젊은이들이 먹은 것과 나와 동행한 아넬과 에스골과 마므레의 분깃을 제할지니 그들이 그 분깃을 가질 것이니라

아브라함은 메소포타미아의 연합군을 물리치고 개선장군이 되어 돌아왔습니다. 메소포타미아에서 온 약탈군대를 다메섹 부근까지 쫓아가서 야간에 기습하여 격파하고 모든 포로를 구해서 돌아왔습니다. 그 중에 롯도 들어 있었습니다. 그리고 많은 양들과 소들, 나귀들, 그리고 많은 금은보화들을 전리품으로 획득하여 돌아왔습니다. 아브라함의 동맹군들은 싱글벙글했을 것입니다. 전쟁에 승리해서 기쁘고, 포로를 구출해서 기쁘고, 또 많은 양과 소, 물품들을 취해서 기뻤을 것입니다.

그때 예루살렘에 있던 살렘 왕 멜기세덱이 나와서 아브라함을 환영했습니다. 빵과 포도주를 가지고 나와서 아브라함과 그의 군대를 환영

하고 축하했습니다. 또 축복했습니다. "천지의 주재시요 지극히 높으신 하나님이여, 아브람에게 복을 주옵소서." 그러자 아브라함은 어떻게 했습니까? "감사합니다." 하고 말았을까요? "아멘!" 하고 말았을까요? 아닙니다. 아브라함은 자기가 얻은 것 중에서 10분의 1을 멜기세덱에게 주었습니다. 양과 소들, 나귀들 중에서 10분의 1을 주고, 금은보화들 중에서 10분의 1을 주었습니다. 또 옷과 신들, 물품들 중에서 10분의 1을 주었습니다. 아브라함은 10분의 1을 줄 때 아까워하면서 준 것이 아니라 기쁨으로, 즐겁게 주었습니다. "하나님이 도와주셔서 전쟁에 승리하고 이렇게 전리품을 많이 얻게 하셔서 감사합니다. 조카 롯도 무사히 구해 와서 너무 감사합니다."

그때 소돔 왕이 왔습니다. 소돔 왕은 사해 바다 남쪽 연안의 발달된 도시인 소돔의 왕이었습니다. 메소포타미아의 연합군이 들이닥쳤을 때 소돔 왕은 막으러 나갔다가 패배하고 도망했습니다. 소돔의 병사들은 역청 구덩이에 빠져서 많이 죽고 또 도망했습니다. 많은 사람이 포로로 잡혀가고 물품을 빼앗겼습니다. 소돔 왕은 도망가서 숨어 있다가, 뜻밖에도 아브라함이 병사들을 이끌고 가서 적들을 물리쳤다는 소식을 듣고 달려왔습니다. 사해 남쪽에서 예루살렘까지 100km 이상을 달려와서 아브라함을 영접하고 축하했습니다. 17절에 보면, 소돔 왕이 사웨 골짜기 곧 왕곡(王谷)에 나와 아브라함을 영접하였다고 합니다. 왕의 골짜기는 예루살렘에 붙어 있는 골짜기입니다.

왜 소돔 왕이 멀리까지 달려와서 아브라함을 영접했을까요? 아브라함이 전쟁에서 이긴 게 기뻐서 그랬을까요? 아브라함이 좋아서 그랬을까요? 아닙니다. 다 이유가 있습니다. 여러분, 집에 말썽꾸러기 아들이 있는데 어느 날 갑자기 착해졌어요. 엄마가 시장에 갔다가 돌아오는데, 아들이 쫓아 나와서 "제가 짐 들어드릴게요. 얼마나 무거우시겠어요?" "안마도 해 드릴게요." 이상합니다. 갑자기 착해졌습니다. 왜 그럴까요? 오늘 큐티해서 그럴까요? 은혜받아서 그럴까요? 아닙니다. 사고 쳐서 그래요. 집 안에 들어가 보니까 아니나 다를까 유리창을 다 깨놨어요. 집 안에서 공놀이하다가 유리창을 와장창 박살내 놨어요. 이렇게 사고 쳐 놓고서는 야단맞을까 봐 알아서 기는 것입니다. 여기 소돔 왕이 그렇습니다. 전쟁에서 졌잖아요. 소돔 사람들이 포로로 많이 잡혀갔습니다. 금은보화, 좋은 물건들을 많이 빼앗겼습니다. 그래서 급한 마음에 멀리까지 쫓아와서 아브라함을 영접한 것입니다. 잘 보이려고 그리한 것입니다.

소돔 왕이 아브라함에게 말했습니다. "사람은 내게 보내고 물품은 네가 가지라."(21절). 포로들 중에는 소돔 왕의 아들딸들이 있을 수 있습니다. 아내와 첩도 포로로 잡혀갔을 수 있습니다. 그 외에도 소돔의 많은 백성이 사로잡혀 갔습니다. 지금 아브라함의 수중에 있습니다. 이제 아브라함이 이들을 죽일 수도 있고(그러지는 않겠지만), 종으로 팔아버릴 수도 있고, 아니면 자기 종으로 부릴 수도 있습니다. 튼튼하고 일 잘하는 사람은 자기 종으로 쓰고, 비실비실하고 밥 많이 먹고 잠 많이 자는 사람은 팔아버릴 수도 있습니다. 헐값에 상인에게 팔면 애굽에 끌고 가서 두세 배로 팔아넘길 것입니다. 아브라함이 마음대로 할 수 있습니다. 승자의 권리입니다. 그러니 소돔 왕은 급했던 것입니다. 그래서 말했습니다. "사람은 내게로 보내고 물품은 네가 가지라." 금은보화, 옷들과 신들 등 물건은 전부 네가 다 가지고, 다만 사람은 돌려달라고 애원했습니다.

그러자 아브라함이 어떻게 대답했습니까? "좋다. 물건은 내가 취하고 사람들만 다 돌려보내 주마." 이렇게 했습니까? 아닙니다. 22절에 보면, 아브라함은 먼저 하나님께 맹세했습니다. "천지의 주재시요 지극히 높으신 하나님 여호와께 내가 손을 들어 맹세하노니". 이것은 내 말이 확실하다, 내 뜻이 확고하다, 절대 변치 않는다는 것을 강조한 것입니다.

그러면서 뭐라고 말했습니까? 23절에 보면 "네 말이 내가 아브람으로 치부하게 하였다 할까 하여 네게 속한 것은 무론 실 한 오라기나 들메끈 한 가닥도 내가 가지지 아니하리라."고 했습니다. 후에 소돔 왕이 말하기를 "내가 아브람으로 부자 되게 했다, 아브람이 부자 된 것은 내가 그때 물품을 주어서 그렇게 된 거야." 이렇게 말할까 봐 소돔 왕에게 속한 것은 실 하나도, 신발끈 하나도 취하지 않겠다는 것입니다. 전부 다 돌려주겠다는 것입니다. 사람들은 물론이고 물건도 다 돌려주겠다는 말입니다.

여기서 우리는 무엇을 알 수 있습니까? 아브라함은 재물보다 명예를 더 중요하게 여겼다는 것을 알 수 있습니다. 많은 재물보다도 나중에 소돔 왕을 통해 듣게 될 말 곧 "아브라함이 부자 된 것은 나 소돔 왕 때문이야!"라는 말을 더 무겁게 생각했다는 것입니다. 하나님이 복 주셔서 부자 됐다는 소리를 듣고 싶지, 소돔 왕 때문에 부자 됐다는 소리는 듣고 싶지 않습니다. 그래서 소돔 왕에게 속한 물건들을 다 돌려주었습니다. 실 한 오라기도 남기지 않고, 신발끈 하나도 남기지 않고 다 돌려주었습니다.

이처럼 아브라함은 명예를 중히 여긴 사람입니다. 하나님의 영광을 중요하게 여겼습니다. 잠언 22장 1절에 보면 "많은 재물보다 명예를 택할 것이요 은이나 금보다 은총을 더욱 택할 것이니라."고 합니다. 명예가 재물보다 중요하다는 것입니다. 전도서 7장 1절에서는 "좋은 이름이 좋은 기름보다 낫고…"라고 말합니다.

그런데 오늘날 우리나라 사람들을 보면 명예보다도 재물을 더 중요하게 여기는 사람들이 많습니다. 재물을 얻기 위해서라면 명예를 헌신짝처럼 버리는 사람들이 많습니다. 특히 지도자들 중에 많습니다. 무슨 청문회에 보면, 위장전입 안 한 사람이 없고 세금 제대로 낸 사람도 별로 없고 군에 간 사람은 아예 없고 … 돈을 위해서라면 법도 어기고 명예도 버리고 … 참 문제입니다. 사회 지도자들이라면 이런 문제에 있어서 모범이 되고 깨끗해야 할 텐데, 모범이 되기는커녕 일반 국민보다 더 나쁘고 도둑 뺨치고 있으니 … 이런 사람들이 국민을 다스린다고 하니 말이 안 됩니다. 벌 받아야 할 사람들이 다스린다고 자리에 앉아 있으니 영(令)이 안 섭니다. 물론 청문회에서 질문하는 국회의원도 마찬가지입니다. 그러니 국민의 지지를 못 얻는 것입니다. 18년 동안 논문 한 편도 안 쓴 사람이 서울대학교 교수가 되고, 강의 한 시간도 안 하고 무슨 콘서트 하고 돌아다니던 사람이 시장 후보로, 대통령 후보로 인기를 얻는 이상한 현상이 벌어지는 것입니다. 우리는 명예를 소중하게 여겨야 합니다. 재물보다 명예가 더 중요합니다.

아브라함은 이 점에 있어서 참 모범적입니다. 대단히 훌륭한 인물입니다. 자기의 명예를 조금이라도 더럽히지 않기 위해, 하나님의 영광을 가리지 않기 위해, 소돔 왕 때문에 부자 됐다는 말을 듣지 않기 위해 소돔 왕에게 속했던 물품을 다 돌려줬습니다. 실 한 오라기 빼지 않고 다 돌려주었습니다. 참으로 깨끗하고 고상한 인격의 소유자입니다. 이런 사람이 서울시장 후보에 나오면 압도적인 지지로 당선되지 않겠나 생각됩니다. 전쟁 잘하지(국방 능력), 양 잘 키우지(경제 능력), 도덕적으로 깨끗하지, 조카 롯을 건지기 위해 목숨 걸 만큼 의리 있지, 마누라 예쁘지, 자식 없지... 이만한 후보는 찾을래야 찾을 수 없습니다. 그러나 모릅니다. 서울 시민은 하도 특별해서 어떻게 될지 아무도 모릅니다. 아브라함처럼 훌륭한 인격의 소유자라면 제 생각에는 서울시장 선거에 아예 출마하지 않을 것입니다. 이것이 정답입니다.

그다음에 살펴볼 것은 마지막 24절의 말씀입니다. "오직 젊은이들이 먹은 것과 나와 동행한 아넬과 에스골과 마므레의 분깃을 제할지니 그들이 그 분깃을 가질 것이니라." 여기서 '젊은이들'은 전쟁에 나간 병사들, 군인들을 가리킵니다. 그들이 먹은 것은 제하라, 곧 비용으로 계산하라고 합니다. 여러분, 전쟁을 하려면 먹어야 합니다. 병사들은 잘 먹어야 힘을 내어서 잘 싸울 수 있습니다. 아브라함의 종들과 그리고 같이 간 군사들이 쫓아가서 싸우는 동안에, 그리고 이기고 돌아오는 동안에 먹은 양식은 필요경비로 제하라고 말합니다. 그 먹은 양식은 못 돌려준다는 말입니다. 소돔 사람들을 구하러 갔는데 자기 밥 먹고 싸우는 것은 아닙니다. 그 밥값은 마땅히 소돔 왕이 내어야 한다는 것입니다. 참 합리적이고 타당합니다.

그다음에 보면 "나와 동행한 아넬과 에스골과 마므레의 분깃을 제하라."고 합니다. 아넬과 에스골과 마므레는 형제들로서 아브라함과 동맹한 자들입니다. 이들은 아모리 족에 속한 이방인들입니다. 이방 신들을 섬깁니다. 아브라함은 이들과 동맹을 맺었습니다. 위급한 일을 만날 때에 서로 도와주기로 굳게 약속을 맺었습니다. 그런데 이들 동맹군들에 대해서는 분깃을 주어야 한다는 것입니다. '분깃'은 몫입니다. 전쟁에 이겼을 때 얻는 몫입니다. 여러분, 전쟁에서 이기고 나면 전리품을 나눕니다. 전쟁에 참여한 병사들에게 분배하는 규칙이 정해져 있습니다. 전쟁하기 전에 지휘관이 미리 약속하기도 합니다. "이번 전쟁에 이기면 얼마를 주겠다. 어떻게 나누겠다."고 말합니다. 그래서 전쟁이 끝나고 나면 전리품 중에서 몫을 나누는 것이 중요합니다. 병사들마다 양 몇 마리, 소 몇 마리, 금은보물들을 나누고 또 종들도 나눕니다. 그래서 전쟁에 이기고 나면 병사들은 기분이 좋아서 싱글벙글합니다. 왜냐하면 전리품 때문입니다.

그런데 아브라함은 여기서 자기와 동행한 이방인들의 몫은 챙겨 주는 것을 봅니다. 이것도 대단히 합리적입니다. 자기가 몫을 받지 않는다고 해서 함께 간 이방인들의 몫도 주지 않으면 안 됩니다. 그들은 사실상 전리품을 바라보고 간 것입니다. 대박을 노리고 간 것입니다. 물론 서로 도와주기로 동맹을 맺었지만, 목숨 걸고 쫓아가서 싸웠을 때는 전리품을 바라는 것이 큽니다. 그런데 전리품을 하나도 안 준다고 하면 큰 소요가 일어날 것입니다. 어쩌면 반란이 일어날지도 모릅니다. "아브라함 너만 고상하면 다냐? 너 혼자 깨끗하면 됐지, 왜 우리에게 강요하냐?" "아브라함 이 놈은 자기 혼자 의로운 척하네. 우리 모두 아브라함을 죽이고 전리품을 차지하자." 이렇게 될 것입니다. 그러나 아브라함은 그렇게 하지 않았습니다. 자기와 함께 간 동맹군들, 이방인 군사들에게는 전리품 몫을 주었습니다. 소, 양, 나귀들을 나눠주고 금은, 옷들을 나눠주었습니다.

사랑하는 성도 여러분,

우리는 자기가 의롭다고 다른 사람들에게 그것을 강요하면 안 됩니다. 사장이 직원들에게 "나는 월급 안 받고 일하니까 여러분도 월급 받지 말고 일하시오." 이렇게 하면 안 됩니다. 어떤 사람이 대통령에 당선되자마자 "나라 경제가 어려우니 먼저 공무원 월급을 동결하라."고 한다면 잘못된 것입니다. 아무리 공무원은 국민의 신복(臣僕)이라고 하지만, 멸사봉공(滅私奉公)이라고 하지만, 공무원들은 월급을 바라고 일합니다. 월급 받아서 월세 내고 또는 대출금 원리금 갚고, 또 자녀들 학교 보내고 공부시키고 등등, 쓸데가 다 정해져 있습니다. 그래서 새해가 되면 월급 오르기를 간절히 바라고 있는데, 대통령이 공무원 월급 동결하라고 지시하는 것은 밑의 사람의 마음을 몰라주는 것입니다. 대통령이 되고 장관이 되면 월급을 안 받아도 판공비 나오고, 설령 그런 게 없어도 명예가 있고 대접받고 살지만, 그렇다고 밑의 사람들에게 자기처럼 되라고 강요하는 것은 잘못된 것입니다.

우리는 다른 사람의 처지를 생각해 줄 줄 알아야 하고, 그들에게 합당한 대우를 해 주어야 합니다. 특히 그 다른 사람이 불신자일 경우, 하나님을 믿지 않는 사람일 경우 세심한 배려가 필요합니다. 자기 기준을 적용해서 무조건 따라 하라고 하면 안 됩니다. 아브라함을 보면, 자기는 소돔 왕에게서 물품을 하나도 취하지 않고 다 돌려주었습니다. 그러나 자기와 동맹한 이방인들에게는 전리품을 나누어 주었습니다. 얼마나 세심한 배려이고 합리적인 일 처리입니까?

이런 합리적인 사고, 합리적인 일 처리는 주로 공부를 통해 길러집니다. 공부라는 게 뭐냐 하면, 잘게 나누어서 생각하는 훈련입니다. 이건 이렇고 저건 저렇고, 이런 경우에는 이러하고 저런 경우에는 저러하고, 이렇게 사물을 잘게 나누어서 생각할 줄 아는 훈련, 이것이 공부입니다. 예를 들어 수학에서 변수 x가 0보다 클 경우, 0보다 작을 경우, 0일 경우, 이렇게 세분해서 생각하는 훈련, 이것이 바로 공부입니다. 이런 훈련을 위해서는 수학이 필요합니다. 그런데 수학 싫어

하는 사람은 "야! 그런 게 뭐 필요 있어? 까짓거 대~충 아무렇게나 살지." "전리품? 까잇꺼 대~충 알아서 나눠 가져."합니다. 이런 사람은 '요량껏', '기술적으로' 한다는 말을 좋아합니다. 정확성이 없고 합리성이 없습니다. 그러나 아브라함은 그러지 않았습니다. 아브라함은 자기 병사들의 필요경비는 제하고, 함께 동행한 동맹군들에게는 전리품 몫을 나눠 주고, 자기는 소돔 왕에게서는 한 푼도 안 받고 등등, 이렇게 사안별로 구분해서 일을 처리했습니다. 대단히 합리적인 사람입니다.

이것을 보니 아브라함은 갈대아 우르에 있을 때 공부를 많이 했다고 생각됩니다. 갈대아 우르는 수메르의 발전된 도시였습니다. 오래전부터 학교가 있었습니다. 수메르 학교에서 교장은 '학교의 아버지'라 불렸고, 학교 선생은 '큰 형'으로 불렸습니다. 또 출석 체크 하는 반장이 있었고, 또 '채찍을 든 사람'이 있었는데 아마 규율 담당 선생으로 생각됩니다. 학생은 도시락을 싸서 학교에 가서 아침부터 저녁까지 공부했습니다. 부유층 자제들이 주로 다녔는데, 시나 문학작품을 암송하고 점토판에 새기고 또 그것을 검사받았습니다. 또 수학 공부와 천문학 공부를 하였습니다.

기원전 2,000년경 곧 아브라함 시대에 수메르의 어떤 학생의 사연을 적은 점토판이 발견되었는데 미국 시카고대학의 새뮤얼 노아 크레이머(Samuel Noah Kramer) 교수가 해독했습니다. 학생이 아침에 일어나자마자 어머니를 재촉합니다. "어머니, 도시락을 빨리 싸 주세요. 지각하면 매를 맞아요." 어머니는 빵을 두 개 싸 줍니다. 학생은 어느 날 학교에 갔는데 지각했습니다. 또 경솔한 언행으로 매를 맞았습니다. 뿐만 아니라 "필기가 엉망이군." 하면서 또 매질을 당했습니다. 참으로 불행한 날이었습니다. 학생은 집에 와서 아버지에게 제안합니다. "아버지, 선생님을 집으로 초청해서 식사를 대접하면 어떨까요?" 아버지는 좋다고 하였습니다. 학교 선생은 집에 초대받아 왔습니다. 저녁 식사 자리의 상석에 앉아서 식사와 술을 대접받았습니다. 아버지는 선생에게 새 옷을 입히고 선물을 주고 손에 반지를 끼워 주었습니다. 선생은 기분이 좋아서 학생을 칭찬했습니다. "너는 필경술의 최고점에 도달할 것이다. 너는 네 형제들 중에서 두각을 나타낼 것이다. 너는 친구들 중에 우두머리가 될 것이며, 학생들의 지도자가 될 것이다." 작전이 성공한 것입니다. 이것은 (발견된) 인류 최초의 촌지입니다.[1]

아브라함은 아마도 이런 수메르 학교에 다니며 공부하지 않았을까 생각됩니다. 사라는 어려서부터 공부하는 아브람의 모습이 좋아서 늘 "오빠! 오빠!" 하고 쫓아다닌 게 아닐까요? 당시에 여자는 학교에 다니지 않고 남자만 학교에 다녔습니다.

어쨌든 아브라함은 도덕적으로 깨끗한 사람이었을 뿐만 아니라 대단히 합리적이고 다른 사람을 배려할 줄 아는 사람이었습니다. 그래서 아브라함은 주위 사람들, 이방인들에게서도 칭찬을 받았습니다. 하나님을 믿는다고 욕한 게 아니라 도리어 아브라함을 존경했습니다. 아브

---

[1] 새뮤얼 노아 크레이머, 『역사는 수메르에서 시작되었다』, 박성식 옮김 (서울: 가람기획, 2009), 31-35.

라함을 좋게 여기고 칭찬했습니다. "아브라함은 약속을 지키는 사람이야. 아브라함의 말을 믿고 따라갔더니만 이렇게 전리품을 두둑하게 주잖아? 아브라함은 참 훌륭한 사람이야. 자기는 하나도 안 받으면서 우리에게는 다 챙겨 주잖아. 다음에 또 전쟁 나서 같이 가자면 제일 먼저 쫓아와야지 …" 그래서 아브라함은 자기의 착한 행실을 통해 하나님께 영광 돌렸습니다. "하나님을 믿는 아브라함은 훌륭한 사람이야. 나도 그가 믿는 하나님을 믿고 싶어." 이렇게 됩니다.

사랑하는 성도 여러분,

여러분은 어떻게 하고 있습니까? 여러분은 착한 행실을 통해 하나님께 영광 돌리고 있습니까? 아니면 도리어 욕을 듣고 있습니까? 명예보다도 재물을 탐하다가 주위 사람들에게 욕을 얻어먹고 하나님의 영광을 가리는 일은 없습니까?

우리는 옛날에 살았던 아브라함을 생각해야 하겠습니다. 재물보다도 명예를 더 소중히 여긴 사람, 자기 자신은 청렴하고 깨끗하지만 다른 사람에게는 후하게 베풀어 준 사람, 사리분별을 정확하게 하고 합리적으로 일을 처리한 사람, 이런 아브라함의 신앙과 인품과 지혜를 우리가 본받아야 하겠습니다. 그리고 우리나라에 이런 아브라함과 같은 지도자가 나오도록 기도해야 하겠습니다. 아브라함과 같은 대통령, 아브라함과 같은 시장이 나오도록 기도해야 하겠습니다.

여러분 모두, 아브라함의 신앙과 인격과 지혜를 본받아서 하나님과 사람들에게서 칭찬받는 성도들이 되도록 힘쓰는 여러분이 다 되시기 바랍니다. 아멘. (2011년 9월 18일 주일 오전)

11. 아브라함의 믿음 (15:1-6)

1 이후에 여호와의 말씀이 환상 중에 아브람에게 임하여 이르시되 아브람아 두려워하지 말라 나는 네 방패요 너의 지극히 큰 상급이니라 2 아브람이 이르되 주 여호와여 무엇을 내게 주시려 하나이까 나는 자식이 없사오니 나의 상속자는 이 다메섹 사람 엘리에셀이니이다 3 아브람이 또 이르되 주께서 내게 씨를 주지 아니하셨으니 내 집에서 길린 자가 내 상속자가 될 것이니이다 4 여호와의 말씀이 그에게 임하여 이르시되 그 사람이 네 상속자가 아니라 네 몸에서 날 자가 네 상속자가 되리라 하시고 5 그를 이끌고 밖으로 나가 이르시되 하늘을 우러러 뭇별을 셀 수 있나 보라 또 그에게 이르시되 네 자손이 이와 같으리라 6 아브람이 여호와를 믿으니 여호와께서 이를 그의 의로 여기시고

아브라함이 하나님을 믿은 것은 오늘날 우리 믿는 자들의 모범이 됩니다. 그래서 아브라함을 '믿음의 조상'이라고 합니다. 우리는 아브라함의 자손입니다. 그러면 아브라함은 하나님을 어떻게 믿었을까요? 오늘 읽은 본문이 아브라함의 믿음을 잘 나타내고 있습니다.

1절에 보면 "이후에 여호와의 말씀이 환상 중에 아브라함에게 임하여

이르시되 아브람아, 두려워 말라. 나는 너의 방패요 너의 지극히 큰 상급이니라."고 합니다. 여기서 '환상(幻像)'은 '하나님이 보여 주신 것'(a vision)을 뜻하는데,[1] 꿈과 비슷하지만 꿈보다는 생생합니다. 늦은 저녁에 또는 밤에 하나님이 환상 가운데 나타나셔서 말씀하셨습니다.

   하나님의 첫 말씀은 "아브람아, 두려워 말라. 나는 네 방패요 너의 지극히 큰 상급이니라."는 것입니다. 여기서 "두려워 말라"는 것은 두 가지로 이해할 수 있습니다. 첫째는, 하나님이 나타나셔서 말씀하시면 사람은 두려워합니다. 우리나라 사람들은 "오늘 이 시간 하나님을 만나게 해 주옵소서! 이 자리에 나타나 주옵소서!"라고 말하기를 좋아하지만, 정말로 하나님이 나타나신다면 사람들은 다 놀라서 엎드러질 것입니다. 특히 죄 많은 사람은 기절초풍할 것입니다. 그래서 하나님은 일단 "두려워 말라."고 아브라함을 진정시킵니다.

   두 번째로 또 다른 의미가 있습니다. 아브라함은 지금 이방인들 가운데 살고 있습니다. 헤브론 마므레 상수리 수풀 근처에서 아모리 족 사람들 가운데 살고 있습니다. 언제 쫓겨날지, 언제 이방인들이 쳐들어올지 모릅니다. 그래서 아브라함은 늘 불안합니다. 가시방석 위에 앉아 있는 것 같습니다. 그래서 하나님은 아브라함을 안심시킵니다. "아브람아, 두려워 말라. 나는 너의 방패요 너의 지극히 큰 상급이니라."

   여러분, '방패(防牌)'는 적의 공격을 막아주는 방어용 무기입니다. 화살이 날아올 때 몸에 닿지 못하게 막아 줍니다. 창이나 칼의 공격도 막

---

[1] 히브리어 '마하제'(מַחֲזֶה).

아 줍니다. 그런데 여호와 하나님이 아브라함의 방패라고 말합니다. 어느 누구도 아브라함을 해치지 못하도록 하나님이 방패가 되셔서 지켜주시겠다고 하니 참 든든합니다.

그다음에 '너의 지극히 큰 상급'이라고 말합니다. '상급'(賞給, 히: 사카르)은 고용된 사람에게 주는 '삯, 임금'을 뜻합니다. 또 무엇에 대한 '보상(報償)'을 의미합니다. 여호와 하나님이 지극히 큰 보상이라는 말입니다. 하나님이 크게 갚아 주시고 상 주신다는 의미입니다.

그러자 아브라함이 하나님께 물었습니다. "주 여호와여, 무엇을 내게 주시려나이까? 나는 자식이 없사오니 나의 상속자는 이 다메섹 엘리에셀이니이다."(2절) 이 말을 보면 아브라함이 간절히 바라는 게 무엇인지 알 수 있지요? 무엇입니까? 아들입니다. 아브라함은 아들을 간절히 바랐습니다. 그 당시 아브라함의 나이는 대략 80세 전후로 생각됩니다. 아브라함이 가나안 땅에 들어온 때가 75세였습니다. 기근을 만나 애굽에 내려갔다가 올라오고, 롯과 싸워서 헤어지고, 또 전쟁을 하고, 그래서 세월이 좀 지났습니다. 그러나 아직 이스마엘이 태어나기 전입니다. 86세 때에 이스마엘이 태어났습니다(창 16:16). 따라서 이때 아브라함의 나이는 대략 80세경으로 생각됩니다. 80세가 조금 지났다고 볼 수도 있습니다. 어쨌든 아브라함은 노인이었습니다.

나이 들면서 자식이 없으면 외롭습니다. 사는 재미가 없습니다. 아무리 예쁜 아내가 있어도 소용없습니다. 예뻐도 할머니입니다. 할머니가 아들을 대신할 수는 없습니다. 아무리 재산이 많아도 자식이 없으면 물려줄 사람이 없습니다. 소와 양떼를 많이 키워 봤자 재미가 없습니다. 죽고 나면 딴 사람이 가져갈 테니 소용없습니다. 그래서 아브라함은 단도직입적으로 하나님께 물었습니다. "무엇을 내게 주시려나이까?" 이것은 "나는 너의 지극히 큰 상급이다."와 같은 말씀은 마시고, "구체적으로 아들 하나 주십시오."라는 뜻입니다. 아들도 안 주시면서 자꾸만 추상적으로 구름 잡는 소리 하지 마시고 확실하게 아들 하나 주십시오, 이런 뜻입니다.

그러면서 아브라함은 자기 신세를 한탄합니다. "나는 자식이 없사오니 나의 상속자는 이 다메섹 엘리에셀이니이다."(2하) 다메섹 엘리에셀은 아마도 아브라함이 다메섹에 머물고 있을 때 얻은 종일 것입니다. 아브라함이 하란에서 출발하여 가나안 땅에 들어오기 전에 다메섹에 잠깐 머물렀다고 했지요.[2] 오래는 아니고 몇 달 정도 머물렀을 것입니다. 그때 똑똑한 아이 하나를 얻었습니다. 노예 시장에서 샀을 수도 있고, 아니면 의지할 데 없는 고아를 만나서 데려다 키웠을 수도 있습니다. 아니면 그때 아브라함의 여종이 아들을 낳았는데 다메섹에서 낳았다고 해서 '다메섹 엘리에셀'이라고 불리게 되었을 수 있습니다. '엘리에셀'은 '나의 하나님은 도움'이라는 뜻인데, 아마도 아브라함이 지어준 이름일 것입니다. 그런데 이 아이가 부지런하고 총명하고 신실하여서 아브라함은 이 아이를 후사로, 상속자로 세워서 모든 재산을 물려줄 생각을 하고 있었습니다. "아들이 없으니 할 수 없지. 이 종을 후

---

[2] Josephus, *Jew. Ant.* I,159-160.

사로 세우는 수밖에 …"

이런 아브라함의 대답에는 하나님에 대한 원망이 들어 있습니다. 3절에 보면 "아브람이 또 이르되 주께서 내게 씨를 주지 아니하셨으니 내 집에서 길린 자가 내 상속자가 될 것이니이다."고 합니다. "주께서 내게 씨를 주지 아니하셨다"는 것은 여태까지 하나님이 말만 하고 자식을 안 주셨다는 말입니다. 아브라함이 하란에 있을 때, 그리고 그 이전에 갈대아 우르에 있을 때, 하나님이 아브라함에게 나타나셔서 "내가 너로 큰 민족을 이루게 하겠다."고 하셨을 때, 아브라함은 통 큰 약속을 받고 감격하여서 그 약속을 붙들고 고향 아비 친척 집을 떠나 낯선 가나안 땅에 들어왔는데, 큰 민족은커녕 아들 하나도 안 주셨습니다. 계속해서 주겠다는 약속만 하고 아직 한 명도 주지 않으셨습니다. 그래서 아브라함은 속으로 화가 좀 났을 것입니다. 소위 뿔따구가 났습니다. 말을 안 해서 그렇지, 속으로는 화가 많이 났을 것입니다. 그래서 아브라함은 하나님께 부드럽게 불만을 표현했습니다. "주께서 내게 씨를 주지 아니하셨으니 내 집에서 길린 자가 내 상속자가 될 것이니이다."

그러자 하나님이 무엇이라고 대답하셨습니까? 분명하게 "아니다."고 하셨습니다. "그 사람이 너의 상속자가 아니라 네 몸에서 날 자가 네 상속자가 되리라."(4절) 아브라함은 늙었는데도 그의 몸에서 날 자가 상속자가 될 것이라고 하셨습니다. 그런데 아브라함보다 그의 아내 사라가 더 문제였습니다. 남자는 늙어도 혹 아이를 낳을 수 있지만 여자는 늙으면 곤란합니다. 요즈음 같으면 40살, 50살이 넘어가면 힘들어집니다. 그런데 사라는 지금 나이 70이 넘었습니다. 할머니입니다. 게다가 사라는 아이를 못 낳는 불임(不姙)입니다.

미인박명(美人薄命)이란 말이 있지만, 미인불임(美人不姙)인 경우도 있습니다. 나중에 보면 이삭의 아내 리브가는 미인이었는데 처음엔 불임이었습니다. 60세에 쌍둥이를 낳았습니다. 그리고 끝입니다. 또 야곱의 아내 라헬도 미인인데 아기를 못 낳다가 나중에 자녀를 낳았습니다. 겨우 두 명을 낳고 죽었습니다. 그래서 미인은 불임이거나 소자녀인 경우가 많습니다. 이에 비해 평범하게 생긴 레아는 자녀를 많이 낳았습니다. 아들 여섯 명과 딸(들)도 낳았습니다. 하나님이 평범한 레아를 위로하셔서 자녀를 많이 낳는 복을 주신 것입니다. 공평하신 하나님이십니다.

그리고 나서 하나님은 아브라함을 데리고 밖으로 나가셨습니다. 장막 밖으로 데리고 나가서 말씀하셨습니다. "하늘을 우러러 뭇별을 셀 수 있나 보라. 또 그에게 이르시되 네 자손이 이와 같으리라."(5절) 하나님은 아브라함을 데리고 나가서 하늘의 별을 보게 하셨습니다. 이것은 참 의미 있는 일입니다. 헤브론 마므레 상수리 수풀은 해발 1,000미터입니다. 공기 오염이 하나도 없는 깨끗한 하늘에 별들이 얼마나 잘 보였겠습니까? 밤하늘에 별들이 총총 빛났습니다. 별들이 막 쏟아질 듯합니다.

아브라함은 날마다 저녁에 별을 보며 살았습니다. 참 중요합니다.

저도 어릴 때에는 여름방학이 되면 시골에 가서 낮에는 소먹이고 멱 감고 놀다가, 저녁이 되면 강에 나와서 친지들과 강둑에 누워서 하늘의 별을 바라보면서 이야기하다가 잠들었습니다. 모깃불을 피워 놓고 시원한 바람을 맞으며 옛날이야기를 들으면서 하늘의 별들을 쳐다봅니다. 북두칠성, 카시오페아, 오리온, 그리고 이름 모를 수많은 별들이 총총히 박혀 있습니다. 저기 하늘 가운데에 뿌연 은하수가 보입니다. 우리 지구는 태양계에 속합니다. 태양계는 무슨 나선형 은하에 속했는데, 그 안에 수천억 개의 별들이 있다고 합니다. 그런데 이 우주에는 이런 은하들이 또 수천억 개 있다는 거예요. 그러니 엄청 많습니다. 빛의 속도로 몇십억 년을 가도 우주 끝에 도달할 수 없습니다. 참으로 크고 넓고 광대한 우주입니다.

이런 별들을 바라보고 있노라면, 우리 인간이 얼마나 작은 존재인가? 나는 얼마나 작고 비천한 존재인가? 벌레만도 못한 존재라는 것을 실감하게 됩니다. 그래서 별을 보고 살면 겸손해집니다. 우주 만물을 지으신 위대하신 하나님 앞에 겸손하게 됩니다. 나는 한없이 작은 존재라는 것을 깨닫게 됩니다. 따라서 우리는 별을 보고 살아야 합니다. 그런데 여러분은 별을 보고 사십니까? 별 본 지 오래됐지요? 저도 별본 지 오래됐습니다. 그러니 사람이 자꾸 교만해지는 것입니다. 그래서 가능하면 망원경을 하나 사서 별을 관측하면 좋겠습니다. 하나님은 아브라함을 이끌고 나가서 하늘의 별을 보게 하셨습니다. "하늘을 우러러 뭇별을 셀 수 있나 보라. 네 자손이 이와 같으리라."

그런데 그때 아브라함이 어떻게 했습니까? 6절에 보면 "아브람이 여호와를 믿으니 여호와께서 이를 그의 의로 여기시고"라고 했습니다. 아브라함이 여호와를 믿었다는 것은 하나님의 약속을 믿었다는 뜻입니다. 네 자손이 하늘의 별과 같이 많으리라고 하신 하나님의 말씀을 믿었다는 뜻입니다. 물론 하나님의 약속을 믿었다고 할 때에는 하나님을 신뢰하고 의지한다는 뜻도 들어 있습니다.

아브라함이 하나님을 믿었다고 한 것은 그 전에는 하나님을 몰랐다는 뜻은 아닙니다. 아브라함은 이미 그 전부터 하나님을 알고 믿고 따랐습니다. 갈대아 우르에서, 그리고 하란에서 이미 하나님을 믿고 따랐습니다. 그러면 아브라함은 언제부터 하나님을 알고 믿었을까요? 확실히 알 수 없습니다만, 하나님이 갈대아 우르에서 아브라함에게 나타나셨을 때에 처음 믿었다고 봐야 하지 않을까요? 물론 그 전에도 아브라함이 하나님을 알고 있었을 수도 있었습니다만, 성경에 기록된 것으로는 아브라함이 갈대아 우르에 있을 때 영광중에 나타나셔서 부르신 것이 최초입니다(행 7:2-3). 그때 아버지 데라는 갈대아 우르에서 우상을 섬기고 있었습니다(수 24:2). 그러나 아브라함에게 하나님이 나타나셨을 때, 데라는 아들 아브라함에게서 그 말을 듣고서 같이 여호와 하나님을 믿었다고 생각됩니다. 그래서 데라는 온 가족을 이끌고 하란으로 떠났습니다. 데라에게도 믿음이 있었다는 것을 알 수 있습니다.

그리고 아브라함의 형제들과 친척들도 여호와 하나님을 믿었습니다. 아브라함이 나중에 아들 이삭을 위해 아내를 구할 때, 종을 하란 땅에 보내어서 자기 친척 중에서 여자를 데려오게 합니다. 아브라함의 형인 나홀의 아들 브두엘의 딸 리브가를 데려오는데, 리브가는 여호와 하나님을 믿는 믿음을 가지고 있었습니다. 따라서 아브라함의 아버지인 데라에게서 난 가족 전체가 여호와 하나님을 믿었다는 것을 알 수 있습니다.

어쨌든 아브라함은 이때 가나안 땅에서 하나님의 말씀을 듣고 하나님을 믿었습니다. "네 자손이 이와 같으리라. 하늘의 별과 같이 많으리라."고 하신 말씀을 그대로 믿었습니다. 참 대단합니다. 사도 바울은 로마서에서 이렇게 말합니다. "아브라함이 바랄 수 없는 중에 바라고 믿었으니"(롬 4:18). 도무지 바랄 수 없는 중에 바라고 믿었다는 것입니다. 현실적으로는 불가능하고 있을 수 없는 일이었습니다. 사라는 할머니에다가 불임입니다. 사라의 태가 죽은 것과 같다고 합니다. 물론 아브라함의 몸도 죽은 것과 같다고 합니다. 그래서 과학적으로 보면 아기를 가지는 것은 불가능합니다. 그런데도 아브라함은 믿었습니다. 하나님을 믿었습니다. "네 자손이 이와 같으리라."고 하신 하나님의 말씀을 그대로 믿었습니다. 어떻게 이런 믿음이 가능한 것일까요?

로마서 4장 18절에 보면, "아브라함이 바랄 수 없는 중에 바라고 믿었다."고 합니다. 아브라함은 바랐습니다. 소망을 가지고(에프 엘피디, upon hope) 믿었습니다. 아브라함은 간절히 바랐습니다. 무엇을 바랐습니까? 자식을 바랐습니다. "네 자손이 이와 같으리라."는 말씀을 듣고서 자기 자손이 하늘의 별처럼 많아지는 것을 간절히 바랐다는 것입니다.

여러분, 간절함 바람이 있으면 믿음이 생깁니다. 불가능해 보이는 것도 믿게 됩니다. 그리고 불가능한 것이 가능해집니다. 제가 고등학교에 다닐 때, 1970년대 초에 어느 신문의 해외토픽 란에 보았는데 미국인가 서양 어느 나라에서 있었던 일입니다. 어린 아기가 놀다가 자동차 밑에 깔렸어요. 어머니가 그 모습을 보고는 달려와서 자동차를 번쩍 들어서 아이를 구해 내었습니다. 어떻게 그 어머니가 무거운 자동차를 들 수 있었을까요? 옛날 미국 자동차는 아주 큽니다. 요즘 같으면 그랜저급 이상입니다. 그런데 어디서 그런 초인적인 힘이 났을까요? 신기합니다. 그래서 해외토픽에 났습니다. 그 어머니의 힘은 자기 아이를 살려야 하겠다는 간절한 소원, 간절한 바람에서 난 것입니다.

우리 성도 여러분,

이와 마찬가지로 우리에게 간절한 소원이 있다면, 간절한 바람이 있다면, 우리에게는 불가능한 것도 믿는 믿음이 생기게 됩니다. 아브라함은 간절한 소원을 가졌습니다. 어떻게 하든 자식이 있어야겠다, 아들이 있어야겠다, 그리고 이 아들을 통해 많은 후손이 태어나서 많은 민족의 조상이 되어야 하겠다는 간절한 소원이 있었기 때문에, 아브라함은 바랄 수 없는 중에 바라고 믿었던 것입니다.

여러분, 우리는 간절한 소원을 가져야 합니다. "나는 자식이 없어도 괜찮아. 나는 그냥 이렇게 살다가 죽어버리련다." 이렇게 생각하면 안 됩니다. 그런 사람은 소망 없이, 아무런 바람 없이 사는 것입니다. 허무한 인생입니다. 그러나 아브라함은 간절한 소원을 가졌습니다. 자식을 얻어야겠다, 많은 민족의 조상이 되어야겠다는 소원을 가졌습니다. 그리고 이 소원도 아브라함이 자기 스스로 원해서 가진 소원이 아닙니다. 하나님이 약속하신 것입니다. 갈대아 우르에서 부르실 때 하나님이 약속하셨습니다. 하란에서도 약속하셨습니다. "내가 너로 큰 민족을 이루고 네게 복을 주어 네 이름을 창대하게 하리라." "땅의 모든 족속이 네 안에서 복을 얻을 것이니라." 이런 하나님의 약속이 먼저 있었고, 이 약속에 기초해서 아브라함은 소원을 가진 것입니다. 이처럼 하나님의 약속에 기초해서 간절한 소원을 가지면 아브라함처럼 불가능한 데서도 믿음이 생기고, 그러면 때가 지나면 반드시 이루어질 줄로 믿습니다.

사랑하는 성도 여러분,

지금 여러분의 상황은 어떠합니까? 아브라함처럼 나이도 들고 힘도 빠지고 인간적인 가능성이 없는 상황에 있습니까? 아브라함처럼 양떼도 없고 소떼도 없고, 아내도 늙었고 남편도 늙었고, 인간적인 소망이 다 끊어진 상태에 있습니까? 마치 칠흑같이 캄캄한 밤길을 헤매는 것 같습니까? 일이 뜻대로 안 되고 손에 잡히는 것은 아무것도 없는 상태에 있습니까? 그러나 이런 절망적인 상황에서도 하나님의 약속을 붙들고 간절한 소망, 간절한 바람을 가지고 믿고 나아가면 하나님이 기뻐하시고 그 소원을 이루어 주실 것입니다. 따라서 우리는 눈을 들어 하나님을 바라보아야 하겠습니다. 하늘의 별들을 바라보면서 하나님의 크고 무한하신 능력을 생각하고 그 앞에 겸손해야 하겠습니다.

우리는 성경을 펴서 하나님의 약속의 말씀을 바라보아야 하겠습니다. 성경은 하나님의 약속을 기록한 책입니다. 이 성경에 있는 하나님의 약속을 붙들고 간절한 소원을 가지고 기도하면서 나아가는 성도들이 되시기 바랍니다. 그러면 때가 되면 하나님이 그 소원을 이루어 주시고, 하나님의 큰 능력을 나타내 주실 것입니다.

여러분 모두, 우리의 방패가 되시고 지극히 큰 상급이 되시는 하나님을 바라보고, 그 약속을 바라고 믿음으로 나아가는 성도들이 되시기 바랍니다. 그래서 아브라함처럼 하나님의 약속을 받아 누리며 하나님께 영광 돌리는 성도들이 다 되시기 바랍니다. 아멘. (2011년 9월 25일 주일 오전)

12. 하나님의 약속 (15:7-11)

7 또 그에게 이르시되 나는 이 땅을 네게 주어 소유를 삼게 하려고 너를 갈대아인의 우르에서 이끌어낸 여호와니라 8 그가 이르되 주 여호와여 내가 이 땅을 소유로 받을 것을 무엇으로 알리이까 9 여호와께서 그에게 이르시되 나를 위하여 삼 년 된 암소와 삼 년 된 암염소와 삼 년 된 숫양과 산비둘기와 집비둘기 새끼를 가져올지니라 10 아브람이 그 모든 것을 가져다가 그 중간을 쪼개고 그 쪼갠 것을 마주 대하여 놓고 그 새는 쪼개지 아니하였으며 11 솔개가 그 사체 위에 내릴 때에는 아브람이 쫓았더라

하나님은 아브라함을 갈대아 우르에서 불러내어 가나안 땅에 들어오게 하셨습니다. "내가 너로 큰 민족을 이루고 네게 복을 주어 네 이름을 창대하게 하리니 너는 복이 될지라."(창 12:2) 이 말씀에 감동되어 아브라함은 갈대아 우르를 떠나 가나안 땅으로 향했습니다. 중간에 하란에서 좀 머물렀습니다. 나이 많은 아버지 데라가 더 이상 움직이려 하지 않았기 때문입니다. 아버지 데라가 죽고 나서 아브라함은 아내와 종들을 이끌고 가나안 땅으로 갔습니다. 그때 아브라함의 나이는 75세였습니다. 노인이었습니다. 옛날에 오래 살았다 치더라도 노인

초기였습니다.

아브라함이 가나안 땅에 들어온 지 5, 6년이 지났는데도 아직 아들이 없었습니다. 아브라함과 아내는 자꾸 늙어 가는데 자식이 없습니다. 가나안 땅에는 이미 오래전에 이방인들이 들어와 살고 있었습니다. 아브라함은 발붙일 땅이 없었습니다. 그래서 이방인의 땅 한쪽 구석 수풀에서 더부살이했습니다. 얹혀살았습니다.

그런데 어느 날 밤에 하나님이 환상 중에 나타나서 아브라함에게 말씀하셨습니다. "아브람아, 두려워 말라. 나는 너의 방패요 너의 지극히 큰 상급이니라."(창 15:1) '방패'는 지켜주고 보호해 준다는 뜻입니다. '지극히 큰 상급'은 하나님께서 아브라함에게 큰 상급, 보상을 주겠다는 것입니다. 그러자 아브라함은 감사하면서도 속으로는 약간 화가 났을 것입니다. 하나님은 자꾸만 복 주신다, 복 주신다 말씀만 하시고 아들은 안 주셨습니다. "도대체 구체적으로 무얼 주시겠다는 겁니까? 추상적으로 구름 잡는 소리 그만하시고, 우선 아들부터 하나 주고 시작합시다." 대충 이런 마음입니다.

여러분, 젊은 청년 남자가 젊은 여자를 만나 말합니다. "미스 X, 나와 결혼해 주면 내가 당신을 행복하게 해 주겠소. 저 푸른 초원 위에 그림 같은 집을 짓고 여왕처럼 모시겠소." 그러면 여자가 대답합니다. "자꾸 구름 잡는 소리 하지 말고 구체적으로 내게 무얼 주겠다는 거요? 당신 연봉 얼마요? 우선 작은 아파트라도 하나 사 주고 이야기합시다. 아니면 다이아 반지라도 하나 사 주든지 …" 그러면 남자는 "내가 약속을 꼭 지킬 테니 나만 믿어요. 이 한 목숨 다 바쳐 당신만을 사랑하겠소."라고 굳게 약속합니다. 그래서 그 약속을 믿고 결혼했는데, 지금 그 약속을 잘 지키고 있습니까? 여러분, 지금 약속 잘 지키고 있나요? 아니지요? 그러나 하나님은 사람과 다릅니다. "하나님은 인생이 아니시니 식언치 아니하신다."고 했습니다(민 23:19 개역한글판). 하나님은 약속을 꼭 지키십니다.

하나님은 그런 아브라함을 데리고 장막 밖으로 나갔습니다. 실물 교육을 시킨 것입니다. "그를 이끌고 밖으로 나가 이르시되 하늘을 우러러 뭇별을 셀 수 있나 보라. 또 그에게 이르시되 네 자손이 이와 같으리라."(5절) 하늘의 별처럼 자손이 많게 해 주겠다는 것입니다. 하늘의 별은 다 셀 수 없습니다. 한 은하 안에 별이 수천억 개 있다고 합니다. 또 그런 은하가 수천억 개 있다고 합니다. 관측장비가 발전할수록 숫자는 더 늘어날 수 있습니다. 너무 많은 숫자라서 다 셀 수가 없습니다. 아브라함의 자손이 이와 같이 많게 해 주겠다고 하셨습니다. 아직 한 명도 없는데 말입니다.

그런데도 아브라함은 하나님의 약속을 믿었습니다. "아브람이 여호와를 믿으니 여호와께서 이를 그의 의로 여기시고"(6절). 하나님은 아브라함의 믿음을 의(義)로 여기셨습니다. 아브라함이 실제로 의로워서 의롭게 여기신 것이 아니고, 아브라함이 하나님을 믿으니 그것을 의로 여기셨다, 간주하셨다는 것입니다. 아브라함의 행위를 보지 아니하시고 오직 그의 믿음을 보시고 의롭게 여기셨다는 말입니다.

오늘날 우리가 의롭다 함 받는 것도 그렇습니다. 우리가 하나님 앞에 잘나서, 착한 일을 많이 해서 의롭다 함 받은 것이 아닙니다. 우리는 비록 허물과 죄가 많지만, 하나님이 보내신 예수님을 믿으니까 하나님이 그 믿음을 보시고 우리를 의롭게 여겨 주신 것입니다. 사도 바울은 이렇게 설명합니다. "일을 아니할지라도 경건하지 아니한 자를 의롭다 하시는 이를 믿는 자에게는 그의 믿음을 의로 여기시나니"(롬 4:5). 우리는 하나님을 위해 착한 일, 선한 일을 한 게 별로 없습니다. 오히려 죄를 많이 지었습니다. 예를 들어, 어떤 사람을 불러서 일을 시켰더니만 일을 한 게 아니라 도리어 일을 만들었어요. 다 어질어 놓고 고장내 놓고 망쳐 놓았습니다. 그러면 사장이 월급을 주겠습니까? "넌 내일부터 집에서 쉬어."라고 할 것입니다.

그런데 하나님은 그런 우리에게도 말하자면 월급을 주십니다. "일을 아니할지라도 하나님을 믿는 자에게는 그의 믿음을 의로 여기신다."고 합니다. 우리는 하나님이 지으신 이 세상에 살면서 온통 어지럽혀 놓았습니다. 환경오염 시키고 쓰레기 잔뜩 만들어 내고, 원자력 발전소 사고 내어서 방사능 누출시키고, 공부는 안 하고 쓸데없는 짓만 하고 있고, 늘 다투고 미워하고 야단입니다. 그런데도 불구하고 하나님은 우리를 의롭게 여기시고 복을 주십니다. 왜냐하면 하나님을 믿기 때문입니다. 하나님이 보내신 아들 예수님을 믿기 때문입니다. 그 믿음을 의로 여기십니다. 이처럼 믿음으로 말미암아 의롭다 함을 받는 일에 있어서 아브라함이 그 시초입니다. 성경 기록상으로는 아브라함이 시초입니다. 그래서 아브라함을 믿음의 조상이라고 부릅니다.

그다음에 하나님은 아브라함에게 또 약속을 주십니다. "또 그에게 이르시되 나는 이 땅을 네게 주어 소유를 삼게 하려고 너를 갈대아인의 우르에서 이끌어낸 여호와니라."(7절) '이 땅'은 가나안 땅을 의미합니다. '갈대아인의 우르'는 갈대아 사람들이 사는 우르입니다. 우르는 당시에 발전된 도시였지만 우상들이 많았습니다. 온갖 신화들이 있어서 사람들을 지배했습니다. 여호와 하나님께서 그런 우상의 도시에서 아브라함을 이끌어내셨습니다. 그리고 가나안 땅에 오게 하셨습니다.

그런데 하나님이 아브라함에게 가나안에서 땅을 주셨습니까? 푸른 초원과 집 지을 좋은 땅을 주셨습니까? 아닙니다. 사도행전 7장 5절에 보면 "그러나 여기서 발붙일 만한 땅도 유업으로 주지 아니하시고 다만 이 땅을 아직 자식도 없는 그와 그의 후손에게 소유로 주신다고 약속하셨으니"라고 합니다. 발붙일 만큼도 유업을 안 주셨습니다. 아브라함은 가나안 땅에서 더부살이를 했습니다. 요즘말로 하면 언제 쫓겨날지 모르는 셋방살이입니다. 헤브론 북쪽의 마므레 상수리 수풀 한 구석을 얻어서 살고 있었습니다. 이처럼 하나님은 아브라함에게 땅을 주지 아니하시고 다만 약속을 주셨습니다.

그러자 아브라함은 어떻게 했습니까? 아브라함은 확실한 증거를 요구했습니다. "그가 이르되 주 여호와여 내가 이 땅을 소유로 받을 것을 무엇으로 알리이까?"(8절) 증거를 달라는 말입니다. "확실한 증거, 미래에 이 가나안 땅을 내 소유로 주시겠다는 약속에 대한 확실한 증거를 주십시오."라는 것입니다.

여러분, 여러분이 결혼할 때 남편이 아내에게 "행복하게 만들어 주겠다. 여왕처럼 모시겠다."고 약속했을 때, 여러분은 보증을 받아 놓으셨습니까? 증거를 받아 놓으셨습니까? 아니지요? 네, 그게 실수입니다. 그때 확실한 보증을 받아 놓았어야 하는 건데 … "만일 이 약속을 지키지 않을 시에는 평생토록 아내에게 종노릇한다. 시키는 대로 다 한다." 이런 문서를 만들고 도장을 받아 놓았어야 하는데, 그걸 안 받아 놓은 게 실수입니다. 하기사 도장 찍어도 안 지키면 그뿐이지만 …

그런데 아브라함은 하나님에 대해서도 보증을 요구했습니다. 증거를 달라고 요구했습니다. 참 대단합니다. 아브라함은 하나님 앞에 겸손하지만 요구할 것은 다 요구했습니다. 그러자 하나님은 아브라함의 요구를 들어주셨습니다. 9절에 보면 "나를 위하여 3년 된 암소와 3년 된 암염소와 3년 된 숫양과 산비둘기와 집비둘기 새끼를 가져올지니라."고 합니다. 아마도 3년 된 것이 제일 튼튼하고 힘센가 봅니다. 어쨌든 아브라함은 하나님의 명령을 따라 이런 짐승들과 새들을 준비했습니다. 아마도 다음날 아침에 일찍 일어나서 준비한 것으로 생각됩니다. 밤중에는 이런 짐승을 잡기 어렵기 때문입니다.

그래서 아브라함은 "그 모든 것을 가져다가 그 중간을 쪼개고 그 쪼갠 것을 마주 대하여 놓고 그 새는 쪼개지 아니하였다."고 합니다(10절). 3년 된 암소를 잡아서 중간을 쪼개고, 3년 된 암염소를 잡아서 중간을 쪼개고, 3년 된 수양도 잡아서 쪼갰습니다. 그러나 산비둘기와 집비둘기 새끼는 쪼개지 않았습니다. 아마도 너무 작아서 쪼개지 않았을 것입니다. 아브라함이 오전 내내 이런 짐승을 잡아서 쪼개는 일을 하지 않았나 싶습니다. 어쩌면 오후까지 시간이 흘렀는지 모릅니다.

이렇게 짐승을 잡아서 쪼개 놓으니까 누가 찾아왔습니까? 공중에서 솔개가 보고서 내려왔습니다. 여기서 '솔개'는 죽은 짐승의 사체를 뜯어 먹는 새들을 총칭합니다.[1] 공중에서 솔개들이 보고는 "웬 떡이냐?"라면서 내려와서 고기를 뜯어 먹으려고 했어요. 그러자 아브라함은 그 새들을 내쫓았습니다. "안 돼. 너희 주려고 준비한 거 아냐." 그러자 새들은 도망갔다가 또 날아옵니다. "저 맛있는 것을 두고 그냥 갈 수는 없지. 난 먹어야겠어." 그러자 아브라함은 "안 돼. 이 녀석들!" 하면서 쫓았습니다. 오후 내내 아브라함은 솔개들과 씨름하였습니다. 한바탕 싸움을 벌였습니다.

그러다가 해질 때에 아브라함이 깜빡 잠이 들었습니다. 깊이 잠들었습니다. 몹시 피곤했다는 것을 알 수 있지요? 지난 밤중에 하나님이 나타나셔서 말씀을 듣고 이야기한다고 잠을 설쳤습니다. 아침에는 일어나서 소, 염소, 양, 비둘기를 잡는다고 힘들었지요. 오후에는 솔개들을 쫓는다고 내내 힘들었습니다. 심히 피곤했습니다. 그래서 아브라함이 깊이 잠들었는데, 그때 하나님이 또 나타나서 말씀하셨습니다. "네 자손이 이방에서 객이 되어 그들을 섬길 것이다. 400년 후에 네 자손이 거기서 나올 것이다."(13-14절) 아브라함의 자손이 애굽에 내려가서 400년간 종살이하다가 다시 나올 것을 미리 예언하신 것입니다.

---

1 히브리어는 '아이트'(עַיִט)이다.

아브라함이 잠을 깨어 비몽사몽간에 있는데, 해는 져서 날은 이미 어두웠습니다. 저쪽에서 연기 나는 풀무가 보이는데, 타는 횃불이 쪼갠 고기 사이로 지나가면서 태웠습니다. 하나님이 아브라함이 드린 제물을 기뻐 받으셨다는 표입니다. 가나안 땅을 아브라함과 그의 자손에게 주시겠다는 약속에 대한 증거입니다.

사랑하는 성도 여러분,

하나님은 이 약속대로 후에 이스라엘 백성을 애굽에서 나오게 하시고 가나안 땅을 유업으로 주셨습니다. 그래서 이스라엘 백성은 가나안 땅에 들어가서 살았습니다. 하나님은 아브라함에게 주신 약속을 그대로 이루어 주신 것을 볼 수 있습니다. 하나님은 일을 이루시기 전에 미리 약속하시고 또 그 약속이 확실함을 나타내는 증거도 주셨습니다.

오늘날 우리가 살아갈 때에도 약속을 가지고 살아갈 때가 많습니다. 아직 약속이 이루어지지 않았지만 그 약속을 붙들고 살아갑니다. 그러다 보면 어떤 때는 지치고 짜증이 납니다. "하나님, 언제 이루어 주실 겁니까? 도대체 언제요?" 그러면 하나님은 "조금만 더 기다려. 조금만 더 기다려. 확실히 준다니까. 왜 못 믿어?" 하십니다. 그러면 우리는 "못 믿는 게 아니고요. 너무 오래 걸리니까 지쳐서 그래요. 언제 주실 건데요?" 이렇게 어린애처럼 보챕니다.

아브라함은 가나안 땅에 들어와서 5-6년이 지났지만 아들이 없었습니다. 횃불이 지나가는 증거를 받고 나서 또다시 10년이 지났지만 아들이 없었습니다. 사라의 배가 불러오기는커녕 더 홀쭉해졌습니다. 할머니 배입니다. 그리고 또다시 한 10년쯤 흘러서 아브라함의 나이 일백 세가 되었을 때 하나님은 아들을 주셨습니다. 가나안 땅에 들어온 지 25년만입니다. 참 오래 걸렸습니다. 그러나 하나님은 다 정해 놓고 계셨습니다. 다 아십니다. 그러니 "아브람아, 조금만 기다려! 조금만 더 기다리면 돼. 꼭 준단 말이야!" 이렇게 말씀하시는 것입니다.

그러자 아브라함이 여호와를 믿으니 이를 그의 의로 여기셨다고 합니다. 하나님을 믿는 것이 중요하다는 것을 알 수 있습니다. 신실하신 하나님, 약속을 지키시는 하나님을 우리가 굳게 믿는 것이 중요합니다. 그 믿음을 하나님이 의롭게 여기신 것입니다.

사랑하는 성도 여러분,

우리는 모두 하나님의 자녀들입니다. 하나님이 우리의 아버지 되시고, 우리는 그의 자녀들입니다. 우리는 모두 하나님의 자녀답게, 품위 있게, 모범적으로 행동해야 하겠습니다. 여러분 모두 믿음의 조상 아브라함처럼 하나님의 약속을 굳게 믿고 순종함으로 말미암아 하나님의 약속을 받아 누리고 하나님께 영광 돌리는 성도들이 다 되시기 바랍니다.

그래서 여러분의 앞날을 통해 하나님의 이름을 높이고 하나님의 살아 계심을 증거하는 성도들이 다 되시기 바랍니다. 아멘. (2011년 10월 2일 주일 오전)

13. 가나안 땅을 주시는 하나님 (15:12-21)

12 해질 때에 아브람에게 깊은 잠이 임하고 큰 흑암과 두려움이 그에게 임하였더니 13 여호와께서 아브람에게 이르시되 너는 반드시 알라 네 자손이 이방에서 객이 되어 그들을 섬기겠고 그들은 사백 년 동안 네 자손을 괴롭히리니 14 그들이 섬기는 나라를 내가 징벌할지며 그 후에 네 자손이 큰 재물을 이끌고 나오리라 15 너는 장수하다가 평안히 조상에게로 돌아가 장사될 것이요 16 네 자손은 사대 만에 이 땅으로 돌아오리니 이는 아모리 족속의 죄악이 아직 가득 차지 아니함이니라 하시더니 17 해가 져서 어두울 때에 연기 나는 화로가 보이며 타는 횃불이 쪼갠 고기 사이로 지나더라 18 그 날에 여호와께서 아브람과 더불어 언약을 세워 이르시되 내가 이 땅을 애굽 강에서부터 그 큰 강 유브라데까지 네 자손에게 주노니 19 곧 겐 족속과 그니스 족속과 갓몬 족속과 20 헷 족속과 브리스 족속과 르바 족속과 21 아모리 족속과 가나안 족속과 기르가스 족속과 여부스 족속의 땅이니라 하셨더라

아브라함이 가나안 땅에 들어온 지 6, 7년쯤 지났을 때 환상 중에 하나님이 아브라함에게 나타나셔서 두 가지 약속을 주셨습니다. 첫째, 네 자손이 하늘의 별과 같이 많게 하겠다. 둘째, 가나안 땅을 네 자손에게 주겠다. 통 큰 약속입니다. 아브라함은 이런 통 큰 약속을 받고 기뻐 뛰며 즐거워했을까요? 아닙니다. 아브라함은 조심스럽게 증거를 구했습니다. "내가 무엇으로 알리이까?" 하나님의 약속에 대한 확실한 증거를 달라는 것입니다.

그러자 하나님은 "나를 위하여 짐승들과 새들을 준비하라."고 했습니다. 3년 된 암소와 3년 된 암염소, 3년 된 숫양, 산비둘기, 집비둘기 새끼를 준비하라고 했습니다. 아브라함은 하나님의 말씀대로 이 짐승들을 잡아서 가운데를 쪼개었습니다. 그리고는 피곤해서 저녁에 잠이 들었습니다. 깊이 잠들었습니다.

그때 캄캄함이 임했습니다. 칠흑보다 더 어두운 캄캄함이 임했습니다. 아브라함은 몹시 두려워했습니다. 그때 하나님이 아브라함에게 먼 장래 일을 알려 주셨습니다. "너는 반드시 알라. 네 자손이 이방에서 객이 되어 그들을 섬기겠고 그들은 4백년 동안 네 자손을 괴롭히리니"(13절). 아브라함의 자손이 이방 땅에서 4백년간 종살이할 것을 미리 알려주신 것입니다.

이 말씀은 아브라함의 손자 야곱 때에 실현되었습니다. 야곱이 130세 때 애굽 땅에 내려갔습니다. 그때 야곱의 아들 요셉은 애굽의 총리가 되어 다스리고 있었습니다. 그래서 야곱의 자손들이 다 애굽으로 내려가서 홍해에 가까운 고센 땅을 얻어서 거주하였습니다.

그러면 야곱 자손들은 왜 애굽 땅에 내려갔을까요? 물론 기근 때문에 양식을 얻으러 갔습니다. 먹고 살기 위해 내려간 것입니다. 그러나 하나님의 섭리가 있었다고 생각됩니다. 애굽 땅은 물이 풍부합니다. 나일강이 흐르는데, 오늘날 이집트인들은 '엔-닐'(en-Nil)이라고 부릅니다. 성경에는 '여오르'(강)라고 되어 있고, 고대 그리스어로는 '네일로스'(Νεῖλος)라 하고, 라틴어로는 '닐루스'(Nilus)라고 합니다.[1] 앗수르어로 '닐루'(Nilu)는 '홍수 또는 넘치는 물'(flood or high-tide water)이라는 뜻이라고 합니다.[2] 그래서 애굽은 양식이 풍부했습니다. 먹을 게 많았습니다. 그러니 자손이 번식하기에 좋은 장소입니다.

이에 비해 가나안 땅은 자손 번식이 어렵습니다. 왜냐하면 정착할 수 있는 땅이 없었기 때문입니다. 아브라함은 남의 땅에 더부살이하고 있었습니다. 양을 몰고 이리저리 다녔습니다. 그러니 정착이 안 됩니다. 따라서 자식을 낳아 키우기에 어렵습니다.

여러분, 이리저리 떠돌아다니는 유목민들은 인구가 많지 않습니다. 자손 번식이 잘되지 않습니다. 이에 비해 농사짓고 사는 농경민들은 인구 번식이 잘됩니다. 자꾸 자식을 낳아 번성하게 됩니다. 몽고, 만주, 한반도에 들어온 북방 민족들은 원래 유목민입니다. 보따리 들고 늘 이동했습니다. 그러니 인구 번식이 잘 안 됩니다. 이에 비해 인도차이나

---

1 Wikipedia, "Nile" (https://en.wikipedia.org/wiki/Nile).

2 Waddell, *Makers of Civilization in Race and History*, 254.

쪽을 통해 들어온 지나족(한족)은 농사를 지었습니다. 그러니 번식을 잘합니다. 자꾸 자식을 낳고 또 낳았습니다. 그래서 나중에 중국 대륙을 지배하게 되었습니다. 처음에는 북방 민족이 우세했는데, 나중에는 지나족 곧 한족이 지배하게 되었다고 합니다. 북방 민족은 번식에서 졌습니다. 자식 낳기 시합에서 졌습니다. 만약에 그때 북방 민족이 자식을 많이 낳았더라면, 지금 중국을 지배하는 민족은 북방 민족이었을 것입니다. 그런데 자식 낳기 시합에서 졌습니다. 왜냐하면 북방 민족은 유목 생활을 했기 때문입니다. 물론 한반도에 들어와서는 농사짓고 정착했지만, 몽고와 만주를 거쳐 오면서 유목 생활을 했습니다.

이와 마찬가지로 아브라함의 자손이 번성하기 위해서는 정착 생활이 필요했습니다. 말하자면 못자리가 필요했습니다. 요즘 말로 하면 잉큐베이터입니다. 애굽의 고센 땅은 이런 잉큐베이터 역할을 했습니다. 야곱과 그의 자손들이 애굽에 내려가서 400년 동안 열심히 자식을 낳았습니다. 정착 생활하면서 자꾸 번식했습니다. 그래서 인구가 약 2백만 명이 될 정도로 번식했습니다. 중다한 민족이 되었습니다.

아브라함의 자손이 이렇게 번식한 다음에는 하나님이 그들을 이끌고 나와서 가나안 땅으로 돌아오게 하겠다고 말씀하셨습니다. 14절에 보면 "그들이 섬기는 나라를 내가 징벌할지며 그 후에 네 자손이 큰 재물을 이끌고 나오리라."고 합니다. 때가 되면 하나님이 아브라함의 자손을 애굽에서 이끌고 나오겠다고 하십니다. 바로 '출애굽'(exodus)입니다. 이 말씀을 하신 때가 주전 약 2,080년경입니다. 그때로부터 약

630여년 후에 출애굽하게 되었습니다. 주전 1,445년 전후에 모세에 의해 애굽을 나오게 됩니다. 그로부터 40년 후에 가나안 땅에 들어가 정복하게 됩니다. 그러니까 아브라함에게 이 약속을 하신 지 670여년쯤 후에 이 약속이 성취되었습니다.

그러면 왜 하나님은 당장 가나안 땅을 안 주시고 670년 후에 주시는 것일까요? 왜 이렇게 늦게 주실까요? 다 이유가 있습니다. 첫째 이유는 조금 전에 말씀드린 대로 아브라함의 자손이 번성해야 합니다. 숫자가 차야 합니다. 둘째 이유는 16절에 있습니다. "네 자손은 4대만에 이 땅으로 돌아오리니 이는 아모리 족속의 죄악이 아직 가득 차지 아니함이니라."

아모리 족속은 가나안 땅에 거하는 민족 중 하나입니다. 요단강 동쪽에도 있었습니다. '아모리'(Amori)는 아카드어로는 '아무루'(Amurru)라고 하는데 수리아의 산지를 가리킵니다.[3] 나중에 동쪽 바빌론에 나라를 세웠는데 대표적인 사람이 함무라비입니다. 아모리 족은 학자들에 의해 일반적으로 셈족으로 여겨지고 있습니다.[4] 그러나 여기서 아모리 족은 넓은 의미로 가나안 땅에 사는 민족들 전체를 가리킵니다.

중요한 것은 아직 그들의 죄악이 관영(貫盈)하지 않았다는 것입니다. 여기서 '관영하다'(샬렘)는 것은 원래 '전체의'(whole), '완전

---

[3] Gispen, "Amorieten", in: *Bijbelse Encyclopaedie* (Kampen: J. H. Kok, 1950), 32.

[4] W. H. Gispen, *Genesis,* I (Kampen: J. H. Kok, 1974), 345 (창 10:16 주석 중).

한'(perfect)이란 뜻입니다. '꽉 차다, 충만하다'는 뜻입니다. 아직 아모리 족의 죄가 꽉 차지 않았다, 충만하게 되지 않았다는 것입니다. 물그릇에 물이 꽉 차면 넘치듯이 아모리 족의 죄가 꽉 차면 하나님이 심판하시겠다, 벌하시겠다는 것입니다.

이스라엘 백성이 가나안 땅에 들어와서 그 땅을 차지하면, 물론 이스라엘 백성은 기분이 좋습니다. "할렐루야! 감사합니다." 할 것입니다. 그러나 가나안 땅에 살던 아모리 족들 입장에서는 다릅니다. "뭐야? 웬 놈이 함부로 들어와? 웬 놈이야?" 할 것입니다. 아모리 족 입장에서는 억울합니다. 분통이 터집니다. "이럴 수 있습니까? 아무리 하나님이라지만 이럴 수 있습니까? 하나님은 힘세다고 제멋대로 하십니까?"

그래서 하나님은 힘세다고 아무렇게나 하시지 않습니다. 하나님이 일을 하실 때에는 다 합당한 이유가 있습니다. 타당한 근거가 있습니다. 그것은 "아모리 족의 죄가 관영해서 더 이상 가나안 땅에 살 자격이 없다."는 것입니다. "너희들은 너희 죄 때문에 벌 받아 죽어야 해. 죽든지 아니면 쫓겨나야 해." 그래서 하나님은 아모리 족의 죄가 관영할 때까지 기다리십니다.

우리 성도 여러분, 하나님은 사람이 죄를 짓는다고 당장 벌하시지는 않습니다. 오늘 아침에 죄를 지었다고 당장 쫓아와서 "너 오늘 죄지었지? 너 오늘 아침에 거짓말했지?" 하면서 당장 벌을 내리지는 않습니다. 당장 돌부리에 걸려 넘어져서 코피 나거나 자동차 사고 나도록 하시지는 않습니다. 하나님은 참고 기다리십니다. "어떻게 하나 두고 보자." 하면서 가만히 계십니다. 그러니까 사람들은 죄를 짓기에 더욱 담대해집니다. "죄를 지어도 괜찮네. 아무 일 없네, 뭐!" 그래서 또 죄를 짓습니다. 전도서 8장 11절에 "악한 일에 관한 징벌이 속히 실행되지 않으므로 인생들이 악을 행하는 데에 마음이 담대하도다."고 했습니다. 더욱 용감하게 죄를 짓는다는 말입니다. 바늘 도둑이 소 도둑 된다는 말처럼, 처음에는 작은 죄를 짓고, 다음에는 조금 더 큰 죄를 짓고, 그다음에는 더 큰 죄를 짓고, 나중에는 아주 큰 죄를 짓습니다. 결국 들켜서 감옥에 가게 됩니다. 하나님은 오래 참고 기다리셨다가 때가 되면 곧 죄가 꽉 차면 벌하십니다. 벌하실 때는 아주 무섭게 벌하십니다.

이와 마찬가지로 하나님은 아모리 족의 죄가 관영할 때까지 기다리십니다. 아브라함에게 이 말씀을 하신 때로부터 600년 이상 더 기다리십니다. 그래서 아모리 족의 죄악이 관영했을 때, 꽉 차고 넘쳤을 때, 하나님은 이스라엘 자손을 애굽에서 불러내어서 가나안 땅에 들어가게 하시고 아모리 족을 벌하셨습니다. 그래서 그들은 땅을 빼앗기고 쫓겨났습니다.

하나님은 아브라함과 언약을 세우시고 가나안 땅을 주겠다고 약속하십니다. 이번에는 좀 더 구체적입니다. 18절에 "이 땅을 애굽 강에서부터 그 큰 강 유브라데까지 네 자손에게 주노니"라고 합니다. 19-21절에 보면 "곧 겐 족속과 그니스 족속과 갓몬 족속과 헷 족속과 브리스 족속과 르바 족속과 아모리 족속과 가나안 족속과 기르가스 족속과 여부스 족속의 땅이니라 하셨더라."고 합니다. 여기에 가나안 땅에 사는 열 민족의 이름이 기록되어 있습니다. 이들에 대해 간단히 살펴보겠습니다.

'겐 족'(케이니)은 가인 족입니다(민 24:21). 가인(카인)의 후손인데, 아담의 아들 가인을 가리키는지 아니면 다른 가인을 가리키는지 알 수 없습니다. 사사기 1장 16절에 보면, 모세의 장인 이드로는 겐 사람이라고 합니다. 가인(카인) 족입니다. '그니스 족'(크닛찌, 민 32:12)은 그나스의 자손인데 원래 에돔 사람으로 생각됩니다. 여분네의 아들 갈렙이 그니스 족입니다(수 14:6, 14). '갓몬'(카드모니)은 누군지 모릅니다. 뜻은 '동방의'라고 합니다.

20절에는 '헷 족속'(힛티, Chitti)이 나오는데, 아카드어로는 '하티'(Chatti) 또는 '아티'(Atti)라고 합니다. 독일어로 '헤티터'(Hethiter)로 번역했는데, 영어로는 '히타이트'(Hittites)라고 합니다.

그러나 아브라함 시대(주전 2000년대)의 헷 족은 후대의 히타이트 족과 다릅니다. 아브라함 시대의 헷 족은 원래 아나톨리아(현 터키)에 살았습니다. 아마도 갑바도기아와 그 주변에 살았던 것으로 추정됩니다. 그 수도는 '하투쉬'(Chattush)입니다(현재 지명은 보아즈칼레). 그런데 주전 1,700년경에 주변의 다른 민족이 헷 족을 점령하고 그 수도 하투쉬를 파괴했습니다. 그러나 나중에 하투쉬를 재건하고 '하투샤'로 불렀습니다. 그리고 자기들이 헷 족을 이었다고 해서 헷 제국을 세웠습니다. 영어로 '히타이트 제국'이라고 합니다. 주전 1700-1200년경에 큰 제국을 이루었습니다.

그러면 이 히타이트 제국을 세운 사람들은 누구일까요? 쿠사라 왕국의 피타나가 네샤를 점령했다고 합니다. '네샤'는 현재 갑바도기아의 카이세리 위에 있는 '퀼테페'입니다. 그 아들 아니타 왕은 하투쉬를 공격하고 완전히 파괴했습니다. 그리고 수도를 네샤로 옮겼습니다. 그 후에 하투쉴리 1세는 수도를 하투쉬로 옮기고 이름을 자기 나라 식으로 어미를 붙여서 하투샤로 바꾸었습니다.

원래의 헷 족(하티)과 후의 히타이트 제국 건설자들은 언어가 서로 다릅니다. 후대의 히타이트어는 인도-유럽어족으로 밝혀졌습니다. 예를 들어 '물'을 히타이트어로 '바다르'(vadar)라고 합니다. 독일어의 '바써르'(Wasser), 영어의 '워터'(water)도 여기서 왔습니다. 한국어로 '바다'는 조선 시대에 '바를'로 발음했다고 합니다(바를 海).[5] '바를'은 '바달'의 변형으로 생각되고, 따라서 원래는 '바달'이었다고 생각됩니다. 그 원래 뜻은 '물'로 생각됩니다. 수메르어로는 '바두르'(BADUR)인데 '물'이란 뜻입니다.[6]

어쨌든 여기 아브라함 시대의 헷 족은 원래의 하티 족을 가리킵니다. 이들은 기록을 남기지 않았습니다. 그래서 이들에 대해서는 거의 알 수 없습니다. 헷 족은 가나안의 아들 헷의 후손들입니다. 원래 아나톨리아(오늘날 터키 지역)에 살았는데, 그 일부가 가나안 땅에 들어와서 살았습니다. 가나안 땅에 헷 족이 많이 살고 있었고, 아브라함은 이

---

5 서정범, 『國語語源辭典』(서울: 보고사, 2003, 3판), 280.

6 L. A. Waddell, *A Sumer-Aryan Dictionary*, Part I. A-F (London: Luzac & Co., 1927), s. v. "BADUR, BA-DUR".

들과 좋은 관계를 맺었습니다.

그다음에 '브리스 족'이 나오는데 누구인지 모릅니다(cf. 창 13:7). '르바 족'은 창세기 14장 5절에도 나오는데, 주로 요단강 동쪽에 살았습니다. 거인족이 아닌가 추정됩니다.

21절에 보면 '아모리 족'이 나오는데 이미 설명했습니다. 원래 산지(山地)에 살던 사람들이었습니다. 요단강 서쪽에도 살고 동쪽에도 살았습니다. '가나안 족'은 가나안 땅에 살던 사람들 전체를 가리키기도 하고, 여기서는 좁은 의미로 가나안의 후손들을 가리킵니다. 함의 아들 가나안의 후손입니다. '기르가스 족'은 아마도 갈릴리 호수 동남쪽 '게르가사' 또는 '가다라' 지역 사람들로 생각됩니다. 마지막으로 '여부스 족'은 예루살렘에 살던 원주민들인데, 나중에 다윗이 그 성을 빼앗아서 '다윗성'이라 불렀습니다. 이런 열 민족의 땅, 가나안 땅을 아브라함의 자손에게 주시겠다고 약속하셨습니다. 하나님의 약속은 점점 구체적이고 분명해집니다.

그러면 가나안 땅을 주시겠다고 하신 말씀에서 우리가 배울 수 있는 교훈은 무엇일까요? 그것은 하나님은 가나안 땅을 값없이 주신다는 것입니다. 하나님은 아브라함의 후손에게 이 땅을 주실 때 값없이 주셨습니다. 돈 받고 주신 것이 아니라 공짜로 주셨습니다. 하나님이 아브라함에게 미리 선금을 받은 것도 아니고 할부로 준 것도 아닙니다. 그냥 공짜로 다 주셨습니다. 젖과 꿀이 흐르는 땅을 값없이 주셨습니다.

여러분, 이 세상에서 제일 아름다운 나라, 제일 가보고 싶은 땅은 어디입니까? 뭐니 뭐니 해도 이스라엘입니다. 이스라엘은 작지만 아름답습니다. 아기자기합니다. 광야가 있는가 하면 산들이 있고, 작은 산들과 언덕들이 있고, 골짜기가 있고 시내가 있으며, 또 끝없는 평야가 있습니다. 또 호수가 있고 끝없는 동굴이 있습니다. 정말 볼 게 많습니다. 지금은 팔레스타인 사람들과의 분쟁 때문에 조금 위험합니다만, 그리고 기후가 변해서 물이 부족한 게 문제이긴 하지만 여전히 아름답습니다.

신명기 6장 10-11절에서 모세는 이렇게 말합니다. "네 하나님 여호와께서 네 조상 아브라함과 이삭과 야곱을 향하여 네게 주리라 맹세하신 땅으로 너를 들어가게 하시고 네가 건축하지 아니한 크고 아름다운 성읍을 얻게 하시며, 네가 채우지 아니한 아름다운 물건이 가득한 집을 얻게 하시며 네가 파지 아니한 우물을 차지하게 하시며 네가 심지 아니한 포도원과 감람나무를 얻게 하사 네게 배불리 먹게 하실 때에". 여기에 보면 값없이, 공짜로 얻게 해 주신다고 말합니다. 이것은 무엇을 의미합니까? 하나님께서 천국을 공짜로 주신다는 말입니다. 가나안 땅은 천국에 대한 모형입니다. 영원한 천국을 미리 보여 주는 예표입니다. 젖과 꿀이 흐르는 아름다운 땅은 천국을 상징합니다. 하나님께서 천국을 공짜로 주신다는 말입니다.

여러분, 우리가 천국에 들어갈 때 돈 주고 들어가는 것이 아닙니다.

천국 땅은 돈 주고 살 수 없습니다. 세기의 천재, 혁신가, 영웅 스티브 잡스도 돈으로는 천국에 못 갑니다. 자기 재산을 다 팔아도 천국에 땅 한 평도 못 삽니다. 자기가 만든 아이폰, 아이패드, 아이팟, 아이맥을 다 팔아도 천국의 땅 한 평도 못 산다는 말입니다. 왜 그렇습니까? 천국은 파는 게 아니기 때문입니다. 천국은 공짜로 주십니다. 누구에게 주십니까? 하나님을 믿는 자에게, 예수님을 믿는 자에게 주십니다.

따라서 예수님을 믿는 자는 횡재한 것입니다. 천국에 들어가니까 대박 터진 것입니다. 그래서 예수님을 믿는 사람은 아이폰은 없어도 아이헤븐은 됩니다. '아이헤븐'(i-Heaven)은 '나 천국'이란 말인데, 나는 천국에 들어간다는 뜻입니다. 스티브 잡스는 애플2, 매킨토시, 아이맥, 아이팟, 아이폰, 아이패드 시리즈를 계속 성공시켜서 온 세계를 열광케 했습니다. 그래서 추모자들은 그의 마지막은 '아이헤븐'이라고 하는데, 글쎄요? 만일 그가 마지막에 예수를 믿었다면 아이헤븐이 될 것이고, 그렇지 않았다면 아이헤븐은 안 될 것입니다.

사랑하는 우리 성도 여러분,

여러분은 모두 다 아이폰은 없어도 아이헤븐은 가지시기 바랍니다. 스티브 잡스도 못 가진 아이헤븐을 확실히 가지시기 바랍니다. 아이헤븐은 돈 주고 사는 것이 아닙니다. 하나님이 기뻐하시는 사람에게 공짜로 주십니다. 바로 자기 아들 예수님을 믿는 자에게 주십니다. 약정금은 없습니다. 매달 할부금도 없습니다. 완전 공짜입니다.

그러나 오직 아브라함의 자손에게만 주십니다. 사도 바울은 갈라디아서 3장 7절에서 "그런즉 믿음으로 말미암은 자들은 아브라함의 아들인 줄 알지어다."라고 말합니다. 믿음으로 말미암은 자들 곧 예수 그리스도를 믿는 자들은 아브라함의 자녀들입니다. 아브라함의 자손들입니다. 곧 가나안 땅 천국을 유업으로 받을 사람들입니다.

그러므로 여러분 모두, 우리에게 천국을 공짜로 주신 하나님께 감사하면서 아이헤븐을 마음속에 잘 간직하고서 하나님을 잘 섬기다가 기쁨으로 천국에 가는 성도들이 되시기 바랍니다. 그래서 젖과 꿀이 흐르는 땅, 진짜 가나안 땅에서 믿음의 조상 아브라함도 만나고, 무엇보다도 예수님을 만나고, 그리고 먼저 와서 기다리고 있는 성도들과 함께 영원히 천국의 복락을 누리는 아브라함의 자손들이 다 되시기 바랍니다. 아멘. (2011년 10월 9일 주일 오전)

14. 사라와 하갈 (16:1-6)

1 아브람의 아내 사래는 출산하지 못하였고 그에게 한 여종이 있으니 애굽 사람이요 이름은 하갈이라 2 사래가 아브람에게 이르되 여호와께서 내 출산을 허락하지 아니하셨으니 원하건대 내 여종에게 들어가라 내가 혹 그로 말미암아 자녀를 얻을까 하노라 하매 아브람이 사래의 말을 들으니라 3 아브람의 아내 사래가 그 여종 애굽 사람 하갈을 데려다가 그 남편 아브람에게 1)첩으로 준 때는 아브람이 가나안 땅에 거주한 지 십 년 후였더라 4 아브람이 하갈과 동침하였더니 하갈이 임신하매 그가 자기의 임신함을 알고 그의 여주인을 멸시한지라 5 사래가 아브람에게 이르되 내가 받는 모욕은 당신이 받아야 옳도다 내가 나의 여종을 당신의 품에 두었거늘 그가 자기의 임신함을 알고 나를 멸시하니 당신과 나 사이에 여호와께서 판단하시기를 원하노라 6 아브람이 사래에게 이르되 당신의 여종은 당신의 수중에 있으니 당신의 눈에 좋을 대로 그에게 행하라 하매 사래가 하갈을 학대하였더니 하갈이 사래 앞에서 도망하였더라

    1) 히, 아내

창세기 16장에 들어오면 장면이 바뀝니다. 새로운 사건이 전개되고 새로운 인물이 등장합니다. 사라의 여종 '하갈'(Hagar)인데 애굽 사람입니다. 아마도 아브라함이 애굽에 내려갔을 때에 바로에게서 얻은 종들 중 하나인 것 같습니다. 그때 바로는 결혼 예물로 남녀 종들을 많이 주었습니다. 남자 종은 아브라함이 다스리고, 여자 종은 사라가 주인이 되어 다스렸습니다. '하갈'은 그 뜻이 '도망'(flight)이라고 하는데, 왜 이런 이름을 주었는지는 모릅니다. 하갈이 나중에 도망쳤기 때문에 그때부터 하갈이라고 이름 붙였는지, 아니면 날 때부터 하갈이라고 이름 지었는지는 모릅니다.

하여튼 하갈은 많은 여종들 중 하나였는데 갑자기 역사의 무대에 등장하고 파란만장한 삶을 살게 됩니다. 그 원인은 아브라함의 아내 사라가 제공했습니다. 사라의 본명은 '사라이'(Sarai)입니다. 그 뜻은 아마도 '왕비, 귀족'이라고 생각됩니다.[1] 오늘날 터키어에서 '사라이'는 궁전입니다. 이스탄불에 있는 톱카프 궁전은 터키어로 '톱카프 사라이'라고 합니다. 돌마바흐체 궁전은 '돌마바흐체 사라이'입니다. 따라서 '사라이'는 왕실과 관계되는 좋은 이름이라는 것을 알 수 있습니다.[2]

사라는 원래 아브라함의 이복누이로서 아브라함과 결혼했습니다. 9살 연하입니다. 예쁘기도 하고 착하기도 하고 좋은 여자였습니다. 그런데 한 가지 문제가 있었는데, 그것은 아이를 낳지 못한다는 것이었

---

1 Gesenius, *Hebrew-Chaldee Lexicon*, s.v. 그도 확신하지는 못하고 있다.
2 히브리어로 '사르'(שַׂר)는 '지도자, 사령관'(leader, commander)이라는 뜻이며(창 21:22; 37:36; 40:9 등), 또한 '군주, 다스리는 자'(prince)라는 뜻도 된다(출 2:14; 사 23:8). Cf. Gesenius, *Hebrew-Chaldee Lexicon*, s.v.

습니다. 장미에게 가시가 있듯이 미인에게도 문제가 있습니다. 사라는 불임(不姙)이었습니다. 1절에 보면 "아브람의 아내 사라는 출산하지 못하였고"라고 합니다. 이때 사라의 나이는 76세였습니다. 할머니였습니다. 중요한 것은 아이를 낳지 못했다는 것이었습니다. 아이를 낳지 못하는 것은 옛날에 큰 문제였습니다. 우리나라에서도 몇십년 전만 해도 여자가 아이를 낳지 못하면 큰 죄를 지은 것이라 했습니다. 사라는 예쁘고 착하고 좋은데 아이를 못 낳으니 큰 문제입니다. 특히 남편 아브라함은 큰 민족을 이룰 것이라는 약속을 받았습니다. 하늘의 별처럼 네 자손이 많을 것이라는 약속을 받았는데, 사라가 아이를 낳지 못하니 보통 문제가 아닙니다.

하나님은 아브라함에게 여러 번 "네 자손이 하늘의 별처럼 많을 것이라"는 약속을 주셨지만, 사라의 몸은 자꾸만 늙어가고 이제 출산 가능성은 끝났습니다. 완전 불임입니다. 하나님의 약속을 받고 가나안 땅에 들어온 지도 십년이 지났습니다. 그래서 사라는 고민 끝에 결심하고 남편 아브라함에게 말했습니다. 2절에 보면 "여호와께서 내 출산을 허락하지 아니하셨으니 원하건대 내 여종에게 들어가라. 내가 혹 그로 말미암아 자녀를 얻을까 하노라."고 했습니다. "여호와께서 내 출산을 허락하지 아니하셨다."는 것은 하나님께 대한 원망입니다. 다른 여자들은 아이를 쑥쑥 잘 낳는데 왜 나만 아이를 못 낳게 하시는 겁니까? 내게 무슨 죄가 있다고 아이를 안 주십니까? 이처럼 하나님에 대한 원망이 들어 있는 말입니다.

그래서 사라가 남편에게 제안했습니다. "원하건대 내 여종에게 들어가라. 내가 혹 그로 말미암아 자녀를 얻을까 하노라." 여기서 여종은 하갈을 말합니다. 하갈은 사라의 소유였습니다. 개인 재산이나 마찬가지입니다. 그러니 하갈이 아이를 낳으면 사라의 것이 됩니다. 하갈의 배를 빌려서 아이를 얻자는 생각입니다. 요즘 말로 하면 대리모입니다. 옛날에 그런 제도가 있었습니다.[3] 제도라기보다 관습인데 여자가 아이를 못 낳으면, 그 여자가 데리고 있는 여종을 통해 아이를 낳게 하는 것입니다. 그래서 유력한 집안에서는 여자가 결혼할 때 만약의 경우에 대비해서 여종을 하나 붙여 줍니다(창 29:24, 29). 만일 내 딸이 아이를 못 낳으면 여종인 네가 대신 낳아 주라는 것입니다. 딸이 아이를 잘 낳으면 그냥 집안일이나 하고, 아이를 못 낳으면 대타로 낳아 주라는 것입니다. 지금 사라도 그런 관습을 따른 것입니다. "내가 내 여종을 줄 테니 당신은 이 여종과 동침하라. 그러면 그 여종을 통해 내가 자녀를 얻겠노라."고 합니다.

사라로서는 대단히 위험한 제안입니다. 잘못하면 남편을 빼앗길지도 모르는 모험입니다. 그러나 사라는 지금 막다른 골목에 와 있습니다. 나이 76이 되도록 아이가 없으니, 이제는 더 이상 못 기다리겠다는 것입니다. 기다려 봤자 아이를 낳을 가능성은 전혀 없다고 생각했습니다. 그러니 무슨 수라도 써야 할 판입니다. 이판사판입니다.

그런데 아브라함이 어떻게 했습니까? 어떤 반응을 보였습니까? 2절 하에 보면 "아브람이 사래의 말을 들으니라."고 합니다. 여기에 짤막

---

3 함무라비 법전에 그런 관습이 기록되어 있다. Cf. Aalders, *Genesis*, II, 55.

하게 기록되어 있지만, 아브라함의 심경이 복잡했을 것입니다. 아마도 아브라함은 처음에 이렇게 말했을 것 같아요. "아니, 부인! 그 무슨 별 말씀을 다하시오? 내가 당신을 두고 어찌 첩을 얻는단 말이요? 난 그리할 수 없소." 그런데 이렇게 말하는 아브라함의 얼굴은 화내는 표정이 아니고, 모르긴 해도 함박웃음이 터지려는 표정이었을 것입니다. 애써 참느라 혼났을 것 같아요.

그러나 사라는 지금 장난으로 하는 말이 아닙니다. 울화통이 터져 죽을 지경입니다. 한 맺힌 절규입니다. 그래서 사라는 아마 이렇게 대답했을 것입니다. "뭐 당신 좋으라고 하는 말인 줄 아시오? 아이만 하나 낳으란 말이요. 딴생각일랑 꿈도 꾸지 마시오. 만일 딴생각했다간 나한테 죽을 줄 아시오." 독한 말입니다. 아마도 남편에게 처음으로 한 독한 말이었을 것입니다. 그러자 아브라함은 못 이기는 척 따랐습니다. "그럼 할 수 없지. 내 당신 말대로 하리이다."

그래서 아브라함은 하갈을 첩으로 취하게 되었습니다. 첩실(妾室), 소실(小室)이라고도 하고 작은 마누라, 작은 안으서라고도 합니다. 3절에 "아브람의 아내 사래가 그 여종 애굽 사람 하갈을 데려다가 그 남편 아브람에게 첩으로 준 때는 아브람이 가나안 땅에 거주한 지 10년 후이었더라."고 합니다. 10년 후는 아브라함의 나이 85세 때입니다. 사라의 나이 76세입니다.

애굽 여인 하갈은 어떻게 생겼는지는 몰라도 아마 건강하고 튼튼했을 것입니다. 이집트 사람들은 대개 넓적하고 튼튼하게 생겼습니다.

피부는 약간 검습니다. 완전히 검은 것은 아니고 약간 검습니다. 이집트 여자는 그렇게 예쁘지는 않지만 아기는 잘 낳을 것 같아요. 그래서 하갈이 곧 아기를 가졌습니다.

 4절에 보면, "아브람이 하갈과 동침하였더니 하갈이 임신하매 그가 자기의 임신함을 알고 그의 여주인을 멸시한지라."고 합니다. 사건이 간단하지 않습니다. 여자는 아무리 첩이라도 아기를 가지면 우쭐해집니다. 교만해집니다. 아기를 못 가진 정실을 우습게 여기고 멸시하게 됩니다. 조선 시대 왕실에 보면, 왕비가 대군 아기씨를 생산하지 못하고 후궁이 대군을 생산하면 후궁도 큰소리칩니다. 중전을 우습게 여기고 멸시합니다. 대군 아기씨를 생산하느냐 못하느냐에 따라 희비가 엇갈립니다. 대군 아기씨를 생산하면 그 앞길이 탄탄대로가 되고, 대군을 생산하지 못하면 험로가 됩니다. 심하면 그 가문이 문을 닫게 됩니다.
 하갈이 뱃속에 아기를 가지자 주인 사라를 우습게 여기고 멸시하기 시작했습니다. "이제 아브라함의 유업을 이을 자는 내 뱃속의 아기다. 나는 여주인이 된다." 그래서 사라가 지나가도 고개를 안 숙이고 쳐들고 노려봅니다. "저기 우물에 가서 물 길어와!" 해도 말을 안 듣습니다. "나는 몸이 무거워서 못 가니 다른 사람 보내시오. 무리하면 뱃속의 아기에게 안 좋거든요." 은근히 뱃속의 아기를 자랑합니다. 사사건건 대들고 말을 안 듣고 비웃습니다. "아이도 못 낳는 주제에 웬 말이 많아? 여자가 아이를 못 낳으면 장애인이지, 안 그래?"
 사라는 분통이 터집니다. 남편에게 여종을 첩으로 준 것도 억울해 죽겠는데, 지금 여종이 자기를 비웃고 대들고 멸시하니 속이 터져 죽을 지경입니다. 미인 할머니가 화내고 씩씩거리는 모습이 참 가관입니다. 잠언 11장 22절에 "아름다운 여인이 삼가지 아니하는 것은 마치 돼지 코에 금고리 같으니라."고 했습니다.

사라는 분통이 터져서 남편 아브라함에게 달려가서 따졌습니다. 5절에 "사래가 아브람에게 이르되 나의 받는 모욕은 당신이 받아야 옳도다. 내가 나의 여종을 당신의 품에 두었거늘 그가 자기의 임신함을 알고 나를 멸시하니 당신과 나 사이에 여호와께서 판단하시기를 원하노라." 이것을 보면, 사라는 자기 남편 아브라함에게 가서 분풀이한 것을 알 수 있습니다. 남편에게 책임을 돌렸습니다. "나의 받는 욕은 당신이 받아야 옳도다." 아브라함이 잘못했다는 것입니다. 아브라함이 여종 하갈과 동침해서 하갈이 아기를 가지니까 교만해서 대든다는 것입니다. 그러니 아브라함에게 책임 있다는 것입니다. 아브라함이 하갈과 동침해서 임신하게 한 것이 문제의 발단이라는 것입니다.

얼마 전에는 하갈과 동침하라고 여종을 주어 놓고서는 이제는 동침했다고 아브라함을 닦달하고 책임을 돌립니다. 사라는 지금 앞뒤가 안 맞는 말을 하고 있습니다. 비이성적입니다.[4] 여러분, 여자가 화나면 앞뒤가 안 맞는 말을 합니다. 전혀 앞뒤가 안 맞는 말을 막 해댑니다. 예를 들어, 조금 전에는 아내가 남편에게 "빨리 밥 먹어요!" 해서 남편이 밥을 먹었는데, 그러자 아내가 달려들어서 "빵 먹지 왜 밥 먹냐?"면서

---

4   Aalders, *Genesis*, II, 56.

대듭니다. 그래서 다음날에는 빵을 먹었더니 "왜 밥 안 먹고 빵 먹냐?"고 또 대어 듭니다. 아내가 시키는 대로 했는데도 따지고 대어 듭니다.

지금 사라가 그렇습니다. 이성을 잃고 대어 들 때는 예쁜 여자나 안 예쁜 여자나 똑같습니다. 여자가 대어 들 때는 옳고 그른 걸 따지는 게 아니고 분풀이하는 것입니다. 감정적으로 분풀이하려고 무조건 시비 거는 거니까 이때 남자는 조심해야 합니다. 같이 말대꾸했다가는 본전도 못 건집니다. 이럴 때는 시비를 따지지 말고 조용히 피하는 게 상책입니다. 아내가 성이 나서 달려들 때에는 시비를 따지지 말고, 말대꾸하지 말고 빨리 그 자리를 피하는 게 상책입니다. 아니면 무조건 아내 말이 옳다고 인정하는 게 좋습니다.

그러면 아브라함은 어떻게 대응했습니까? 성난 아내의 말에 어떻게 대응했을까요? 6절에 보면 "아브람이 사래에게 이르되 그대의 여종은 당신의 수중에 있으니 당신의 눈에 좋을 대로 그에게 행하라."고 하였습니다. 참 지혜로운 대답입니다. 만일 이때 아브라함이 사라에게 "아니, 당신 지금 무슨 소리 하는 거요? 당신이 여종을 내게 주지 않았소? 내가 언제 달라 그랬소? 당신이 줘 놓고서 지금 와서 무슨 말이요?" 만일 이렇게 대답했더라면, 더 큰일 났을 것입니다. 그러면 사라가 "뭐야? 이 영감이 ..."라면서 대판 싸웠을 것입니다. 어쩌면 사라가 집을 나갔을지도 모릅니다.

그러나 아브라함은 참 훌륭한 사람입니다. 지혜로운 사람입니다. 성난 아내에게 논리적으로 대응하지 않았습니다. "당신이 원하는 대로 하라", "여종 하갈에 대해 당신이 좋게 여기는 대로 행하라."는 것이었습니다. 만일 이때 아브라함이 조금이라도 하갈을 두둔하거나 사정을 봐주는 태도를 보였다면 사라가 가만히 안 있었을 것입니다. 그걸 꼬투리 잡아서 계속 물고 늘어지고 싸우고, 장막 안에서 고성이 오가고 했을 것입니다. 그러나 아브라함은 하갈에 대해 일절 두둔하지 않았습니다. 죽이 되든 밥이 되든 내버려 두었습니다. 두들겨 맞든 코피가 나든 사라가 원하는 대로 하도록 내버려 두었습니다.

6절 하에 보면 "사래가 하갈을 학대하였더니 하갈이 사래 앞에서 도망하였더라."고 합니다. '학대하였다'는 것은 하갈을 못살게 굴었다는 뜻입니다. 예를 들면, 하갈에게 "우물에 가서 물 길어와!" 했는데 하갈이 몸이 무겁다고 안 가면, 사라가 사정없이 회초리를 내리칩니다. "어디 종년이 꾀병을 부려?" 그래서 물을 길어오면 "빨리 밥 안 하고 뭐해?" 하면서 또 닦달합니다. 옛날에 밥이라고 해봐야 양고기 굽고 밀가루로 빵 만들고 하는 것입니다. 하갈이 저녁을 해서 가져오면, "양고기가 왜 이리 맛이 없어" 하면서 하갈을 향하여 홱 집어 던지고 … 여러분, 미인 할머니도 성나면 무서워요. 투기 앞에 장사 없습니다. 이쁘거나 안 이쁘거나 시기와 질투, 투기 앞에서는 똑같습니다.

하갈은 이러한 사라의 학대를 견디다 못하여 도망쳤습니다. 사라의 욕설과 매질 때문에 도무지 견딜 수 없었습니다. 그런데 남편 아브라함에게 가서 하소연해도 아브라함은 못 들은 척합니다. 아브라함은 내심 괴로웠을 것입니다. 사라가 분명히 지나치게 하는 것을 알면서도 아무 소리 못합니다. 하갈을 위로하는 말을 못합니다. 그걸 알면 사라가 또 달려와서 따질 테니까요. 그래서 아브라함은 하갈이 학대받는 것을 알면서도 묵묵부답이었습니다. 아내 말대로 했다가 지금 죄인 아닌 죄인이 되어 입장 곤란하게 되었습니다. 그러니 지금은 아내 사라가 하는 대로 내버려 둘 수밖에 없습니다.

그래서 절망감과 배신감을 느낀 하갈은 도망치게 되었습니다. 더 이상 사라의 학대를 참을 수가 없었습니다. 더 이상 매를 맞으면서 살 수 없었습니다. 그래서 도망쳤습니다. 이른 새벽에 몰래 집을 나와 광야로 갔습니다. 죽으면 죽고, 하늘에 운명을 맡기고 집을 나갔습니다. 차라리 죽는 게 낫다, 사라의 학대를 더 이상 견딜 수 없어서 도망치게 되었습니다.

그러면 여러분, 오늘 이 본문에서 우리가 배울 수 있는 교훈은 무엇입니까? 무엇보다도 사라의 믿음과 불신앙에서 우리가 교훈을 얻을 수 있습니다.

사라는 한편으로는 믿음이 있었습니다. 남편 아브라함과 마찬가지로 여호와 하나님을 믿는 믿음이 있었습니다. 2절에 보면 "여호와께서 나의 출산을 허락하지 아니하셨으니"라고 했습니다. 이것은 물론 원망이고 불평이지만, 이런 원망을 하는 것을 보면 사라에게 그래도 믿음이 있었다는 것을 알 수 있습니다. 사라가 아이를 낳지 못하는 것은 자연적 현상이 아니라 여호와께서 그렇게 하신 것이라는 말입니다. 따라서 불평을 하더라도, 원망을 하더라도 "여호와께서 아니 해 주시니

…" 이렇게 말하는 것은 그래도 믿음이 있다는 표현입니다. 사라는 믿음이 있었기 때문에 남편을 따라 갈대아 우르를 떠나 하란으로, 하란을 떠나 가나안으로 오게 되었습니다. 믿음의 여인이었습니다. 베드로전서 3장 5절에 보면 '거룩한 부녀'라고 말합니다.

그러나 다른 한편으로 사라는 하나님을 믿는 믿음이 부족했습니다. 특히 하나님의 약속을 확실히 믿지 못했습니다. "씨를 주겠다, 하늘의 별처럼 네 자손이 많으리라."는 말씀을 못 믿었습니다. 한편으로 믿으면서도 다른 한편으로는 못 믿었습니다. 가나안 땅에 들어온 지 10년이 지나자 사라는 지치고 절망했습니다. 자기 몸이 이제 완전히 할머니가 된 것을 사라 자신이 잘 알잖아요. 경수가 완전히 끊어졌습니다. 자기 몸은 이제 아기를 낳을 수 없다는 것을 너무나 잘 압니다. 그런데 자꾸 세월은 흐르고 나이는 먹고, 남편도 늙어가고 자식은 없고 … 그래서 사라는 인간적인 방법을 생각하게 된 것입니다. 뭔가 수를 찾아야 하지 않겠는가? 그래서 사라가 생각한 것이 여종을 아브라함에게 주어서 자식을 낳게 하는 것이었습니다. 여종의 배만 빌리자는 생각이었습니다. 대리 임신입니다. "이런 방법을 통해 하나님이 씨를 주실 수도 있지 않은가? 이게 꼭 잘못된 것이라고 할 수 있는가?" 이렇게 생각했습니다.

얼마 전에는 남편 아브라함이 하나님께 "집에서 길리운 다메섹 엘리에셀을 상속자로 세우면 안 되겠습니까?"라고 제안했습니다. '양자'로 상속자를 삼으려는 아이디어입니다. 그런데 하나님은 "아냐. 양자는 안 돼. 네 몸에서 날 자가 네 상속자가 되리라."고 하셨습니다. '네 몸에서 날 자' 곧 아브라함의 몸에서 날 자가 상속자, 후사가 된다고 하셨습니다. 그러니 사라가 생각할 때, 누구 배에서 나든 아브라함의 몸에서 나면 될 것 아닌가? 라고 생각했을 것입니다. "여종 하갈을 첩으로 주더라도 아브라함의 몸에서 나는 아이라면 아브라함의 후사가 될 수 있네, 뭐."라고 생각한 것입니다.

그러나 결과적으로 이것은 잘못된 방법이었습니다. 하나님의 뜻은 그게 아니었습니다. 하나님의 뜻은 아브라함의 몸에서 날 뿐만 아니라 또한 사라의 배에서 나야 한다는 것입니다. 어떻게 늙은 사라의 배에서 아기가 날 수 있는가? 그러니까 순전히 하나님의 능력으로 되는 것입니다. 그러나 사라는 아직 그 정도까지 믿음이 자라지는 못했습니다.

결국 오래 기다리지 못한 것이 문제였습니다. 하나님은 더 기다리기를 원하셨습니다. 앞으로 15년을 더 기다려야 했습니다. 이제 겨우 10년이 지났습니다. 그러나 사라는 초조합니다. 자꾸 몸은 늙어가지, 세월은 가지, 또 언제 자식을 주실지 모릅니다.

그러나 우리 성도 여러분,

하나님의 약속을 받았으면 기다리는 것이 정답입니다. 끝까지 기다리고 또 기다리고, 약속이 실현될 때까지 기다리는 것이 정답입니다. 기다리다 지쳐서 인간적인 방법을 쓰면 일이 꼬입니다. 예기치 않은 복잡한 문제가 발생합니다. 가정불화가 생기고 갈등과 시기와 질투와 다툼이 생깁니다.

그리고 한번 저지른 일은 돌이킬 수 없습니다. 여종 하갈을 주었더니 결국 그 하갈에게서 아들이 태어났습니다. 이스마엘입니다. 이 이스마엘이 나중에 이삭을 핍박합니다. 나이 차이가 14살 납니다. 이스마엘이 어린 이삭을 핍박했습니다. 어린 이삭을 놀렸습니다. "네 엄마는 할머니야. 다 늙어빠진 할머니야." 나중에는 결국 이삭의 후손과 이스마엘 후손이 원수가 됩니다.

10년 전에 미국의 세계무역센터(WTC)를 공격하여 무너뜨린 알카에다도 영적으로 보면 이스마엘의 후손입니다. 이슬람을 믿는 아랍 자손입니다. 지금 아프가니스탄에서도 미국과 알카에다는 전쟁을 하고 있습니다. 이삭의 후손인 기독교인들과 이스마엘의 자손인 이슬람은 온 세계에서 반목하고 갈등하고 있습니다. 이런 문제의 근본원인은, 따지고 보면, 결국 사라가 오래 기다리지 못한 데서 온 것입니다. 오래 기다린다는 것은 인간적인 방법으로 일을 저지르지 않고 가만히 있는 것입니다. 가만히 있다는 것은 내내 누워 잔다는 뜻이 아니라, 그냥 하나님의 약속을 믿고 기도하면서, 양 키우고 젖 짜고 물 긷고 밥하고 평소대로 열심히 사는 것을 말합니다.

사랑하는 성도 여러분,

하나님의 약속이 쉬 이루어지지 않는다고, 현재 형편이 어렵다고 인간적인 방법으로 믿음 없는 일을 저지르면 더 큰 문제를 일으키게 됩니다. 하나님의 약속은 때가 되면 이루어집니다. 따라서 중간에 조급해하지 말고, 초조해하지 말고, 끝까지 하나님을 믿고 기도하면서 나아가시기 바랍니다.

지금 주어진 일에 성실하게 최선을 다하면서, 하나님이 이루어 주실 복들을 생각하면서 즐거운 마음으로 나아가시기 바랍니다. 그러면 때가 되면 하나님이 이루시고 하나님이 영광받으실 줄로 믿습니다. 여러분 모두, 이런 믿음을 가지고, 하나님의 약속을 바라보면서, 끝까지 믿음으로 나아가는 성도들이 다 되시기 바랍니다. 아멘. (2011년 10월 16일 주일 오전)

15. 이스마엘 (16:7-16)

7 여호와의 사자가 광야의 샘물 곁 곧 술 길 샘 곁에서 그를 만나 8 이르되 사래의 여종 하갈아 네가 어디서 왔으며 어디로 가느냐 그가 이르되 나는 내 여주인 사래를 피하여 도망하나이다 9 여호와의 사자가 그에게 이르되 네 여주인에게로 돌아가서 그 수하에 복종하라 10 여호와의 사자가 또 그에게 이르되 내가 네 씨를 크게 번성하여 그 수가 많아 셀 수 없게 하리라 11 여호와의 사자가 또 그에게 이르되 네가 임신하였은즉 아들을 낳으리니 그 이름을 2)이스마엘이라 하라 이는 여호와께서 네 고통을 들으셨음이니라 12 그가 사람 중에 들나귀같이 되리니 그의 손이 모든 사람을 치겠고 모든 사람의 손이 그를 칠지며 그가 모든 형제와 대항해서 살리라 하니라 13 하갈이 자기에게 이르신 여호와의 이름을 나를 살피시는 하나님이라 하였으니 이는 내가 어떻게 여기서 나를 살피시는 하나님을 뵈었는고 함이라 14 이러므로 그 샘을 3)브엘라해로이라 불렀으며 그것은 가데스와 베렛 사이에 있더라 15 하갈이 아브람의 아들을 낳으매 아브람이 하갈이 낳은 그 아들을 이름하여 이스마엘이라 하였더라 16 하갈이 아브람에게 이스마엘을 낳았을 때에 아브람이 팔십육 세였더라

2) 하나님이 들으심 3) 나를 살피시는 살아 계신 이의 우물이라

아브라함은 원래 한 아내뿐이었습니다. 그 이름은 사라였습니다. 원래 이름은 사라이(사래)인데 착하고 예쁜 아내였습니다. 한 가지 문제는 아이를 낳지 못한다는 것이었습니다. 결혼한 지 몇십 년이 지나도 아이가 없었습니다. 나이 70이 넘고 80이 넘어 할머니가 되었는데도 아이가 없었습니다. 그래서 사라는 고민 끝에 남편에게 여종 하나를 첩으로 주었습니다. 그 여종은 애굽 여인이었는데 이름은 하갈이었습니다. 아브라함이 애굽에 내려갔을 때 애굽 왕 바로에게서 받은 여종들 중 하나로 생각됩니다. 사라는 여종의 배만 빌리고 아들을 낳으면 자기 아들로 삼을 생각이었습니다. 여종은 사라의 소유니까요.

그러나 이런 사라의 생각은 너무 단순했다는 것이 곧 드러났습니다. 하갈이 자기 뱃속에 아이를 가진 줄을 알자 사라를 무시하기 시작했습니다. 여주인 사라의 말도 안 듣고 무시하고 멸시했습니다. "좀 있으면 이 집의 여주인은 나야. 사라 너는 이제 내 발 밑에 무릎 꿇게 될 거야. 빛 좋은 개살구는 소용없거든."

그러자 사라는 남편 아브라함에게 달려가서 분풀이했습니다. 다짜고짜로 따졌습니다. "당신이 책임지시오. 당신 때문에 내가 이런 멸시를 당하고 수욕을 당하고 있으니 당신이 책임지시오." 참 황당합니다. 사라는 전혀 앞뒤가 안 맞는 말을 합니다. 자기가 여종을 줘 놓고서는 아브라함이 여종을 취하여 아이가 생겼다고 야단입니다. 이처럼 여자가 비이성적으로 나올 때는 말대꾸를 하지 말고 아내가 하자는 대로 하게 내버려 두는 게 상책입니다.

그래서 아브라함은 사라에게 이렇게 말했습니다. "당신의 여종은 당신의 수중에 있으니 당신의 눈에 좋은 대로 그에게 행하라."(6절) 여종 하갈은 사라의 소유이니 사라 마음대로 하라는 것입니다. 그러자 사라는 하갈을 학대하기 시작했습니다. 마구 욕하고 때리고 매질했습니다.

그러자 하갈은 견디다 못해 도망쳤습니다. 배는 부른데 무거운 몸을 이끌고 도망쳤습니다. 부모 친척이 있는 곳 애굽을 향하여 도망쳤습니다. 헤브론 산지에서 내려와서 무작정 남쪽으로 향했습니다. 여자 혼자서는 위험한 길입니다. 광야에서 물이 떨어지면 죽습니다. 길 가다가 우물을 발견하지 못하면 죽습니다. 그러나 그런 것을 따질 형편이 못됩니다. 사라를 생각하면 치가 떨리고 몸서리칩니다. 차라리 광야에서 죽는 게 낫다고 생각했습니다. 하갈은 몇 날 며칠 계속 남쪽을 향해 걸었습니다. 100km 이상 근 200km 가까이 걷지 않았나 싶습니다.

하갈이 광야 수르 길 샘물 곁에 이르렀을 때에 여호와의 사자가 나타났습니다. 수르 광야를 지나면 애굽입니다. 가나안 땅과 애굽 사이에 있는 광야가 수르 광야입니다. 그 수르 광야로 가는 길에 샘이 있었는데, 그 샘물 곁에 이르렀을 때 여호와의 사자가 나타났습니다. 여호와의 사자(使者)는 천사인데 하나님의 말씀을 전하는 사자입니다.

사자가 나타나서 물었습니다. "사래의 여종 하갈아, 네가 어디서 왔으며 어디로 가느냐?"(8절) 하갈이 대답했습니다. "나는 내 여주인 사래를 피하여 도망하나이다." 그러자 여호와의 사자가 말했습니다. "네 여주인에게로 돌아가서 그 수하에 복종하라."(9절) 사라가 하갈의 여주인이니 사라에게 복종해야 한다는 것입니다. 이것이 하갈의 운명이었습니다. 물론 하나님은 뜻이 있었을 것입니다. 하갈에게서 아들이 태어날 것인데, 이 아들이 아브라함 밑에서 자라야 한다는 뜻이 있었을 것입니다. 그래서 하갈에게 집으로 돌아가라고 했습니다.

그리고 나서 여호와의 사자가 또 하갈에게 말합니다. "내가 네 씨를 크게 번성하여 그 수가 많아 셀 수 없게 하리라."(10절) 큰 민족을 이루게 해 주겠다는 것입니다. 자손의 복입니다. 여호와의 사자가 또 말합니다. "네가 임신하였은즉 아들을 낳으리니 그 이름을 이스마엘이라 하라. 이는 여호와께서 네 고통을 들으셨음이니라."(11절) '이스마엘'은 하나님이 들으신다는 뜻입니다. 하나님이 하갈의 고통을 들으셨다, 하갈의 기도를 들으셨다는 것, 그리고 계속 들으신다는 뜻입니다.[1] 하나님은 사라의 기도만 들으시는 게 아니고 하갈의 기도도 들으십니다. 공평하신 하나님입니다. 여주인의 기도만 들으시는 게 아니라 여종의 기도도 들으십니다. 또 예쁜 사람의 기도만 들으시는 게 아니고 평범한 사람의 기도도 들으십니다.

여호와의 사자는 또 예언의 말씀을 전합니다. "그가 사람 중에 들나귀같이 되리니 그의 손이 모든 사람을 치겠고 모든 사람의 손이 그를 칠지며 그가 모든 형제와 대항해서 살리라."(12절) 이스마엘은 들나귀같이 될 것이라고 합니다. 광야에서 이리저리 뛰어다닐 것이라는 말입니다. "그의 손이 모든 사람을 치겠고"는 모든 사람과 원수가 되어서

---

1 '이스마엘'의 '이스마'는 미완료로서 계속 들으신다는 의미이다.

닥치는 대로 공격할 것이라는 말입니다. "모든 사람의 손이 그를 칠지며"는 모든 사람이 그와 원수가 된다는 말입니다. 사라와 하갈 사이의 적대 관계, 원수 관계가 자자손손 대대로 이어진다는 말입니다. 하갈은 자기 아들 이스마엘에게 사라가 얼마나 자기를 학대했는지를 말하게 될 것이고, 그러면 이스마엘은 사라와 그의 아들 이삭에 대해 적대감을 가지게 될 것입니다. 그래서 이런 원수 관계가 자자손손 대대로 이어진다는 말입니다.

여러분, 십년 전 2001년에 있었던 9·11 테러 사건을 잘 아실 것입니다. 2001년 9월 11일 알카에다 세력이 미국 뉴욕의 세계무역센터 건물에 자살 공격을 감행했습니다. 납치한 비행기 두 대로 세계무역센터 건물에 충돌해서 큰 건물이 무너져 내렸습니다. 아랍 사람이 미국의 심장부를 공격한 것입니다. 이것은 상징적인 의미가 있습니다. 미국은 전체적으로 보면 기독교 국가로 자처합니다. 청교도들이 세운 나라라고 합니다. 영적으로 이삭의 자손이라고 합니다. 이에 반해 아랍인은 이스마엘의 자손입니다. 물론 아랍 사람이 혈통적으로 꼭 이스마엘의 자손은 아닙니다. 셈족 자손들도 있고 함족 자손들도 있고, 여러 민족들로 구성되어 있습니다. 남아라비아의 예멘은 대개 셈족인 욕단의 자손들입니다. 북아라비아에는 이스마엘의 자손들이 많이 살고 있습니다. 그러나 어찌 되었든 오늘날 아랍 사람들은 자기들의 조상을 이스마엘로 봅니다. 그리고 아브라함이 자기 조상이라고 합니다.

아브라함은 유대교와 기독교와 이슬람의 공통 조상인데, 그 자식들에게서 나뉩니다. 유대인들은 혈통적으로 이삭의 자손입니다. 그 중에서도 특히 야곱(이스라엘)의 자손입니다. 기독교인들은 영적으로 이삭의 자손입니다. 믿음으로 말미암아 아브라함의 자손이 되었다고 합니다. 이에 비해 이슬람들은 영적으로 이스마엘의 자손이라고 합니다. 그래서 지금 이삭의 자손들과 이스마엘의 자손들이 전 세계에서 서로 싸우고 있습니다. 철천지 원수가 되어서 죽기 살기로 싸웁니다.

이슬람인 알카에다 세력이 미국을 공격해서 세계무역센터를 무너뜨리자 미국 사람들이 발끈했습니다. "이런 나쁜 놈들! 어디 세계 최강국인 미국을 공격해?" 그래서 오사마 빈 라덴을 잡는다는 명분으로 이라크를 공격했습니다. 사담 후세인을 체포해서 죽였습니다. 다음에는 아프가니스탄을 공격했습니다. 얼마 전에 파키스탄에서 오사마 빈 라덴을 사살하는 데 성공했습니다. 그래서 미국이 승리하는 것처럼 보이지만 꼭 그렇지는 않습니다. 미국은 이라크, 아프가니스탄과 전쟁하느라 엄청난 전쟁 비용을 썼습니다. 10년 동안 4조 달러 이상 썼다고 합니다. 어떤 사람은 6조 달러 이상 썼다고 합니다. 이것은 미국 경제에 큰 부담으로 작용하고 있습니다. 결국 미국의 재정적자가 너무 많아서 경제 회복이 힘듭니다. 그 주된 원인은 전쟁 비용 때문입니다. 앞으로 미국 경제 회복에 오랜 시간이 걸릴 것이라고 합니다.

뿐만 아니라 전 세계 이슬람 세력들은 더욱 더 미국에 대해 이를 갈고 있습니다. 9·11 테러로 미국 무역센터 건물이 무너졌을 때 온건한 이슬람 국가인 터키 사람들이 길거리에 나와서 춤을 추었다고 합니다. 그러나 미국 사람들은 분개했습니다. 미국의 부시 대통령은 9·11 직후 추도식에서 이렇게 말했습니다. "온 세계 사람들이 미국의 번영과 성공을 시기하고 있다." 미국이 잘 사니까 아랍 사람들이 시기한다는 것입니다. 또 미국 사람들은 "왜 온 세계가 우리를 미워하는지 모르겠다."고 합니다. 그러자 아랍 사람들은 이렇게 말했다고 해요. "온 세계가 다 알고 있는데 미국 사람들만 모르고 있다." 이처럼 서방 세계와 아랍 세계는 지금 온 세계에서 서로 반목하고 싸우고 있습니다. 유럽에서도 본토 사람들과 들어온 이슬람 사람들 사이에 갈등과 반목이 심합니다. 앞으로 상당히 심각한 문제로 발전하지 않을까 염려됩니다.

그런데 이 모든 것이 이미 성경에 예언되어 있다는 사실이 중요합니다. 지금으로부터 약 4천여년 전 아브라함 시대에 이미 예언되어 있습니다. 그 발단은 사라와 하갈 사이의 갈등, 적대 관계였습니다. 그래서 그 자손들 사이에 대대로 원수가 되었습니다. 12절에 보면 "그가 사람 중에 들나귀같이 되리니 그의 손이 모든 사람을 치겠고 모든 사람의 손이 그를 칠지며 그가 모든 형제와 대항해서 살리라."고 했습니다.[2]

이 말씀을 들은 하갈은 자기에게 이르신 여호와의 이름을 '나를 살피시는 하나님'이라고 하였습니다. "하갈이 자기에게 이르신 여호와의 이름을 나를 살피시는 하나님이라 하였으니 이는 내가 어떻게 여기서

---

[2] 전의 개역한글판에서는 "모든 형제의 동방에서"고 했는데, 히브리어 표현은 "모든 형제의 면전에서" 또는 "... 대항하여"가 된다. 문맥에 의하면 후자가 더 낫다고 한다. Cf. Gispen, *Genesis*, II, 128.

나를 살피시는 하나님을 뵈었는고 함이라."(13절) 이것을 보면, 하갈도 하나님을 믿는 믿음이 있었다 하는 것을 알 수 있습니다. 아브라함과 함께 살면서 여호와 하나님에 대해 듣고 믿었을 것입니다. 그리고 하나님은 하갈도 살피신다는 사실을 알 수 있습니다. 여종 하갈도 보시고 돌보신다는 것입니다.

그래서 하갈은 그 샘의 이름을 '브엘 라해로이'라고 불렀습니다. 히브리어로 '브엘 라하이 로이'는 살아계신 하나님의 우물이란 뜻입니다. '가데스'와 '베렛' 사이에 있더라고 했습니다(14절). 가데스는 가나안 땅 남쪽에 있고, 베렛은 어디에 있는지 모릅니다. 가데스에서 그리 멀지 않은 곳에 있었을 것입니다.

하여튼 우리가 알 수 있는 것은 하갈도 하나님을 믿었다는 사실입니다. 그리고 이스마엘도 처음에는 형식적이나마 하나님을 믿는 믿음이 있었지 않았겠나 생각됩니다. 아브라함 밑에서 자라면서 제사드릴 때 같이 드렸을 것입니다. 어쨌든 장남입니다. 아브라함에게서 하나님에 대한 말씀을 들으면서 자랐습니다. 나중에 세월이 지나서 아브라함이 죽었을 때 이스마엘도 와서 같이 장례 지냈습니다. 그러나 그 후손들에게 가서는 믿음을 잃어버리고 우상을 섬기고 다른 신들을 섬기게 되었습니다. 어쩌면 이스마엘 때부터 그랬는지도 모릅니다.

왜 그랬을까요? 사라와 하갈 사이의 적대 관계가 그 자손들 사이의 적대 관계로 이어지고, 미워하는 마음이 신앙을 떠나게 만들었을 것입니다. 미움이 서로를 갈라놓고 신앙에서도 떠나게 만들었다 하는 것을 알 수 있습니다. 따라서 미워하면 안 된다 하는 것을 알 수 있습니다.

여러분, 오늘날 우리가 전도하려면 먼저 미워하는 마음을 없애야 합니다. 사랑하는 마음을 가져야 합니다. 서로 사이가 좋아야 된다는 말입니다. 사이좋게 지내면 자연히 전도가 됩니다. 친하게 지내야 전도가 되지 속으로 미워하면 안 됩니다. "어이구 저 놈, 지옥 갈 놈!" 이렇게 하면 절대 전도가 안 됩니다.

그리고 오늘 본문에서 무엇보다 중요한 것은 하나님이 하갈의 고통을 들으시고 감찰하셨다는 사실입니다. 그리고 그의 자손들을 복 주셔서 번성하게 하셨다는 사실입니다. 물론 하나님을 믿는 복을 주시지는 않았지만, 그래도 번성하는 복을 주셨습니다. 이것도 복입니다. 그리고 무엇보다도 하나님께서 그의 고통을 들으신다는 것입니다. '이스마엘'은 하나님이 들으신다는 뜻입니다. 문법적으로 보면 '이스마엘'은 미완료로서 계속해서 들으신다는 뜻입니다. 한 번만 들으시는 것이 아니라 계속해서 들으신다는 의미입니다.

오늘날도 하나님은 이스마엘 자손들의 고통을 들으십니다. 바로 아랍 사람들의 고통입니다. 이스라엘에 있는 팔레스타인 사람들, 시내 반도의 유목민들(베두인족들), 그리고 아라비아 사람들의 고통을 들으십니다. 뿐만 아니라 혈통적으로는 다르지만 이슬람을 믿는 사람들이 많습니다. 이집트 사람들, 리비아 사람들, 이란, 이라크, 아프가니스탄 사람들, 터키 사람들 등이 있습니다. 이들이 당하는 고통을 하나님이 들으신다는 것입니다. 불쌍히 여기십니다.

이들이 왜 고통당합니까? 자기 스스로 잘못해서 당하는 것도 있고,

이슬람 종교 때문에 당하는 고통이 많습니다. 또 서양 사람들 때문에 당하는 것도 많습니다. 유럽과 미국 사람들 때문에 고통당한다는 말입니다. 그러나 이들은 자기들이 뭘 잘못했는지를 모릅니다. 서양 사람들은 자기가 의인이라고 생각하고 전 세계의 평화를 위해 힘쓰고 있다고 생각합니다. 그래서 자기들이 핵무기 가지는 것은 괜찮고 다른 나라가 가지면 안 된다고 생각합니다. 그렇지만 이스라엘은 가져도 괜찮다고 합니다. 그들이 이라크를 침공하고 아프가니스탄을 침공하고 리비아를 공격한 것도 다 정의를 위해, 세계 평화를 위해 했다고 생각합니다. 그러나 아랍 사람들은 이것을 서방 국가의 침략으로 봅니다. 자기의 이권을 위해, 자기 세력을 확장하기 위해 침략한 것이라고 봅니다. 이삭의 자손들이 이스마엘의 자손을 침략한 것으로 봅니다. 이삭의 자손들이 우수한 무기를 가지고 쳐들어오니까 이스마엘 자손들이 당할 수가 없습니다. 이스마엘 자손들은 또다시 굴욕을 맛보고 있습니다. 그러나 속으로 미국과 유럽에 대한 미움과 증오는 더욱 깊어지고 부글부글 끓어오릅니다. 참을 수 없는 모욕감과 증오감이 결국은 자살폭탄 테러로 나타납니다. 마치 들나귀처럼 모든 사람을 칩니다.

그러나 유럽 사람들과 미국 사람들은 자기가 뭘 잘못했는지 모릅니다. 속으로는 아랍 사람들을 엄청 미워합니다. 중세 시대에 십자군 원정 때 죽기 살기로 싸웠습니다. 그 전에 마호메트가 등장한 후에 기독교 세력과 이슬람 세력은 엄청 싸웠습니다. 오늘날 터키 땅은 전에는 동로마 제국이었습니다. 이스탄불은 전에 콘스탄티노플이었습니다. 동로마 제국과 이슬람 세력이 늘 싸우다가 1453년에 오스만 투르크의 군대에 의해 콘스탄티노플이 함락되었습니다. 그래서 이스탄불이 되었습니다. 이처럼 서방과 아랍 세계는 뿌리 깊은 갈등과 반목, 미움과 증오가 지배하고 있습니다.

그러나 이런 미움과 증오로는 결코 문제가 해결되지 않습니다. 복음이 전파되지 않습니다. 따라서 오늘날 유럽과 미국의 서양 기독교는 세계 문제에 대한 답이 될 수 없습니다. 유럽 교회와 미국 교회는 아랍 문제를 풀기 어렵습니다. 아랍 문제를 풀지 못하면 세계 평화는 없다고 말할 수 있습니다. 미사일과 폭탄으로는 결코 문제를 해결할 수 없습니다. 리비아 문제도 유럽과 미국이 미사일과 폭탄으로 해결했습니다. 카다피를 찾아내어서 죽이고 독재 정권을 붕괴시켰습니다. 물론 카다피가 독재를 하고 나쁜 일을 많이 해서 많은 국민이 좋아하는 듯이 보입니다만, 그러나 근본적으로 문제가 해결된 것은 아닙니다. 이슬람 종교가 있는 한 앞으로 복잡한 문제가 있을 것입니다. 폭탄으로는 문제가 해결되지 않습니다. 힘이 있다고 힘으로 밀어붙이면 더 큰 문제가 생깁니다.

유럽과 미국은 리비아에 폭탄 대신에 복음을 전했어야 합니다. 경제 원조를 하고, 개방하도록 유도하고, 선교사들을 많이 파송해서 복음을 전하고 교회를 세웠어야 합니다. 그러나 서양 선교사들로서는 아랍 선교가 힘듭니다. 왜냐하면 뿌리 깊은 증오 때문입니다. 서양 사람들은 어려서부터 아랍을 악의 세계로 배웁니다. 이슬람은 나쁜 사람들이라고 봅니다. 그러니 안 됩니다. 이라크, 아프가니스탄 문제도 총칼로는 해결이 어렵습니다. 오직 복음만이, 사랑의 복음만이 문제를 해결할 수 있습니다.

　이 점에 있어서 우리 한국 교회의 사명이 큽니다. 우리나라는 아랍 세계와 원수진 일이 없습니다. 미워할 이유가 없습니다. 오히려 옛날에 신라 시대 때부터 아랍 세계와 교역을 하면서 사이좋게 지냈습니다. 터키(튀르키예)만 하더라도 한국 전쟁 때 우리나라를 도와주었습니다. 참전 16개국 가운데 하나입니다. 그래서 우리를 '형제'라 부릅니다. 2002년 월드컵 때 우리가 터키 선수들을 응원해 주었다고 고맙게 생각하고 있습니다. 그리고 터키 지진 때 도와주어서 고맙게 여기고 있습니다. 따라서 우리나라는 터키 사람들에게 복음을 전하기에 좋은 위치에 있습니다. 복음을 전하려면 먼저 사랑하는 마음을 가져야 합니다.

　우리나라는 옛날부터 '홍익인간'의 이념을 가지고 있습니다. 우리나라의 건국이념, 고조선의 건국이념이 '홍익인간(弘益人間)'입니다. 널리 세상 사람들을 이롭게 한다는 뜻입니다. 이스마엘 자손들도 도와주고, 함 자손들도 도와주고, 야벳 자손들도 도와주고, 세상의 모든 사람을 도와주는 것이 우리나라의 건국이념입니다. 우리나라가 존재하는 이유입니다. 이것은 또한 하나님이 우리 한국 교회에 주신 사명입니다. 서양 교회가 하지 못한 것을 우리 한국 교회가 하고, 앞으로 동양 교회가 감당해야 합니다.

사랑하는 성도 여러분,

우리에게 이런 막중한 사명이 있음을 깨닫고 온 세계에 복음을 전하고 사랑을 실천하기 위해 힘쓰는 성도들이 되시기 바랍니다. 사업을 하더라도 꼭 내가 돈을 벌어야 하겠다는 생각보다도, 이 사업을 통해 다른 사람에게 이익이 되고 많은 사람을 이롭게 하고 복음이 전파되는 데 도움이 되기를 바라는 마음에서 하시기 바랍니다.

이것이 바로 하갈의 고통, 이스마엘의 고통을 들으시는 하나님의 마음에 동참하는 것이며, 하나님의 뜻을 이루는 길입니다. 여러분 모두, 이런 하나님의 사랑을 본받아 넓은 마음으로 사랑을 실천하는 성도들이 다 되시기 바랍니다. 아멘. (2011년 11월 13일 주일 오전)

16. 아브라함과 맺은 언약 (17:1-8)

1 아브람이 구십구 세 때에 여호와께서 아브람에게 나타나서 그에게 이르시되 나는 전능한 하나님이라 너는 내 앞에서 행하여 완전하라 2 내가 내 언약을 나와 너 사이에 두어 너를 크게 번성하게 하리라 하시니 3 아브람이 엎드렸더니 하나님이 또 그에게 말씀하여 이르시되 4 보라 내 언약이 너와 함께 있으니 너는 여러 민족의 아버지가 될지라 5 이제 후로는 네 이름을 아브람이라 하지 아니하고 ¹⁾아브라함이라 하리니 이는 내가 너를 여러 민족의 아버지가 되게 함이니라 6 내가 너로 심히 번성하게 하리니 내가 네게서 민족들이 나게 하며 왕들이 네게로부터 나오리라 7 내가 내 언약을 나와 너 및 네 대대 후손 사이에 세워서 영원한 언약을 삼고 너와 네 후손의 하나님이 되리라 8 내가 너와 네 후손에게 네가 거류하는 이 땅 곧 가나안 온 땅을 주어 영원한 기업이 되게 하고 나는 그들의 하나님이 되리라

1) 많은 무리의 아버지

아브라함은 75세에 가나안 땅에 들어왔습니다. "너는 너의 고향과 친척과 아버지의 집을 떠나 내가 네게 보여 줄 땅으로 가라."는 말씀에 순종하여 왔습니다. "내가 너로 큰 민족을 이루고 네게 복을 주어 네

이름을 창대하게 하리라."는 약속을 함께 주셨습니다. 그래서 아브라함은 이 약속을 믿고 하나님의 말씀에 순종하여 가나안 땅에 들어왔습니다.

그러나 하나님은 이 약속을 속히 이루어 주지 않으셨습니다. 1년이 지나고 2년이 지나고, 5년이 지나고 10년이 지나도 약속은 이루어지지 않았습니다. 20년이 지나고 23년이 지났습니다. 아브라함의 나이 99세가 되었습니다. 그러나 약속은 아직 이루어지 않았습니다. 하나님의 약속은 빈 공약처럼 보였습니다. 아브라함은 처음에는 기대하였으나 약속이 속히 이루어지지 않으니 실망했을 것입니다. 하나님에 대해 가끔 의심도 일어나고 분노도 일어나고, 때때로 짜증도 내고 신경질도 내고 했을 것입니다.

그러던 어느 날 아브라함의 나이 99세 때에 하나님이 아브라함에게 나타나서 말씀하셨습니다. "나는 전능한 하나님이라. 너는 내 앞에서 행하여 완전하라."(1절) 여기서 '전능한 하나님'은 히브리어로 '엘 샤다이'(El Shaddai)입니다. '엘'은 '하나님'이란 뜻이고, '샤다이'(정확한 발음은 '샷다이')는 '전능하다'는 뜻입니다. 하나님은 못 하시는 것이 없는, 무한한 능력을 가진 분이란 뜻입니다. 나이 든 사라에게서 자식이 태어나게 하는 것은 아무 어려움 없이 할 수 있다는 의미가 담겨 있습니다.

이 말씀을 들은 아브라함의 마음은 착잡했을 것입니다. 한편으로는 하나님의 말씀이니까 믿지만, 다른 한편으로는 믿겨지지 않았을 것입니다. 아마 속으로 피식 웃었을지도 모릅니다. "자식을 주신다고요? 그 약속을 들은 지 20년도 더 지났습니다. 이제는 지쳤습니다."

그런데 하나님은 또 말씀하십니다. "내 앞에서 행하여 완전하라." 여기서 '완전하라'는 것은 부족함이 없어야 한다는 말입니다. 흠이 없고 책망받을 일이 없어야 한다는 뜻입니다. 지금 아브라함에게는 특히 하나님을 믿는 일에 완전하라는 의미가 있습니다. 믿음이 약하여지지 말라, 하나님의 능력을 의심하지 말라는 뜻이 들어 있습니다.

그러면서 하나님은 아브라함에게 계속 말씀하십니다. "내가 내 언약을 나와 너 사이에 두어 너를 크게 번성하게 하리라."(2절) 자손이 많아지게 해 주겠다는 것입니다. 하나님의 말씀은 동일합니다. 계속 같은 약속을 반복하십니다. 그러자 아브라함은 하나님 앞에 엎드렸습니다. 굴복의 표시, 겸손의 태도입니다.

그러자 하나님은 또다시 말씀하셨습니다. "보라 내 언약이 너와 함께 있으니 너는 여러 민족의 아버지가 될지라."(4절) 여기에 '언약'(브리트)이란 말이 또 나타납니다. 히브리어 '브리트'는 원래 '자른다'(바라)는 동사에서 나왔습니다. 구약 시대에 둘 사이에 중요한 약속을 맺을 때 칼로 짐승을 잘랐습니다. 약속을 굳게 지킨다는 의미입니다.

그러면 하나님이 아브라함과 맺은 언약의 내용은 무엇일까요? 무슨 약속을 굳게 세웠을까요? 세 가지인데 간단히 살펴보겠습니다.

I. 네 자손을 번성하게 하겠다.

6절에 보면 "내가 너로 심히 번성하게 하리니 내가 네게서 민족들이 나게 하며 왕들이 네게로부터 나오리니"라고 합니다. 자손이 심히 많아지게 해 주겠다는 약속입니다. 이스라엘 나라뿐만 아니라 아랍의 여러 나라들이 아브라함에게서 나왔습니다. 그래서 아브라함은 오늘날 유대인들의 조상뿐만 아니라 아랍 사람들의 조상이라고 불립니다. 또 영적으로는 기독교인들의 조상이기도 합니다. 그래서 아브라함의 자손이 참 많습니다. 전 세계 수십억 인구가 아브라함의 자손입니다. 이처럼 하나님은 아브라함을 열국(列國)의 아비로 세웠습니다.

그리고 그의 이름을 아예 바꾸었습니다. "이제 후로는 네 이름을 아브람이라 하지 아니하고 아브라함이라 하리니 이는 내가 너를 여러 민족의 아버지가 되게 함이니라."(5절) 전에는 '아브람'이라고 불렸습니다. '아브람'은 아마도 '높음의 아버지', '뛰어남의 아버지'라는 뜻으로 생각됩니다.[1] 그런데 이제는 '아브라함'이라고 부릅니다. '많은 무리의 아버지'라는 뜻입니다.[2]

그러면 번성하는 것이 왜 중요할까요? 자손이 많아야 힘이 있고 세력이 있고 강한 나라가 될 수 있기 때문입니다. 역사적으로 고구려는 중국과 많이 싸웠습니다. 큰 나라 중국과 싸워서 요동 땅을 빼앗기도

1　Gesenius, *Hebrew-Chaldee Lexicon*, s.v.

2　Gesenius, *Hebrew-Chaldee Lexicon*, s.v.

하고, 광개토대왕 때는 영토를 크게 넓혔습니다. 그런데 그 후에 왜 고구려가 당나라에게 망했을까요? 결국 고구려의 인구가 너무 적어서 그렇습니다. 고구려가 용감하게 잘 싸웠지만 나라가 작다 보니 전쟁 피해가 막심합니다. 고구려는 5만 명의 군사를 동원하는 것도 쉽지 않습니다. 최대 10만명 정도를 동원했던 것 같습니다. 전쟁에서 몇 번 이기다가 져서 군사 몇만 명을 잃어버리면 피해가 막심합니다. 전쟁에 이겨도 몇천 명, 몇만 명의 손실이 나면 큰 타격을 받습니다. 농사지을 사람이 부족하고 물자가 부족하게 됩니다. 그래서 백성의 살림이 매우 어렵습니다. 그래서 고구려는 결국 화친을 택하게 됩니다. 이에 비해 중국은 전쟁에서 5만 명, 10만 명이 죽어도 큰 타격이 없습니다. 워낙 인구가 많으니 각 성에서 조금씩 뽑아서 보충하면 됩니다. 몇 년이 지나면 또다시 몇십만 대군을 모아서 쳐들어옵니다. 그러니 고구려가 버티고 버티다가 결국 항복하고 말았습니다.

근본원인은 백성 수가 너무 적다는 데 있습니다. 말하자면 번식이 잘 안돼서 문제입니다. 우리 한민족은 왜 번식이 잘 안되었을까요? 제 생각엔 너무 우수해서 그런 것 같습니다. 똑똑한 사람은 아이를 적게 낳습니다. 중국에 있는 조선족들도 한족에 비해 인구증가율이 뒤처지는데, 교육 수준이 높고 똑똑해서 그렇다고 합니다. 조선족들은 정부의 시책을 잘 따른다고 합니다. 그러나 한족들은 자식을 많이 낳았습니다. 그러다 보니 결국 한족이 중국 대륙을 지배하게 되었습니다.

지금 우리나라도 큰일입니다. 저마다 자녀교육에 힘쓰다 보니 자식을 많이 낳지 않습니다. 요즘은 아예 안 낳는 사람들도 많습니다. 낳아

봤자 돈만 많이 들고 귀찮다는 것입니다. 그래서 결혼도 안 하고 자녀를 낳지 않는 사람들이 많습니다.

그러나 이것은 큰 문제입니다. 앞으로 우리나라의 국력이 약해질 위험이 있습니다. 그래서 앞으로 누가 대통령이 되든 국민이 마음 놓고 자녀를 낳게 하는 정책을 펴야 합니다. 제일 중요한 것은 자녀 교육비 걱정이 없도록 만들어 주는 것입니다. 어쨌든 우리나라가 발전하려면 인구를 늘려야 합니다. 인구가 느는 것이 하나님의 복입니다.

II. 가나안 땅을 주신다.

8절에 보면 "내가 너와 네 후손에게 네가 거류하는 이 땅 곧 가나안 온 땅을 주어 영원한 기업이 되게 하고 나는 그들의 하나님이 되리라."고 합니다. '거류한다'(마구르)는 것은 임시로 머문다는 뜻입니다. 남의 땅에 외국인으로 잠시 거주하는 것을 뜻합니다. 마치 외국인 노동자와 같습니다. 그런데 아브라함과 그의 후손에게 "이 땅 가나안 온 땅을 주겠다"고 합니다. 소유로 주겠다는 뜻입니다. 이 약속은 나중에 모세와 여호수아에 의해 이루어졌습니다.

이 가나안 땅은 오늘날 무엇을 의미합니까? 천국을 의미합니다. 하나님은 아브라함의 자손들에게 천국을 주십니다. 하늘에 있는 가나안 땅을 주십니다. 오늘날 예수님을 믿는 자가 바로 아브라함의 자손입니다. 갈라디아서 3장 7절에 "그런즉 믿음으로 말미암은 자들은 아브라함의 자손인 줄 알지어다."고 합니다. 같은 장 28절에서는 "너희가 그리스도의 것이면 곧 아브라함의 자손이요 약속대로 유업을 이을 자니라."고 합니다. 따라서 오늘날 누구든지 예수님을 믿으면 진짜 가나안 땅인 천국을 차지하게 됩니다. 천국은 칼과 창으로 들어가는 것이 아니라 예수님을 믿음으로 들어갑니다.

III. 너와 네 후손의 하나님이 되어 주겠다.

7절에 "내가 내 언약을 나와 너 및 네 대대 후손 사이에 세워서 영원한 언약을 삼고 너와 네 후손의 하나님이 되리라."고 합니다. 여호와 하나님이 아브라함과 아브라함의 자손의 하나님이 되어 주겠다고 하십니다.

하나님이 되어 준다는 것은 힘든 일입니다. 그 민족을 지켜주고 보호해 주고, 위험한 일에서 건져 주고 바르게 인도해 주고, 기도하면 들어주고 전쟁 나면 도와주고 등, 하는 일이 참으로 많습니다. 그런데 그 백성이 말을 잘 듣고 순종하면 문제가 없습니다만, 말을 안 듣고 순종하지 않으면 골치가 아픕니다.

자식을 낳았는데 말을 잘 들으면 문제가 없습니다. 기쁨으로 키웁니다. 그런데 자식이 말을 안 들으면 골치 아픕니다. 말은 안 듣고 공부도 안 하고 ... 게다가 사고 치면 정말 문제입니다. 부모 사표를 내고 싶은데 받아 주는 사람이 없습니다. 회사 같으면 사표 내고 때려치워 버리면 그만이지만, 부모 노릇은 때려치울 수가 없습니다. 죽을 때까지 부모 노릇 해야 합니다. 죽어야 사표 내게 됩니다.

그런데 하나님은 아브라함에게 그와 그 자손의 하나님이 되어 주겠다고 자원하십니다. 힘들고 어려운 일을 친히 맡아 주겠다고 자원하시니 참 감사한 일입니다.

우리 성도 여러분,

오늘날 우리에게 하나님이 있다는 게 얼마나 감사하고 다행한 일인지 모릅니다. 만일 우리에게 하나님이 없다면 어디 빌 데가 없습니다. 하소연할 데가 없습니다. 그저 돌 앞에 가서 빌고 나무 앞에 가서 빌고 천지신명께 빌고, 그래도 안 되면 무당을 불러서 굿하고 할 수밖에 없는 처지입니다. 그러나 그래 봐야 소용없습니다. 더욱 못살게 되고 찌들리게 됩니다. 결국 망하고 맙니다.

그런데 천지를 지으신 하나님, 전능하신 하나님이 우리의 하나님이 되어 주신다니 얼마나 감사하고 복된 일입니까? 시편 144편 15절에 "여호와를 자기 하나님으로 삼는 백성은 복이 있도다."고 합니다. 오늘날 일본의 불행은 천조대신(天照大神)을 비롯한 여러 우상 신들을 섬기는 것 때문입니다. 천조대신은 일본 백성에게 아무런 희망을 주지 못하고 복을 주지 못합니다. 사람들을 미신에 사로잡히게 하고 옭아맵니다. 온 국민이 잘못된 사상과 미신과 관습에 포로되어 있습니다. 아무리 근면하고 성실한 백성이라도 신을 잘못 택하면 불행해진다는 것을 알 수 있습니다. 오늘날 리비아의 불행도 그렇고, 이집트의 불행도 그렇습니다. 옛날에 잘 살던 이집트인데 이슬람 종교가 들어가서 저렇게 되었습니다. 자기 나라 말도 버리고 아랍어를 사용하고 있습니다.

만일 우리나라에 이슬람이 많이 들어와서 이슬람 국가가 되면 결국 한국말이 없어지게 될 것입니다. 한글도 없어질 것입니다. 왜냐하면 이슬람에서는 반드시 아랍어로 코란을 읽고 외워야 하기 때문입니다. 날마다 아랍어를 배우고 아랍어로 코란을 읽고 암송하다 보면 결국 한국어는 사라지게 될 것입니다.

그러나 우리는 천지를 지으신 하나님, 전능하신 하나님, 살아 계신 하나님을 하나님으로 섬기니 얼마나 감사한 일인지 모릅니다. 우리를 지켜주시고 복 주시는 하나님을 신으로 모시고 있습니다.

오늘날 우리가 힘들고 어려운 일을 당하여도 낙심치 않는 것은 우리에게 하나님이 계시기 때문입니다. 시편 18편 1절에 있는 대로 "나의 힘이 되신 여호와여 내가 주를 사랑하나이다."고 고백할 수 있습니다. 또 "여호와는 나의 방패시요 나의 산성이시요 나의 피난처시요 나의 요새시요 나의 반석이시요 나의 구원의 뿔이시요 나의 하나님이시나이다."라고 고백할 수 있습니다. 우리가 기도할 때 이렇게 고백하면 힘이 나고 용기가 생깁니다. 그래서 이 하나님을 믿고 열심히 기도하면 하나님이 힘주시고 도와주시고 은혜 내려 주십니다. 여러분도 이런 하나님, 전능하신 하나님, 여호와 하나님을 믿고 고백하면서 나아가시기 바랍니다.

사랑하는 우리 성도 여러분,

아브라함에게 나타나셔서 약속하신 전능하신 하나님, 엘 샤다이 하나님이 바로 우리 하나님이십니다. 약속이 쉬 이루어지지 않아서 지치고 힘들 때, 기다리고 기다리다가 지쳐서 실망하고 낙심하고, 이제는 그저 하루하루 살아가고 있는 아브라함에게 찾아오셔서 또다시 약속하시고 언약을 맺으신 하나님이 바로 우리 하나님이십니다.

그 하나님은 때가 되면 반드시 약속을 이루시고 성취하십니다. 99세 때 아브라함에게 나타나신 하나님은 이 언약을 맺은 지 얼마 되지 않아서 사라의 배가 부르게 하시고, 1년 후에 아들이 태어나게 하셨습니다. 꿈같은 일이 이루어졌습니다. 불가능한 것 같은 일이 이루어졌습니다. 그래서 우리 하나님은 전능하신 하나님 곧 엘 샤다이 하나님인 것입니다. 꿈같은 일을 이루는 하나님이십니다.

사랑하는 성도 여러분,

여러분 모두, 이런 전능하신 하나님, 약속을 이루시는 하나님을 굳게 믿고 믿음으로 나아가시기 바랍니다. 꿈같은 일을 이루시고 영광 받으실 하나님을 바라보면서 끝까지 믿음으로 나아가는 성도들이 되시기 바랍니다. 그래서 여러분을 통해 하나님의 큰 뜻이 이루어지고 하나님의 영광이 나타나기를 바랍니다. 여러분 모두, 하나님을 잘 섬기고 하나님께 영광 돌리는 성도들이 다 되시기 바랍니다. 아멘.
(2011년 11월 27일 주일 오전)

17. 할례 언약 (17:9-14, 23-27)

9 하나님이 또 아브라함에게 이르시되 그런즉 너는 내 언약을 지키고 네 후손도 대대로 지키라 10 너희 중 남자는 다 할례를 받으라 이것이 나와 너희와 너희 후손 사이에 지킬 내 언약이니라 11 너희는 포피를 베어라 이것이 나와 너희 사이의 언약의 표징이니라 12 너희의 대대로 모든 남자는 집에서 난 자나 또는 너희 자손이 아니라 이방 사람에게서 돈으로 산 자를 막론하고 난 지 팔일만에 할례를 받을 것이라 13 너희 집에서 난 자든지 너희 돈으로 산 자든지 할례를 받아야 하리니 이에 내 언약이 너희 살에 있어 영원한 언약이 되려니와 14 할례를 받지 아니한 남자 곧 그 포피를 베지 아니한 자는 백성 중에서 끊어지리니 그가 내 언약을 배반하였음이니라 … 23 이에 아브라함이 하나님이 자기에게 말씀하신 대로 이 날에 그 아들 이스마엘과 집에서 태어난 모든 자와 돈으로 산 모든 자 곧 아브라함의 집 사람 중 모든 남자를 데려다가 그 포피를 베었으니 24 아브라함이 그의 포피를 벤 때는 구십구 세였고 25 그의 아들 이스마엘이 그의 포피를 벤 때는 십삼 세였더라 26 그 날에 아브라함과 그 아들 이스마엘이 할례를 받았고 27 그 집의 모든 남자 곧 집에서 태어난 자와 돈으로 이방 사람에게서 사온 자가 다 그와 함께 할례를 받았더라

하나님은 아브라함과 언약을 맺으시고 나서 언약의 표로서 아브라함에게 할례를 행하라고 하셨습니다. 아브라함과 그의 후손들 중 남자들은 전부 다 할례를 받았습니다. 여러분, 할례(割禮)가 무엇입니까? 남자 아이의 포피(包皮)를 베는 것입니다. 개역한글판에서는 '양피(陽皮)'라고 했습니다. 요즘 말로는 포경수술이라고 합니다.

유대인들은 남자 아기가 태어나면 난 지 8일 만에 할례를 받습니다. 친지들이 모인 가운데 할례 전문가가 칼로써 포피를 싹둑 잘라냅니다. 그러면 아프겠지요? 며칠 동안은 아파서 끙끙거립니다. 어려서 아기 때 하는 것이 좋다고 하는 말도 있고, 또 할례받는 게 의학적으로 좋다, 아니다 하는 논란이 있습니다.

그러면 할례는 왜 할까요? 그것은 하나님이 하라고 하셨기 때문입니다. 하나님의 명령이기 때문입니다. 10절에 "너희 중 남자는 다 할례를 받으라."고 했습니다. 그러면 하나님은 왜 할례를 행하라고 명령하셨을까요? 거기에는 이유가 있습니다. 10절 하에 보면 "이것이 나와 너희와 너희 후손 사이에 지킬 내 언약이니라."고 했습니다. '언약'은 약속이란 뜻입니다. 굳게 맺은 약속입니다. 11절에서는 이렇게 말합니다. "너희는 포피를 베어라. 이것이 나와 너희 사이의 언약의 표징이니라." 언약의 '표징'(表徵, 오트)은 언약의 표란 뜻입니다.

하나님께서 아브라함과 세운 언약의 내용은 세 가지라고 했습니다(창 17:1-8). 1) 네 자손을 번성하게 하겠다. 2) 가나안 땅을 너와 네 후손에게 주겠다. 3) 나는 너의 하나님이 되어 주겠다. 이런 언약을 맺었는데, 이 언약에 대한 표로서 할례를 주신 것입니다. 그러니까 할례는 하나님이 아브라함과 맺은 언약에 대한 증거입니다.

여러분, TV 드라마에 보면 고려 시대 말기에 정중부를 비롯한 몇 명이 혁명을 하기로 굳게 약속하고 나서 말의 피를 사발에 담아서 나누어 마십니다. 피를 마시는 것은 약속을 굳게 지키겠다는 표입니다. 절대 배신하지 않겠다, 배신하면 바로 죽음이라는 의미를 담고 있습니다. 또 삼국지에 보면, 유비와 관우와 장비가 도원결의를 하고 의형제가 되기로 약속하고 나서 어떻게 합니까? 돼지를 잡아서 피를 마십니다. 이런 것은 다 약속이 확실하다, 그 약속을 꼭 지키겠다는 표입니다.

이와 마찬가지로 하나님은 아브라함에게 할례라는 언약의 표를 주셨습니다. 이 할례를 볼 때마다 하나님이 아브라함과 맺은 언약을 생각하고 꼭 지키라는 뜻입니다. 물론 하나님이 이 약속을 지킬 것입니다만, 아브라함과 그 후손들은 하나님을 잘 믿고 섬겨야 한다는 의무가 있습니다. 다른 신을 섬기지 말아야 합니다.

이 할례는 아브라함의 자손뿐만 아니라 아브라함의 집에 있는 모든 남자가 다 받아야 했습니다. 종들과 이방인들도 다 할례를 받아야 했습니다. 누구든지 아브라함의 집에 있는 사람은 남자라면 다 할례를 받아야 했습니다. 만일 할례를 받지 않으면 백성 중에서 끊어질 것이라고 합니다. 왜냐하면 그가 하나님의 언약을 배반하였기 때문입니다. 그래서 이 언약은 자자손손 대대로 지켜야 합니다. 그래서 '영원한 언약'이라고 말합니다(13절).

아브라함은 그 날에 바로 할례를 행했습니다. 당장 하나님의 말씀에 순종한 것을 알 수 있습니다. 아브라함은 집에 있는 남자들을 전부 불러 모았습니다. 그리고는 칼을 준비했습니다. 쇠칼이었는지 돌칼이었는지는 모릅니다. 그 날에 모든 남자들의 포피를 베었습니다. 수백 명이 한 날에 할례를 받았습니다. 그때 아브라함의 나이 99세였습니다. 그의 아들 이스마엘의 나이는 13세였습니다. 하갈에게서 난 아들이었습니다. 그래도 아브라함의 아들입니다. 당시로서는 유일한 장남이었습니다. 그 외에 아브라함의 집에 있는 종들도 다 할례를 받았습니다.

그러나 오늘날 신약 시대에는 더 이상 할례를 행하지 않습니다. 물론 유대인들은 오늘날도 행합니다. 그러면 왜 우리는 더 이상 할례를 행하지 않습니까? 그 이유는 우리는 세례를 받기 때문입니다. 신약 시대에는 세례가 할례를 대신합니다. 골로새서 2장 11절에 보면 "또 그 안에서 너희가 손으로 하지 아니한 할례를 받았으니 곧 육의 몸을 벗는 것이요 그리스도의 할례니라."고 합니다. '그리스도의 할례'는 곧 '세례'라고 말합니다(12절).

여러분, '세례(洗禮)'의 의미가 무엇입니까? 육의 몸을 벗는 것입니다. 그리스도와 함께 장사되는 것을 의미합니다. 죄에 대해 죽는 것을 의미합니다. 죄 가운데 살던 옛사람이 죽고 그리스도와 함께 새사람으로 산다는 것을 의미합니다. 이 '세례'는 '그리스도의 할례'입니다. 따라서 세례받은 사람은 그리스도의 할례를 받은 사람입니다.

아브라함이 할례를 행할 때에 어린아이들도 다 할례를 받았습니다.

13살인 이스마엘도 할례를 받았습니다. 그 외에 종들에게서 난 남자 어린아이들과 아기들이 다 할례를 받았습니다. 그 후로는 남자 아기가 태어나면 8일만에 할례를 받았습니다.

따라서 오늘날 우리가 '유아세례'를 주는 것이 옳다는 것을 알 수 있습니다. 우리가 유아에게 세례를 주는 이유는 구약 시대에 어린아이에게 할례를 행했기 때문입니다. 난 지 8일만에 할례를 행했습니다. 우리나라에서는 대개 1살, 2살이 되어서 유아세례 받는 경우가 많은데, 원칙은 가능하면 태어난 지 얼마 되지 않아서 빨리 받는 게 옳습니다.

네덜란드의 개혁교회에서는 아기가 태어나면, 대개 태어난 그 주간에 돌아오는 주일은 지나고 그다음 주일에 유아세례를 받습니다. 월요일에 태어나면 그 주일은 건너뛰고 그다음 주일에 받습니다. 14일만에 받는 것이지요. 토요일에 태어나면 이튿날 주일은 건너뛰고 그다음 주일에 받습니다. 그러면 9일만에 받는 것이지요. 사실 산모가 교회까지 오는 것은 좀 무리이지만 서양 여자들은 건강하게 잘 옵니다. 그러나 옛날에 유대인들은 집에서 할례를 받았습니다. 그러니까 8일만에 할례를 받는 데 무리가 없었던 거지요.

어쨌든 오늘날 우리가 유아세례를 주는 것은 구약 시대 할례의 계승입니다. 하나님이 어린아이, 아기에게도 할례를 행하라고 명하셨기 때문에 오늘날 우리는 어린아이에게 유아세례를 주는 것입니다.

그러면 '할례' 곧 '세례'는 어떤 의미가 있는 것일까요? 이것은 우리가 언약의 백성이라는 것을 나타내는 표입니다. 하나님이 아브라함과 맺은 언약을 기억하고 마음에 새긴다는 표입니다. 그 언약을 기억하고 지키겠다는 의미입니다. 곧 여호와 하나님이 우리 하나님이 되시고, 우리는 그의 백성이라는 것을 나타내는 표입니다. 그리고 가나안 땅 천국을 우리에게 주실 것이라는 하나님의 약속을 우리가 기억하고 그 언약 가운데 살겠다 하는 다짐입니다.

따라서 우리는 어린아이를 소홀히 여기면 안 됩니다. 어린아이, 아기도 하나님의 백성이다, 하나님의 언약 가운데 있다는 것을 생각해야 합니다. 따라서 어린아이도 주일이 되면 부모와 함께 교회에 와서 예배드려야 합니다. 왜냐하면 어른들만 하나님의 백성이 아니고, 어린아이들도 하나님의 백성이기 때문입니다. 할례는 아브라함만 받은 게 아니고 어린이들도 받았고 아기들도 받았고 또 외국인들과 종들도 다 받았습니다. 아브라함의 집에 있는 사람들은 다 하나님의 언약 안에 있었습니다.

따라서 어린아이라고 교회에서 무시하면 안 됩니다. "어린아이는 예배드리는 데 오지 말고 저기 가서 놀아!" 이렇게 하면 안 됩니다. 우리나라는 옛날부터 "애들은 가라!"고 했습니다. 시골 장날에 약장사가 와서 재미있는 마술을 보여 주면서 약을 파는데, 동네 아이들이 와서 구경하고 있으면 "애들은 가라!"고 합니다. 장사하는 데 도움이 안 되기 때문입니다. 그리고 유교에서는 제사 지낼 때 어린아이들은 안 지내도 됩니다. 원래는 어른들만 지냅니다. 여자들은 그 시간에 부엌에서 음식 준비를 합니다. 전과 부침개 등 맛있는 요리를 만들고 있습니다. 맛본다고 하면서 날름날름 먹고 있습니다. 유교는 철저히 남자 중심, 어른 중심입니다. 그래서 어린아이들을 무시합니다. 그래서 그런지 우리나라 교회에서는 대부분 어린아이들을 모아서 따로 예배드립니다. "어른 예배에는 오지 마!"라고 합니다. 떠든다고 오지 마라고 합니다. 마치 약장사가 "애들은 가라!"고 하는 것과 비슷합니다.

그러나 우리는 어린아이들도 어른들과 같이 예배드리도록 하는 것이 옳습니다. 예배는 어른들과 아이들이 함께, 남녀노소 다 함께 드려야 합니다. 또 주일날에 어린아이라고 집에 두고 오면 안 됩니다. "너는 집에 있어. TV 보고 놀아." 이렇게 하면 안 됩니다. 또는 "엄마 아빠는 교회 갔다 올게." 이렇게 하면 안 됩니다. 어린아이들도 어른들과 마찬가지로 언약의 백성입니다. 함께 예배드릴 권리가 있습니다.

또 부모는 자기 자녀를 신앙으로 양육할 의무가 있습니다. 유아세례 할 때 부모가 하나님 앞에서 서약합니다. "이 아이가 하나님 앞에서 믿음으로 잘 자라도록 말씀과 기도로 양육하겠습니다."라고 서약합니다. 여러분, 하나님 앞에서 서약한 것은 반드시 지켜야 합니다. 말씀과 기도로 양육해야 합니다. 그러면 어려서부터 주일이 되면 교회에 데리고 와서 함께 예배드려야 합니다. 처음에 조금 떠들어도 몇 달 지나면 조용해집니다. 네덜란드 개혁교회에서는 만 4세가 되면 어린이들이 부모와 함께 예배드립니다. 그보다 어린 아기들은 유아실에 따로 모아서 선생이 돌봅니다.

그런데 이렇게 할례를 받은 아브라함의 자손들은 후에 어떻게 되었습니까? 아브라함의 자손들, 이스라엘 백성은 후에 실제로 어떻게 되었을까요? 하나님이 명하신 대로 난 지 8일만에 할례를 행했습니다. 이 계명을 잘 지켰습니다. 오늘날도 유대인들은 꼭 할례를 행합니다. 4천년이 지났지만 아직도 잘 지키고 있습니다. 대단합니다. 그러나 형식적으로 할례는 행했지만 마음은 하나님에게서 멀어졌습니다. 하나님의 계명은 안 지키고 형식적으로 할례만 행했습니다.

유대인들은 지금도 안식일을 철저히 지킵니다만 기계적으로 지킵니다. 예를 들면, 오늘 안식일이 끝나는 시간이 오후 6시 43분이라고 하면(유대 달력에 시간이 표시되어 있음), 토요일(안식일) 저녁 6시 43분이 지나자마자 차 타고 나가서 쇼핑하거나 놉니다. 아마도 아이들은 그때부터 컴퓨터를 켜서 게임을 시작할 것입니다.

지금도 정통 유대인들은 레위기에 있는 말씀을 따라 부정한 음식을 먹지 않습니다. 돼지고기는 절대 먹지 않고, 낙타고기와 토끼고기도 먹지 않습니다. 되새김질하지 않는 것이나 굽이 갈라지지 않은 것은 먹지 않습니다. 또 땅에 기는 것이나 물고기도 지느러미 없는 것은 먹지 않습니다. 이 외에도 여러 가지로 상당히 복잡합니다.

그래서 유대 랍비들이 무슨 위원회를 구성해서 식당마다 점검합니다. 이 식당은 음식 재료로 부정한 것을 사용했나 안 했나? 철저히 검사합니다. 그래서 이 위원회가 합격 판정하면 음식점에 무슨 인증마크를 답니다. 그러면 정통 유대인들은 이런 인증마크 있는 식당에 가서 식사를 한다고 합니다.

이처럼 지금 유대인들의 신앙은 이런 형식적이고 의식적이고 기계적인 것으로 흐르고 말았습니다. 그러면서 하나님이 보내신 아들, 독생자 예수님을 믿지 않고 배척했습니다. 예수님을 믿는 사람들을 이단으로 보고 배척하고 핍박합니다. 이스라엘 역사를 보면, 이스라엘 백성이 여호와 하나님을 버리고 다른 신들을 섬기고 나쁜 짓을 많이 행했습니다. 그렇게 되니까 할례가 의미 없게 되었습니다. 육체의 할례는 받았지만, 하나님을 안 섬기고 하나님의 계명을 지키지 않으니 그 할례가 무슨 소용이 있겠습니까?

그래서 사도 바울은 말합니다. "만일 네가 율법을 행하면 할례가 유익하나 만일 율법을 범하면 네 할례는 무할례가 되느니라."(롬 2:25) 모세도 이미 이것을 말했습니다. "그러므로 너희는 마음에 할례를 행하고 다시는 목을 곧게 하지 말라."(신 10:16; cf. 신 30:6) 예레미야도 "… 너희는 스스로 할례를 행하여 너희 마음 가죽을 베고 나 여호와께 속하라."고 했습니다(렘 4:4). 마음 가죽을 베어야 한다는 말입니다.

여러분, 마음 가죽이 얼마나 두껍고 단단한지 좀처럼 안 베어져요. 하나님의 말씀을 안 듣고 엇길로 가려는 마음 가죽이 워낙 단단합니다. 그런데 이 마음 가죽을 베어야만 바른 길을 가게 됩니다. 하나님께로 돌아와서 하나님의 말씀을 잘 듣게 됩니다. 마음에 할례를 받아야 한다, 마음이 변해야 한다는 것입니다.

그러면 어떻게 하면 마음이 변하겠습니까? 어떻게 해야 마음에 할례를 받을 수 있을까요? 말로 한다고 되는 게 아닙니다. 내내 노는 아이에게 "공부 좀 해라."고 말한다고 공부할까요? 아닙니다. 자꾸 말하면 아이가 "어이, 잔소리 그만해."라고 합니다. "책 좀 읽어라."고 하면 "또 그 소리, 지겹다."고 합니다. 따라서 말로 하는 것은 소용이 없습니다. 도리어 역효과가 납니다. 그럼 어떻게 해야 할까요?

차라리 유인 작전을 쓰는 게 낫습니다. "얘야, 너 공부하면 맛있는 부침개 해 줄게." 아니면 "피자 시켜 줄게." 그러면 처음에는 "와! 신난다." 하면서 책을 펴서 공부를 조금 합니다. 그런데 그것도 잠시뿐, 몇 번 하면 먹는 것만 홀랑 받아먹고 공부는 안 합니다. 그리고는 "아, 배부르니까 졸려." 하면서 책상 위에 엎드려 잡니다. 먹기만 하고 공부는 안 합니다. 마치 미끼만 빼먹고 달아나는 물고기와 같습니다. 그래서 이런 방법, 저런 방법 다 써 봐도 별로 효과가 없습니다.

그럼 어떻게 해야 할까요? 하나님께 기도해야 합니다. 하나님께서 이 아이에게 성령을 주셔서 마음을 움직여 주시도록 기도해야 합니다. 하나님께서 새 마음을 주시도록 기도해야 합니다. 새 마음을 주셔서 책 읽는 것을 좋아하고 공부하는 것을 좋아하게 해 달라고 기도해야 합니다. 게임보다는 공부를 좋아하고, 음악보다는 어학을 좋아하도록 기도해야 합니다. 자기가 알아서 즐겁게 공부하도록, 자기주도적 학습을 하도록 기도해야 합니다. 그래서 그 마음이 움직여야 문제가 해결되고 좋은 결과가 나오는 것입니다.

요즈음 보니까 누구 집 아이와 누구 집 아이들이 말을 잘 안 들으려고 하는 것 같아요. 전에는 착한 것 같더니 요즘 들어 집중력이 없고 산만하고 떠들고 딴짓하려고 하는 것 같아요. 이걸 보니까 그 엄마들이 기도를 많이 안 하는구나! 하는 것이 느껴집니다. 엄마들이 요즈음 기도를 많이 안 하니까 아이들이 산만해진다, 집중력이 떨어진다고 생각이 돼요. 따라서 부모가 자녀를 위해 기도를 많이 해야 합니다. 그리고 부모가 성경을 읽고 마음을 경건하게 다잡는 게 중요합니다. 그리고 자녀들을 사랑하는 게 중요합니다. 자녀들을 사랑으로 잘 돌보아야 합니다. 오래 참음과 인내와 사랑이 중요합니다. 그래서 마음이 변화되어야 참 마음으로 하나님을 섬기고 하나님의 말씀을 지켜 행하게 됩니다.

그러므로 사랑하는 성도 여러분,

여러분 모두, "하나님께서 우리 마음에 성령을 보내 주셔서 우리의 마음을 움직여 주옵소서!"라고 기도하시기 바랍니다. "우리 아들딸의 마음에 새 영을 부어 주셔서 새 마음을 주옵소서!"라고 기도하시기 바랍니다. 어린이들은 "우리 어머니, 아버지 마음에 성령을 주셔서 화 안 내게 해 주세요."라고 기도하시기 바랍니다. 그리고 우리 모두에게 성령을 주셔서 자원하는 마음으로 하나님을 섬기도록 해 달라고 기도하시기 바랍니다.

여러분 모두, 마음에 할례를 받아서 참 마음으로 하나님을 섬기고 하나님 앞에 바로 행하는 자녀들과 부모들이 되도록 기도하는 성도들이 다 되시기 바랍니다. 아멘. (2011년 12월 4일 주일 오전)

18. 열국의 어미 사라 (17:15-22)

15 하나님이 또 아브라함에게 이르시되 네 아내 사래는 이름을 사래라 하지 말고 ²⁾사라라 하라 16 내가 그에게 복을 주어 그가 네게 아들을 낳아 주게 하며 내가 그에게 복을 주어 그를 여러 민족의 어머니가 되게 하리니 민족의 여러 왕이 그에게서 나리라 17 아브라함이 엎드려 웃으며 마음속으로 이르되 백 세 된 사람이 어찌 자식을 낳을까 사라는 구십 세니 어찌 출산하리요 하고 18 아브라함이 이에 하나님께 아뢰되 이스마엘이나 하나님 앞에 살기를 원하나이다 19 하나님이 이르시되 아니라 네 아내 사라가 네게 아들을 낳으리니 너는 그 이름을 ³⁾이삭이라 하라 내가 그와 내 언약을 세우리니 그의 후손에게 영원한 언약이 되리라 20 이스마엘에 대하여는 내가 네 말을 들었나니 내가 그에게 복을 주어 그를 매우 크게 생육하고 번성하게 할지라 그가 열두 두령을 낳으리니 내가 그를 큰 나라가 되게 하려니와 21 내 언약은 내가 내년 이 시기에 사라가 네게 낳을 이삭과 세우리라 22 하나님이 아브라함과 말씀을 마치시고 그를 떠나 올라가셨더라

  2) 여주인　3) 웃음

오늘 읽은 본문은 사라를 중심으로 말씀하고 있습니다. 하나님이 사라에게 복을 주어서 열국의 어미, 여러 민족의 어머니가 되게 해 주시겠다고 합니다. "또 사라가 아들을 낳을 것이다. 너는 그 이름을 이삭이라 하라. 나는 그 이삭과 언약을 세울 것이다."고 말씀하십니다. 그래서 오늘 이 시간에는 열국의 어미 사라에 대해 생각해 보겠습니다.

사라는 본명이 사래였습니다. 원래 발음은 '사라이'인데, 우리말 성경에 '사래'라고 되어 있습니다. 왜 사래가 되었을까요? 중국어 성경에 '살래(撒萊)'라고 되어 있는데, 중국어 발음은 '사라이(sālái)'입니다. 그래서 우리말 성경에 '사래'가 된 것으로 추측됩니다. 그러나 원래 히브리어 발음은 '사라이'입니다. 뜻은 '공주, 여군주, 여주인, 귀부인'으로 생각됩니다(Gesenius). 오늘날 터키어에 그 흔적이 남아 있는데, 터키어로 '사라이'는 궁전을 뜻합니다. 예를 들어 톱카프 사라이(톱카프 궁전), 돌마바흐체 사라이(돌마바흐체 궁전) 등이 있습니다.

그런데 하나님은 '사래(사라이)'의 이름을 '사라'로 바꾸셨습니다. "하나님이 또 아브라함에게 이르시되 네 아내 사래는 이름을 사래라 하지 말고 그 이름을 사라라 하라."(15절) '사라'는 '공주, 귀부인'(princess, noble lady)이란 뜻인데,[1] '사라이'와 뜻이 같습니다. 굳이 차이가 있다면 '사라이'는 '나의 공주', '나의 여군주'란 뜻이고, '사라'는 그냥 '공주', '여군주'란 뜻입니다. 즉, 단지 아브라함의 아내로서 그

---

1 Gesenius, *Hebrew-Chaldee Lexicon*, s.v.

치는 게 아니라 '열국의 공주', '열국의 여군주'란 뜻입니다.[2]

어쨌든 중요한 것은 이름을 바꾸었다는 것입니다. 이름을 바꾼다는 것은 그 사람의 생애에 큰 변화가 있다는 뜻입니다. 근본적으로 큰 변화가 있다는 말입니다. 왜냐하면 이름은 그 사람의 존재, 신분을 나타내기 때문입니다. 아브람(많은 무리)이 아브라함(열국의 아비)이 되고, 사래(여주인)가 사라(열국의 어미)가 되고, 야곱(발뒤꿈치를 잡음)이 이스라엘(하나님을 이김)이 되는 것처럼, 인생에 있어서 큰 변화가 있는 것을 의미합니다.

그래서 우리도 이름을 한번 바꾸었으면 좋겠다 싶은 생각이 들기도 합니다. 우리 교회 아이들 이름을 현명, 총명, 수재, 지혜로 바꾸면 어떨까 하는 생각도 해 봅니다. 그러나 하나님은 이보다 더 근본적으로 이름을 바꾸십니다. 곧 '내 아들', '내 딸'이라고 하십니다. 하나님의 아들딸, 이것은 최고 좋은 이름입니다.

그러면 하나님은 왜 '사래'의 이름을 '사라'로 바꾸셨을까요? 16절에 그 이유가 나와 있습니다. "내가 그에게 복을 주어 그로 네게 아들을 낳아 주게 하며 내가 그에게 복을 주어 그로 여러 민족의 어머니가 되게 하리니 민족의 여러 왕이 그에게서 나리라." 사라에게서 여러 민족이 나올 것이란 말입니다. 여러 민족의 왕들이 사라에게서 나올 것이란 말입니다. 그래서 사라는 여러 민족(열국)의 어미라 불릴 것이란 말입니다.

---

[2] J. Calvin, *Genesis*, tr. J. King (Grand Rapids: Eerdmans, 1847), I, 459(창 17:15 주석 중)과 거기에 있는 번역자의 노트.

그러자 아브라함이 어떤 반응을 보였습니까? "할렐루야! 감사합니다." 했을까요? 아닙니다. 17절에 보면 "아브라함이 엎드려 웃으며 마음속으로 이르되 백세 된 사람이 어찌 자식을 낳을까? 사라는 90세니 어찌 출산하리요?"고 했습니다. 아브라함은 웃었습니다. 피식 웃었습니다. 비웃는 것은 아니라 할지라도 '좀 같잖다', '우습다' 정도입니다. 안 믿긴다는 것입니다. "백세 된 사람이 어찌 자식을 낳을 수 있을까?" 라는 것입니다. 정확하게 말하자면 이때 아브라함은 99세였습니다. 더 중요한 것은 사라입니다. 사라의 나이는 90세인데 어찌 생산할 수 있는가? 불가능하다, 안 믿긴다는 것입니다. 그래서 피식 웃었습니다.

그런데 박윤선 박사는 아브라함의 이 웃음은 불신앙의 웃음이 아니라 하나님의 약속을 믿어 기뻐함이라고 해석했습니다.[3] 참 순진한 해석입니다. 박윤선 박사의 주석에 이런 순진한 해석이 더러 있습니다. 칼빈도 그렇게 해석했는데, 조금 조심스럽기는 하지만 비슷합니다.[4] 그러나 여기서는 분명히 아브라함의 불신앙을 말합니다. 믿지 못해서 웃은 것입니다.[5] 아브라함 스스로 그것을 말하고 있습니다. "백세 된 사람이 어찌 자식을 낳을까?"(17절). 곧 불가능하다, 못 믿겠다는 말입니다.

이처럼 믿음의 조상이라 불리는 아브라함도 한편으로는 하나님을

---

3 박윤선, 『창세기 출애굽기』, 13판 (서울: 영음사, 1981), 243.

4 칼빈은 아브라함의 웃음은 부분적으로는 기쁨 때문에, 부분적으로는 (하나님에 대한) 존경과 당황 때문이라고 본다. Cf. Calvin, *Genesis*, I, 459f.

5 Aalders, *Genesis*, II, 66.

잘 믿어서 칭찬받았지만, 다른 한편으로는 하나님의 약속을 온전히 믿지 못하고 의심하기도 했습니다. 이것이 사람입니다. 예수님의 제자들도 늘 예수님을 믿고 따라다녔지만, 갑자기 풍랑이 일고 파도가 일어나서 배가 위태하게 되었을 때에는 "주여, 구원하소서. 우리가 죽겠나이다."라고 소리 질렀습니다. 그러자 예수님은 "믿음이 작은 자들아!"라고 책망했습니다(마 8:26). 예수님을 늘 따라다니고 말씀을 듣고 이적을 보고 했지만, 막상 어려운 일을 당하면 믿음이 작은 게 드러나고 맙니다. 이게 우리 인생이고 사람입니다. 아브라함도 마찬가지입니다. 하나님을 믿고 의롭다 함 받았지만, 열국의 아비라는 이름도 얻었지만, 하나님이 아들을 주시겠다고 하니까 피식 웃은 것입니다. "현실적으로 도무지 불가능하다. 농담 마십시오."라는 뜻입니다.

그러면서 아브라함은 하나님께 제안했습니다. "이스마엘이나 하나님 앞에 살기를 원하나이다."(18절) 이스마엘은 사라가 아브라함에게 준 여종 하갈이 낳은 아들입니다. 사라가 아기를 낳지 못하자 자기 여종 하갈을 아브라함에게 첩으로 주었습니다. 그러자 하갈은 보란 듯이 아들을 낳았습니다. 이스마엘입니다. 하나님이 지어 주신 이름입니다. 그런데 그 이스마엘이 자라서 이제 나이 13살이 되었습니다.

아브라함은 "이스마엘이나 하나님 앞에 살기를 원합니다."고 했습니다. 이스마엘을 후사로 삼기 원한다는 뜻입니다. 자꾸만 "아들 준다", "아들 준다" 이런 말 그만하시고 지금 있는 이스마엘을 후사로 삼았으면 좋겠다는 뜻입니다. 이스마엘도 아브라함의 아들입니다. 아브라함의 몸에서 난 아들입니다. "그러니 됐지 않습니까?"는 의미입니다.

아브라함의 이 말은 우리가 여러 가지로 생각할 수 있는데, 우선 아브라함은 자기 나름대로 '대안'을 생각하고 있었다는 것을 알 수 있습니다. '대안'(代案, alternative)이란 현재 계획하고 있는 일이 안 될 경우에 대비하는 차선책을 말합니다. 사람은 늘 대안을 생각합니다. 이것이 안 되면 저것, 저것이 안 되면 또 다른 것 등, 늘 대안을 생각합니다. 이 대안을 생각해 두지 않으면 낭패를 당하기 쉽습니다.

예를 들어 집값이 계속 오를 줄 알고 빚을 많이 내어 집을 산 사람은 갑자기 금리가 오르고 집값이 떨어지면 어떻게 할 것인가? 그럴 경우에 빚을 갚을 방안을 미리 생각해 두지 않은 사람은 낭패를 봅니다. 이처럼 우리는 일이 계획대로 안 될 경우에 어떻게 할 것인지 대안을 미리 마련해 두어야 합니다. 그런데 어떤 사람은 "야! 골치 아프다. 하나만 생각해도 머리 복잡한데, 두 개 생각하려니 머리 아프다. 그냥 좋은 방향으로만 생각하자. 다 잘될 거야."라고 합니다. 이런 사람은 나중에 낭패를 당하기 쉽습니다. 우리는 늘 좋은 것만 생각할 것이 아니라 안 좋은 것도 미리 생각해 두어야 합니다.

진짜 지혜로운 사람은 대안을 두 개, 세 개 생각해 둡니다. 예를 들어 은행에서 돈을 빌려서 집을 산 사람은 갑자기 금리가 오르고 경제가 안 좋아서 빚을 못 갚게 될 경우에, 첫째로 일단 땅이 있으면 땅을 판다. 그러나 땅이 안 팔릴 경우엔 두 번째 대안으로, 자동차를 팔고 자전거도 팔고 또 컴퓨터와 스마트폰과 게임기를 다 판다. 그리고 학원도 끊고 외식도 끊는다. 피자, 치킨은 아예 없다. 그래도 안 되면 세 번째 대안으로는, 집을 경매에 넘기고 쫓겨난다. 강원도 산골에 어떤 버려진 폐가에 들어가서 나물 캐고 약초 캐며 산다. 아이들 학교도 다 때려치우고, 산에 가서 멧돼지 잡으며 산다. 재미있겠지요? 이런 식으로 일이 잘 안 되는 경우에 대비책을 마련하는 게 대안입니다.

여기 성경에 보면 아브라함도 대안을 마련해 두었다는 것을 알 수 있습니다. 하나님이 아들을 주시겠다고 늘 약속하셨는데, 한편으로 그것을 믿으면서도 다른 한편으로 만일 그것이 안 될 경우에는 이스마엘을 후사로 세운다는 계획을 가지고 있었습니다. 이스마엘이 대안이었습니다. 하나의 복안이었습니다.

뿐만 아니라 아브라함의 이런 생각에는 더 깊은 측면이 있는데, 아브라함의 내적 심리를 한번 생각해 봅시다. 아브라함의 생각엔 사라에게서 아들이 나면 좋지만, 그것이 제일 이상적이고 제일 좋지만, 그러나 현실적으로 사라는 이미 늙었고 아이를 낳을 수 없는 상태입니다. 그러니 만일 사라가 끝내 아이를 낳지 못하면 첩 하갈에서 난 아들이면 어떠냐? 사라가 좋긴 하지만, 정부인이고 같은 셈족 혈통이고, 그래서 좋지만 문제는 아이를 낳지 못하니 빛 좋은 개살구가 아니냐? 이에 비해 하갈은 애굽 여종이고 잘생긴 것은 아니지만 튼튼하고 아기를 잘 낳으니 모양은 없어도 실용적입니다. '꿩 대신 닭'이라는 말처럼, 사라가 안 되면 하갈이 있지 않으냐?

아브라함의 이런 생각은 은연중 사라를 무시하는 태도가 들어 있습니다. "사라, 당신 없으면 못 살아. 당신 아니면 안 돼!" 꼭 그런 건 아니라는 것입니다. 결국 안 되면 최후에는 사라를 제치고 하갈을 택할 수도 있다는 뜻입니다. 사라가 들었으면 크게 섭섭할 뻔했습니다. "이 영감이 나만 사랑하는 줄 알았더니 … 두 마음을 품고 있었구먼." 아브라함이 꼭 두 마음을 품은 것은 아니지만, 그러나 현실이 그런 걸 어떡합니까? 사라가 아들을 못 낳으니 이스마엘이라도 세워야 하지 않겠습니까? 그래야 종들을 거느리고 산업을 경영할 수 있습니다. 아브라함 부족은 일종의 소왕국입니다. 그래서 이래저래 아브라함의 생각이 복잡합니다. 머리가 아픕니다.

그런데 아브라함의 이러한 생각에 대해 하나님이 제동을 거셨습니다. 하나님이 분명히 반대하셨습니다. "아니라. 네 아내 사라가 정녕 네게 아들을 낳으리니 너는 그 이름을 이삭이라 하라. 내가 그와 내 언약을 세우리니 그의 후손에게 영원한 언약이 되리라."(19절) 사라가 아들을 낳을 것이다. 하갈이 낳은 아들 이스마엘은 아니다. 하나님은 아브라함의 대안을 산산조각 내버리십니다. 아브라함의 인간적인 생각을 휴지로 만들어 버리십니다. 그러면서 동시에 아브라함의 '꿩 대신 닭'이라는 얄팍한 생각을 꾸짖으십니다. "어디 본부인 사라를 두고 첩 하갈의 자식을 후사로 세우려고 해? 어디 조강지처를 무시해?" 하나님은 사라 편을 들어 주셨습니다. 아브라함 편만 들어주시는 것이 아니라 또한 사라 편도 들어 주셨습니다. 하나님이 주실 아들은 아브라함의 아들일 뿐만 아니라 또한 사라의 아들입니다. "사라의 아들과 내 언약을 세우겠다, 사라에게도 복을 줄 것이다, 그는 열국의 어미가 될 것이다."는 것입니다.

그러면서 사라가 낳을 아들의 이름을 미리 지어 주셨습니다. "너는 그 이름을 이삭이라 하라." 이삭은 영어로 '아이작'(Isaac)이라고 합니다. 만유인력의 법칙을 발견한 물리학자 뉴턴의 이름이 아이작입니다. 원래 히브리어로는 '이츠학'입니다. 웃다는 뜻입니다. 미완료로서 한 번만 웃는 것이 아니라 계속 웃는다는 뜻입니다. 그래서 '웃음', '기쁨'으로 번역될 수 있습니다. 이것은 세상이 주는 웃음이 아니라 하나님이 주시는 웃음입니다. 하나님이 아들을 주심으로 말미암아 아브라함과 사라가 노년에 크게 기뻐하는 웃음입니다. 아들을 품에 안고 입이 찢어지도록 환하게 웃는 웃음입니다. 이런 것을 한자 용어로 '파안대소(破顏大笑)'라 합니다.

이런 웃음은 조금 전에 아브라함이 믿음이 없어서 피식 웃은 웃음과는 다른 것입니다. 여러분, 웃음에는 두 종류가 있습니다. 하나는 가소롭다는 듯이 피식 웃는 웃음입니다. 비웃음, 씁쓰레한 웃음입니다. 예를 들어 어떤 학생이 "내가 금년에는 공부를 열심히 해서 전교 1등을 한번 해볼까?" 하면, 사람들이 피식 웃습니다. 하도 많이 속아서 이젠 안 속는다는 뜻입니다. 도리어 "야 꿈 깨. 쓸데없는 소리 말고 얼른 숙제나 해!"라고 합니다.

그런데 이에 비해 참된 웃음이 있습니다. 참 웃음은 언제 있습니까? 약속이 실제로 이루어질 때, 놀라운 일이 실현될 때 참 웃음이 있습니다. 졸업식 때 졸업장과 함께 교장상을 받고 교육감상을 받을 때 부모가 기분이 좋아서 크게 웃습니다. 그런데 남편이 아내에게 "금년에는 내가 돈을 많이 벌어서 당신에게 좋은 차 하나 사 줄게." 하면, 아내가 피식 웃습니다. "또 그 소리, 열 번도 더 들었다." 그러나 남편이 정말로 돈을 많이 벌어서 아내에게 새 차를 하나 뽑아 주고 다이아 반지를 사 주면 입이 떡 벌어집니다. "햐! 당신 최고!" 이처럼 실제로 능력을 보여 줘야 참 웃음이 나옵니다.

우리의 신앙생활도 마찬가지입니다. 우리에게 언제 참 웃음이 있느냐? 하나님의 약속이 이루어질 때 참 웃음이 있습니다. 아브라함의 경우, 사라에게서 아들이 태어날 때 참 웃음이 있었습니다. 하나님의 약속이 실현되어서 이삭이 태어날 때 참 웃음이 있었습니다. 아브라함은 약속을 받고 가나안 땅에 들어온 지 25년만에 아들 이삭을 얻었습니다. 사라의 몸에서 난 아들 이삭, 약속의 아들입니다. 25년만에 참된 웃음, 참 기쁨이 있었습니다. 그리고 이삭을 볼 때마다 웃음이 있었습니다. 계속 이어지는 웃음, 죽을 때까지 계속되는 웃음이었습니다.

이런 웃음이 있기까지 아브라함은 실망도 많이 하고 절망도 많이 하고 애를 많이 태웠습니다. 한편으로 하나님을 믿으면서도, 다른 한편으로는 하나님의 약속이 믿겨지지 않아서 속으로 하나님의 약속을 비웃기도 하고, 피식 웃기도 하고, 나름대로 대안을 마련하기도 하고, 꿩 대신 닭이라고 이스마엘을 후사로 삼으려고 내심 인간적인 생각을 해보았지만, 하나님은 "아니야!"라고 말씀하십니다. 아브라함의 모든 대안과 복안을 다 물리치시고 원래 계획대로 사라에게서 아들이 나게 하십니다.

우리 성도 여러분,

하나님의 약속에는 대안이 없습니다. 꿩 대신 닭이 없습니다. 하나님에게는 오로지 외통수만 있습니다. 오직 하나, 원래 주신 약속만 있습니다. 왜냐하면 하나님은 처음부터 모든 것을 다 아시고 확실히 이루어질 것만 약속하시기 때문입니다. 하나님은 확실한 것만 약속하시고, 약속하신 것은 반드시 이루십니다. 그러니 하나님의 약속은 외통수입니다. 배수진을 치십니다. 고집스럽게 하나만 계속 반복해서 말씀하십니다. "만일 안 되면…" 그런 게 없습니다. 다른 모든 대안들은 아니라고 말씀하십니다. "그건 아냐. 그것도 아냐. 그것도 아냐." 전부 '아니'라고 하십니다. 오직 하나님이 말씀하신 그것만 인정하십니다.

그래서 우리에게는 고통스런 기간이 있습니다. 속히 이루어 주지 아니하시고, 모든 대안도 거절하시기 때문에 오로지 하나님의 원래 약속만, 정답만 바라보고 나아가야 합니다. 꿩 대신 닭도 안 되고, 오직 하나님의 원래 계획만 믿고 나아가야 합니다.

사랑하는 성도 여러분,

오늘날 여러분에게 이런 믿음이 있습니까? 하나님의 약속을 확실히 믿고 있습니까? 여러분에게 참된 기쁨이 있습니까? 참 웃음이 있습니까? 이삭과 같은 참 웃음이 있습니까? 아니면 피식 웃는 비웃음만 있습니까? 꿩 대신에 닭이란 말처럼, 이삭 대신에 이스마엘로 만족하려는 마음이 있습니까? 사라 대신에 하갈이면 어때? 라는 마음이 있습니까? 그러나 하나님은 "아니야."라고 말씀하십니다. 오직 사라에게서 나는 아들 이삭과 언약을 세우겠다고 하십니다.

사랑하는 성도 여러분,

우리 하나님은 고집스럽게 자신의 계획을 이루시는 분입니다. 여러분 모두, 이처럼 고집스럽게 자신의 계획을 이루시는 하나님을 바라보면서 끝까지 믿음으로 나아가는 성도들이 되시기 바랍니다. 중도에 믿음이 없어서 낙심하지 말고, 피식 비웃지 말고, 속으로 딴생각하지 말고, 하나님의 약속의 말씀을 붙들고 나아가시기 바랍니다.

그래서 하나님의 약속이 여러분에게 실제로 이루어져서 아브라함과 사라처럼 참으로 웃는 성도들이 되시기 바랍니다. 이삭을 품에 안고 환하게 웃는 아브라함과 사라처럼, 여러분에게도 참된 웃음과 기쁨이 있기를 바랍니다. 이를 위해 더욱 하나님을 의지하고 하나님의 말씀을 붙들고 기도하며 나아가는 성도들이 다 되시기 바랍니다.

여러분 모두에게 이삭의 기쁨이 가득하여서, 기쁨으로 하나님을 섬기고 하나님께 영광 돌리는 성도들이 다 되시기를 바랍니다. 아멘.
(2012년 1월 15일 주일 오전)

19. 이스마엘의 복 (17:17-22)

17 아브라함이 엎드려 웃으며 마음속으로 이르되 백 세 된 사람이 어찌 자식을 낳을까 사라는 구십 세니 어찌 출산하리요 하고 18 아브라함이 이에 하나님께 아뢰되 이스마엘이나 하나님 앞에 살기를 원하나이다 19 하나님이 이르시되 아니라 네 아내 사라가 네게 아들을 낳으리니 너는 그 이름을 [3]이삭이라 하라 내가 그와 내 언약을 세우리니 그의 후손에게 영원한 언약이 되리라 20 이스마엘에 대하여는 내가 네 말을 들었나니 내가 그에게 복을 주어 그를 매우 크게 생육하고 번성하게 할지라 그가 열두 두령을 낳으리니 내가 그를 큰 나라가 되게 하려니와 21 내 언약은 내가 내년 이 시기에 사라가 네게 낳을 이삭과 세우리라 22 하나님이 아브라함과 말씀을 마치시고 그를 떠나 올라가셨더라

3) 웃음

이스마엘은 아브라함의 첩 하갈이 낳은 아들입니다. 하갈은 원래 애굽 여종이었습니다. 아브라함이 애굽에 내려갔을 때 얻은 여종으로 생각됩니다. 이집트 여자는 넓적하게 생긴 줄로 생각했는데, TV에 보니까 젊은 여자들이 호리호리하고 날씬하더라고요. 갈색 피부에 호리호

리한 모습인데, 옛날 애굽의 그림들에 나타나는 것처럼 윤곽이 뚜렷한 날렵한 모습입니다. 어느 게 맞는지는 모르겠습니다만 사람에 따라 다르겠지요. 어쨌든 애굽 사람은 함족이고 건장합니다.

그런데 왜 애굽 여종 하갈이 아브라함의 첩이 되었을까요? 이미 말씀 드린 대로 아브라함의 본부인 사라가 아이를 못 낳아서 자기 여종인 하갈을 아브라함에게 첩으로 주었기 때문입니다. 일종의 씨받이로 생각하고 준 것입니다. 그래서 하갈이 아들을 낳으면 자기 아들로 삼으려고 했던 것입니다. 그러나 사라의 이런 생각은 순진한 생각이었습니다. 하갈이 아들을 낳으면 하갈의 아들이지 사라의 아들은 아닙니다. 아무리 첩이라도 아들을 낳으면 첩의 아들이지 사라의 아들은 아닙니다.

그러자 하갈은 보란 듯이 덩그러니 아들을 낳았습니다. 이름을 이스마엘이라 지었습니다. 이것은 하나님이 지어 주신 이름입니다. '이스마엘'은 하나님이 들으신다는 뜻입니다. '엘'은 하나님이고 '샤마'는 듣다는 뜻인데, 앞에 '이'가 붙은 것은 미완료를 나타냅니다. 계속해서 들으신다는 의미입니다.

이 이스마엘이 무럭무럭 자라서 열세 살이 되었습니다. 아브라함의 나이는 99세가 되었습니다. 그때 하나님이 나타나셔서 아브라함에게 말씀하셨습니다. "네 아내 사라가 네게 아들을 낳아 줄 것이다. 그 이름을 이삭이라 하라. 내가 그와 내 언약을 세울 것이다." 아브라함의 후사 곧 상속자는 이삭이라는 것입니다. 사라가 낳을 아들 이삭이 아브라함의 유산을 물려받고 하나님의 약속을 받게 될 것이다. 곧 그 후손이 가나안 땅을 차지하게 될 것이라는 내용의 말씀입니다.

그러면 이스마엘은 어떻게 되는 것일까요? 후계자 경쟁에서 밀려나서 패망한 것일까요? 역사에서 사라진 것일까요? 아닙니다. 하나님은 이스마엘에게도 복을 주셨습니다. 오늘 읽은 본문 20절에 보면 "이스마엘에게 이르러는 내가 네 말을 들었나니 내가 그에게 복을 주어 그를 매우 크게 생육하고 번성하게 할지라. 그가 열두 두령을 낳으리니 내가 그를 큰 나라가 되게 하려니와"고 말씀하십니다. 따라서 하나님이 이스마엘에게도 복을 주셨다는 것을 알 수 있습니다. 이스마엘은 오늘날 아랍 여러 민족의 조상입니다. 모든 아랍인의 조상은 아니라 할지라도, 적어도 북부 아라비아의 여러 민족의 조상입니다. 그런데 하나님은 이스마엘에게 복을 주셨다고 합니다. 이 점에 대해 생각할 것이 많습니다.

서양 사람들은, 물론 다 그런 것은 아니지만, 대개 아랍 사람들을 미워합니다. 특히 미국 사람들은 아랍 사람들을 원수로 여깁니다. 9·11 테러를 일으킨 사람들, 미국을 공격한 사람들로 생각합니다. 그래서 미국은 이라크와 아프가니스탄에서 전쟁을 벌였습니다. 이라크에서는 한 달여 전에(2011년 12월 중순) 종전했습니다만, 아프가니스탄에서는 지금도 전쟁을 하고 있습니다. 오사마 빈 라덴을 잡는다는 명분으로 전쟁을 시작했는데 작년(2011년)에 잡았습니다만, 지금은 알카에다 세력을 잡는다고 전쟁을 계속하고 있습니다. 그 배후에는 아랍에 대한 뿌리 깊은 증오가 있습니다. 얼마 전에는 미군 병사들이 탈레반

시신에 오줌을 누었다고 해서 문제가 되었습니다. 이것은 미국 사람들, 나아가서는 서양 사람들의 아랍에 대한 뿌리 깊은 증오를 반영하고 있습니다. 그 배후에는 유감스럽게도 서양 기독교가 있습니다. 서양 기독교는 아랍의 이슬람과 오랫동안 갈등과 반목을 했습니다. 대표적으로 중세의 십자군 전쟁이 있습니다. 여러 차례 죽고 죽이는 전쟁을 했습니다.

그러나 이런 것은 잘못된 것입니다. 우리는 아랍 사람들을 미워해서는 안 됩니다. 이스마엘 후손들을 미워하면 안 됩니다. 왜 그렇습니까? 하나님이 이스마엘을 복 주셨기 때문입니다. 하나님이 복 주셨는데 어떻게 우리가 미워합니까? 하나님이 복 주신 사람을 미워하는 것은 하나님을 대적하는 것입니다. 하나님을 대적하면 복을 받지 못하고 망하게 됩니다.

그러면 하나님이 이스마엘에게 어떤 복을 주셨을까요? 이스마엘이 받은 복은 무엇이며, 또 이삭이 받은 복과 다른 점이 무엇인지 몇 가지 생각해 보겠습니다.

I. 번성의 복

이스마엘이 받은 복은 한 마디로 번성의 복입니다. 20절에 보면 "...내가 그에게 복을 주어 그를 크게 생육하고 번성하게 할지라. 그가 열두 두령을 낳으리니 내가 그를 큰 나라가 되게 하려니와"고 합니다. 이스마엘은 번성의 복, 곧 자녀를 많이 낳아서 그 후손이 번창하게 되는 복을 받았습니다. 그가 열두 방백(두령)을 낳을 것이라고 합니다. 열두 민족이 이스마엘에게서 나올 것이라는 말입니다.

창세기 25장 13-15절에 보면, 이스마엘의 후손들 이름이 기록되어 있습니다. 느바욧, 게달, 앗브엘, 밉삼, 미스마, 두마, 맛사, 하닷, 데마, 여둘, 나비스, 게드마입니다. 이들 민족들은 어디 살았을까요? 대개 시나이 반도와 사해 남쪽과 동쪽, 그리고 북부 아라비아에 살았습니다. 어쩌면 북부 바빌로니아 지역 곧 현 이라크 지역까지 미쳤다고 생각됩니다. 왜냐하면 15절의 '하닷'은 바그다드라는 견해가 있기 때문입니다.[1] 그래서 이스마엘 자손들은 대략 시나이 반도와 북아라비아에 걸쳐 살았다고 생각됩니다(남부 아라비아에는 주로 욕단 자손들이 살았음). 이처럼 이스마엘 자손은 큰 민족을 이루었습니다.

그렇다면 이렇게 번성하는 것은 어떤 의미가 있는 것일까요? 일단 번성하는 것은 그 자체가 복입니다. 그것은 또한 하나님의 명령이기도 합니다. 하나님이 사람을 지으시고 나서 복을 주시면서 번성하라고 하셨습니다. 창세기 1장 28절에 보면 "하나님이 그들에게 복을 주시며 그들에게 이르시되 생육하고 번성하여 땅에 충만하라. 땅을 정복하라. 바다의 고기와 공중의 새와 땅에 움직이는 모든 생물을 다스리라 하시니라."고 합니다. 따라서 생육하고 번성하는 것은 하나님의 복임을 알 수 있습니다. 그래서 땅에 충만하여 땅을 정복하고, 바다의 고

---

1 Cf. W. H. Gispen, *Genesis*, III (Kampen: J. H. Kok, 1983), 7.

기와 공중의 새와 땅에 움직이는 모든 생물을 다스리는 것이 하나님의 뜻입니다.

지금 한족(漢族)이 중국을 지배하고 세계에서 큰소리를 내게 된 것도 결국 생육하고 번성해서 그렇습니다. 한족이 처음에는 문화적으로 뒤졌을지라도 생육하고 번성하니까 중국을 지배하게 되고 큰소리를 치게 된 것입니다. 인구가 많으니까 그 중에 머리 좋은 사람도 많고, 그런 사람들을 모아서 공부시키니까 로켓도 만들고 인공위성도 만들어 쏘아 올립니다. 최근에는 세계에서 제일 얇은 스마트폰도 만들었다고 합니다. 인구가 많으니까 가능한 일입니다. 그래서 앞으로는 인구가 많은 인도가 발전할 가능성이 있습니다. 우리나라도 발전하려면 인구가 늘어야 하는데, 젊은이들이 아이를 안 낳아서 큰일입니다. 안 되면 외국인 이민을 많이 받아들여서라도 인구를 늘려야 합니다. 그래야 우리나라가 발전할 수 있습니다.

II. 아브라함의 기도 응답

이스마엘이 이런 번성의 복을 받은 것은 또한 아브라함의 기도에 대한 응답입니다. 본문 18절에 보면 "아브라함이 이에 하나님께 아뢰되 이스마엘이나 하나님 앞에 살기를 원하나이다."고 했습니다. 이스마엘이나 하나님 앞에 살기를 원한다니, 이게 무슨 말일까요?

하나님이 사라에게 복을 주셔서 사라가 아들을 낳을 것이라고 말씀하셨습니다. 아브라함은 이 말을 듣고는 웃었습니다. 자기도 모르는 사이에 피식 웃음이 나왔습니다. 안 믿긴다는 것입니다. 그때 아브라함은 99세였고 사라는 90세였습니다. 그러니 어찌 자식을 낳는단 말인가? 말도 안 된다. 차라리 지금 있는 이스마엘이나 하나님 앞에 살기를 원한다고 했습니다. 곧, 이스마엘을 인정해 달라는 것입니다. 그래서 이스마엘을 후사로 삼을 수 있도록 허락해 달라고 부탁했습니다. 하나님은 이런 아브라함의 기도를 들으셨습니다. 이스마엘을 후사로 삼는 것은 안 되지만, 이스마엘을 위하는 아브라함의 요청을 들으시고 이스마엘에게 복을 주셨습니다. 번성케 되는 복, 큰 민족을 이루게 되는 복을 주셨습니다.

아브라함의 마음은 이스마엘이 잘되는 것입니다. 어찌 자기 자식이 잘되기를 바라지 않는 부모가 있겠습니까? 비록 첩에서 난 자식이라 할지라도 아브라함의 자식입니다. 이스마엘은 아브라함의 친아들입니다. 그러니 어찌 이스마엘을 위하는 마음이 없다고 할 수 있겠습니까? 아브라함은 이스마엘이 잘되기를 바랐습니다. 이스마엘을 사랑했습니다. 그래서 이스마엘을 위해 하나님께 간구했습니다. 그러자 하나님은 아브라함의 이 간구를 들으셨습니다.

따라서 오늘날 아랍 민족이 번성하고 큰 민족이 된 것은 아브라함이 바라는 바였고, 하나님이 아브라함의 기도를 들으신 결과입니다. 그런데 우리가 미워하고 시기하면 안 되겠지요? 아브라함의 마음은 유대인들의 마음보다 넓고, 하나님의 마음은 서양 기독교인들의 마음보다 넓습니다. 따라서 우리는 아랍 사람들을 대할 때 미워하는 마음을 가지면 안 되고 사랑하는 마음을 가져야 합니다.

　여러분, 터키 사람들은 아랍 족은 아니지만 이슬람 종교를 믿고 있습니다. 그런데 터키 아이들을 보면 참 예쁘고 사랑스럽습니다. 제가 터키 시골의 어느 마을에서 사진을 찍고 있으니 아이들이 와서 "캔디!"라고 말합니다. 그런데 주머니에 손을 넣어 보니 사탕이 없어요. 초콜릿도 없고 껌도 없고 아무것도 없어요. "아차! 실수했구나. 다음에는 꼭 사탕을 가지고 와야겠구나. 초콜릿도 가지고 와야겠다."고 생각했습니다. 그때 마음의 빚을 졌는데, 이 빚을 갚으러 터키에 한 번 더 가야 하겠어요. 이번에는 꼭 사탕을 가지고 가서 그 아이들에게 사탕을 주고 와야겠다고 생각합니다. 터키 사람들은 아주 친절하고 좋습니다. 왜 이런 사람들을 나쁘다고 하는지 이해가 안 됩니다.

　결국 잘못된 교육이 문제입니다. 교회가 문제입니다. 서양 기독교가 좋은 점도 많지만 문제점도 많습니다. 그중 하나는 아랍인들을 미워하는 것입니다. 예수님은 "너희 원수를 사랑하라."고 하셨는데, 미워하면 안 됩니다. 예수님의 말씀을 어기면 복을 받지 못합니다.

III. 하나님의 언약이 없다.

　그런데 이스마엘이 받은 복에는 없는 게 한 가지 있습니다. 그게 무엇일까요? 하나님의 언약입니다. 19절에 보면 "… 네 아내 사라가 네게 아들을 낳으리니 너는 그 이름을 이삭이라 하라. 내가 그와 내 언약을 세우리니 그의 후손에게 영원한 언약이 되리라."고 했습니다. 하나님이 이삭과 언약을 세우셨는데, 이스마엘에게는 그런 언약이 없습니다. 이것이 무엇보다 중요하고 본질적인 차이입니다.

하나님의 언약이 없다는 것은 무슨 뜻일까요? 하나님의 약속이 없다는 말입니다. 하나님의 약속은 우리가 전에 살펴본 대로 세 가지입니다. 첫째는, 네 자손을 번성하게 해 주겠다는 것입니다. 이것은 이스마엘에게도 있습니다. 공통입니다. 둘째는, 가나안 땅을 주겠다는 것입니다. 이것은 이삭 자손에게만 있는 것입니다. 이스라엘 자손에게만 주어지는 복입니다. 이것은 영적으로 천국을 주겠다는 것을 말합니다. 셋째는, 하나님은 아브라함과 그 후손의 하나님이 되겠다는 것입니다. 이것은 이삭 자손에게만 있는 것입니다. 그래서 이스마엘 자손은 하나님이 없습니다. 하나님 없이 광야에서 모래바람을 맞으며 살아갑니다.

저는 사막을 보면 왠지 마음이 끌립니다. 모래뿐인 사막이 왠지 신비하고 좋습니다. 이집트에 보면 나일강이 흐르는 곳 주위는 푸릅니다. 나무와 식물이 잘 자랍니다. 그러나 나일강 유역을 조금만 벗어나면 끝없는 사막입니다. 모래 언덕이 있고 낙타들이 짐을 싣고 다닙니다. 그런데 가다 가다 보면 사막 한가운데 갑자기 오아시스가 나타납니다. 물이 있고 호수가 있습니다. 양 사방이 사막인데 어디서 물이 나오느냐고 물으니까, 아프리카 내륙에서부터 사막 밑으로 물이 흘러서 여기서 솟아 나온다고 해요. TV로 보니까 정말 밑에서 물이 솟아올라요. 그 물을 가두어 두었다가 필요할 때마다 빼서 쓰는데, 주위에는 대추야자나무가 높게 서 있고 아름답습니다.

  저는 사막 한가운데 있는 오아시스에 한번 가보고 싶습니다. 야자수 옆으로 온몸을 천으로 휘감은 아낙네가 물동이를 머리에 이고 염소 새끼 한 마리를 몰고 오는 모습은 참 낭만적입니다. 사막에 물이 솟아오르니 거기에 나무들이 자라고 식물들이 자라고 짐승들이 살고 사람들이 삽니다.

  그런데 하나님은 사막에서 샘물이 솟아날 것을 말씀하셨습니다. 이사야 41장 18절에 "내가 헐벗은 산에 강을 열며 골짜기 가운데에 샘이 나게 하며 광야가 못이 되게 하며 마른 땅이 샘 근원이 되게 할 것이며"라고 합니다. 이사야 35장 1-2절에 "광야와 메마른 땅이 기뻐하며 사막이 백합화(하밧첼렛 = 장미, 수선화, 무궁화)같이 피어 즐거워하며 무성하게 피어 기쁜 노래로 즐거워하며 레바논의 영광과 갈멜과 샤론의 아름다움을 얻을 것이라. 그것들이 여호와의 영광 곧 우리 하나님의 아름다움을 보리로다."고 합니다. 또 이사야 35장 5-7절에 "그 때에 맹인의 눈이 밝을 것이며 못 듣는 사람의 귀가 열릴 것이며, 그 때에 저는 자는 사슴같이 뛸 것이며 말 못하는 자의 혀는 노래하리니 이는 광야에서 물이 솟겠고 사막에서 시내가 흐를 것임이라. 뜨거운 사막이 변하여 못이 될 것이며 메마른 땅이 변하여 원천이 될 것이며 승냥이의 눕던 곳에 풀과 갈대와 부들이 날 것이며"라고 합니다.

  무슨 말입니까? 무슨 뜻입니까? 메시아가 오시면 곧 예수님이 오시면, 그때는 사막과 같은 메마른 사람들이 백합화같이 피어서 기뻐하고 즐거워할 것이라는 말입니다. 곧 복음이 전파되어 예수님을 믿게 되면 사막 같은 사람들이 하나님의 백성이 되고 하나님의 복을 받을 것이라는 말입니다. 이스마엘 자손도, 하나님의 언약에서 소외되었던 아랍 사람들도 예수님을 믿으면 하나님의 백성이 되고 하나님의 자녀가 됩니다.

이사야 19장 24절에 보면 "그 날에 이스라엘이 애굽과 앗수르로 더불어 셋이 세계 중에 복이 되리니"라고 말합니다. 이스라엘과 애굽과 앗수르가 차별이 없다는 말입니다. 원수 된 나라들이, 서로 싸우던 나라들이 다 하나님의 복을 받아서 복된 자들이 될 것이라는 말입니다. 언제 그렇게 됩니까? 메시아가 오시면, 예수님이 오시면 그렇게 될 것이라고 합니다.

그런데 예수님은 이미 오셨습니다. 2천년 전에 오셨습니다. 따라서 이제는 이스라엘과 애굽과 앗수르의 구별이 없습니다. 차별이 없습니다. 누구든지 예수 그리스도를 믿으면 하나님의 백성이 되고 하나님의 복을 받습니다. 말하자면 아브라함에게 약속하신 복이 이제는 누구에게든지 차별 없이 미친다는 것입니다. 단, 예수 그리스도 안에 있으면 그렇게 됩니다. 고린도후서 5장 17절에 "그런즉 누구든지 그리스도 안에 있으면 새로운 피조물이라."고 합니다. 이것이 바로 복음입니다. 갈라디아서 3장 14절에 "이는 그리스도 예수 안에서 아브라함의 복이 이방인에게 미치게 하고 또 우리로 하여금 믿음으로 말미암아 성령의 약속을 받게 하려 함이라."고 합니다. 예수 그리스도 안에서 아브라함의 복이 이방인에게 미치게 됩니다.

따라서 오늘날 이스마엘 자손에게도 희망이 있습니다. 하나님의 약속이 열려 있습니다. 아랍 사람들도 하나님의 아들 예수님을 믿기만 하면 아브라함의 복을 받을 수 있습니다. 이삭에게 빼앗겼던 아브라함의 복을 다시 받을 수 있다는 말입니다. 첩의 자식이라고 아브라함의 후사가 되지 못하고 쫓겨났던 이스마엘의 후손들이 다시금 정식으로 아브라함의 자손이 될 수 있는 길이 열려 있습니다. 갈라디아서 3장 7절에 "그런즉 믿음으로 말미암은 자들은 아브라함의 자손인 줄 알지어다."고 했습니다. 갈라디아서 3장 29절에 "너희가 그리스도의 것이면 곧 아브라함의 자손이요 약속대로 유업을 이을 자니라."고 했습니다. 곧, 그리스도를 믿으면 그들이 바로 아브라함의 자손이며 천국을 유업으로 얻게 됩니다.

그러므로 사랑하는 성도 여러분,

우리는 아랍 사람들을 사랑해야 하고, 세계 모든 사람들을 사랑해야 합니다. 지금 예수님을 믿지 않는 사람들이라도 미워하지 말고 사랑해야 합니다. 이 땅에 태어나서 산다는 것 자체가 하나님의 복입니다. 생육하고 번성하는 것은 하나님의 복이고 하나님의 뜻입니다. 그리고 그들에게는 이제 가능성이 있습니다. 희망이 있습니다. 누구든지 예수님께로 돌아오기만 하면 하나님의 자녀가 됩니다. 아브라함의 복을 받게 됩니다. 가나안 땅 곧 천국을 유업으로 얻게 됩니다.

그러므로, 우리는 이 세상에 있는 모든 사람을 사랑하는 마음을 가져야 하겠고 기대를 가져야 하겠습니다. 이스라엘 사람이든 애굽 사람이든 앗수르 사람이든 누구든지 예수님께로 나오기만 하면 하나님의 백성이 되고 하나님의 복이 됩니다. 곧 아브라함의 자손이 됩니다. 이런 잠재적 가능성을 가진 존재들입니다.

그러므로 우리는 그런 잠재성, 그런 가능성 때문에 그들을 사랑하는 마음을 가져야 하겠고 또 그들을 위해 기도해야 하겠습니다. 그들도 다 돌아와서 아브라함의 복을 누리는 자들이 되게 해 달라고 기도하고 힘쓰는 여러분이 되시기 바랍니다. 그래서 사막에서 샘이 솟아나고 광야에서 꽃이 피어서 모두 기뻐하고 즐거워하며 하나님의 영광을 찬송하는 자들이 다 되시기 바랍니다. 아멘. (2012년 1월 22일 주일 오전)

20. 아브라함의 손님 대접 (18:1-8)

1 여호와께서 마므레의 상수리나무들이 있는 곳에서 아브라함에게 나타나시니라 날이 뜨거울 때에 그가 장막 문에 앉아 있다가 2 눈을 들어 본즉 사람 셋이 맞은편에 서 있는지라 그가 그들을 보자 곧 장막 문에서 달려 나가 영접하며 몸을 땅에 굽혀 3 이르되 내 주여 내가 주께 은혜를 입었사오면 원하건대 종을 떠나 지나가지 마시옵고 4 물을 조금 가져오게 하사 당신들의 발을 씻으시고 나무 아래에서 쉬소서 5 내가 떡을 조금 가져오리니 당신들의 마음을 상쾌하게 하신 후에 지나가소서 당신들이 종에게 오셨음이니이다 그들이 이르되 네 말대로 그리하라 6 아브라함이 급히 장막으로 가서 사라에게 이르되 속히 고운 가루 세 스아를 가져다가 반죽하여 떡을 만들라 하고 7 아브라함이 또 가축 떼 있는 곳으로 달려가서 기름지고 좋은 송아지를 잡아 하인에게 주니 그가 급히 요리한지라 8 아브라함이 엉긴 젖과 우유와 하인이 요리한 송아지를 가져다가 그들 앞에 차려 놓고 나무 아래에 모셔 서매 그들이 먹으니라

아브라함은 마므레 상수리 수풀에 살았습니다. 헤브론 성 북쪽에 있는 수풀에서 장막을 치고 소와 양을 키우면서 살았습니다. 그러던 어느 날 손님 세 사람이 아브라함에게 찾아왔습니다. 정오쯤 되어서 뜨거운 햇볕을 피해 장막 문에 앉아서 쉬고 있는데, 웬 낯선 사람 셋이 나타났습니다. 나중에 알고 보니 이들은 천사들이었습니다. 하나님의 명령을 받고 가는 천사들이었습니다. 그런데 천사는 대개 사람 모습을 하고 있습니다. 사람과 똑같은 모습을 하고 있습니다. 사람들은 천사는 날개가 달렸다고 생각하지만, 성경에 보면 이 땅에 나타난 천사들은 대개 사람 모습을 하고 있습니다. 그래서 처음에는 그가 천사인지 모를 때가 많습니다.

그래서 저는 이런 생각을 한번 해 보았습니다. 혹시 우리 교회에도 천사가 있지 않을까? 저렇게 착하고 예쁜 아이는 혹시 천사가 아닐까? 아름답게 찬양 잘하지, 율동 잘하지 ... 혹시 사람의 모습으로 나타난 천사가 아닐까? 그런데 가만히 생각해 보니 아무래도 아닌 것 같아요. 왜냐? 천사라면 어떻게 휴대폰을 가지고 게임하겠습니까? 천사가 어떻게 삐지고 짜고 울고 하겠습니까? 또 공부 못해서 야단맞고 하는 걸 보니 천사가 아닌 게 확실합니다. 어쨌든 천사가 실제로 나타나도 사람과 똑같은 모습이기 때문에 처음에는 모를 수 있습니다. 아브라함도 처음에는 이들이 천사인 줄을 몰랐습니다. 그냥 낯선 사람들, 행인들인 줄로 알았습니다.

그런데 아브라함은 이들을 보고 어떻게 했습니까? 그냥 "안녕!"했을까요? "굿 애프터눈!" 하고 끝났을까요? 아니면 "잘 가!" "바이 바이!" 했을까요? 아니면 요즘 어떤 사람들처럼 모른 척했을까요? 일부러 고개 숙이고 자는 척했을까요? 아닙니다. 아브라함은 그 낯선 사람들을 보자마자 당장 일어나 달려 나가 그들을 영접했습니다. 어슬렁어슬렁 걸어간 것이 아니라 쫓아갔습니다. 쫓아가서 몸을 땅에 굽히고는 말했습니다. "내 주여, 내가 주께 은혜를 입었사오면 원하건대 종을 떠나 지나가지 마시옵고 물을 조금 가져오게 하사 당신들의 발을 씻으시고 나무 아래에서 쉬소서. 내가 떡을 조금 가져오리니 당신들의 마음을 상쾌하게 하신 후에 지나가소서."(3-5절)

아브라함은 아주 극진하게 손님을 대접했습니다. 모르는 사람인데도, 지나가는 행인인데도 극진하게 대접했습니다. 오늘날에도 중동에서 유목생활을 하는 베두인들은 이처럼 손님을 환영하는 전통을 가지고 있다고 합니다. 손님이 오면 자기 장막에 모시고 음식을 대접한다고 합니다. 밀가루 반죽을 해서 빵을 만들어 대접하고, 또 모닥불을 피워놓고 양철 깡통에 진한 커피를 끓여 마신다고 합니다. 그래서 이 베두인족의 커피는 어떤 맛일까? 한번 가서 얻어 마시고 싶다는 생각이 듭니다.

아브라함도 유목민입니다. 일종의 베두인이라 할 수 있습니다. 아브라함은 베두인 중에서도 특별히 손님 대접을 잘하고 극진하게 대접한 사람입니다. 그래서 아브라함의 친절은 소문이 났습니다. 신약 성경에도 기록이 되어 있습니다. 히브리서 13장 1-2절에 보면 "형제 사랑하기를 계속하고 손님 대접하기를 잊지 말라. 이로써 부지중에 천사들을 대접한 이들이 있었느니라."고 합니다. 이들은 누구일까요? 아브라함입니다. 물론 사라도 포함됩니다. 그리고 나중에 보면 롯도 천사들을 대접했습니다. 아브라함 가문 전체가 손님 대접하는 일을 잘했습니다. 평소에 손님 대접하기를 늘 힘썼는데, 그러다 보니 자기도 모르는 사이에 천사들을 대접했다는 것을 알 수 있습니다.

천사들은 대접을 받으면 가만히 있지 않습니다. 꼭 되갚습니다. 왜냐하면 천사는 하나님을 대신하기 때문입니다. 천사는 하나님의 사자(使者)입니다. 그래서 하나님이 복을 주십니다. 아브라함과 사라는 약속대로 아들을 얻고, 롯은 멸망 가운데서 생명을 건짐받았습니다.

그러면 아브라함은 어떻게 손님을 대접했을까요? 오늘날 우리도 어떻게 손님을 대접해야 할까요? 어떻게 손님을 대접하면 복을 받을 것인가를 생각해 보겠습니다.

I. 아브라함은 자기 몸을 굽혔습니다.

2절에 보면 "… 그가 그들을 보자 곧 장막 문에서 달려 나가 영접하며 몸을 땅에 굽혀"라고 합니다. 몸을 땅에 굽혔다는 것은 절했다는 의미입니다. 높은 사람이 왔다고 해서 절한 것이 아닙니다. 그냥 지나가는 손님들인데도 절했습니다. 3절에 보면 "이르되 내 주여, 내가 주께 은혜를 입었사오면 …"이라고 말합니다. 여기서 '주'는 낯선 사람을 높여 부르는 칭호입니다. 우리나라 말로 '어르신', '주인님'이란 뜻입니다. 영어로는 "sir", "lord" 정도가 되겠지요. 이렇게 자기 몸을 굽히고 자기를 낮추고 상대방을 높여서 말하는 것이 겸손입니다. 아브라함은 지극히 겸손한 사람이었습니다. 이 점이 대단히 중요하고 우리가 배울 점입니다.

아브라함이 아내와 종들을 이끌고 가나안 땅에 들어왔을 때 그 땅에는 이미 이방인들이 살고 있었습니다. 헷 족, 아모리 족, 가나안 족, 그리고 히위 족과 여부스 족 등이 있었습니다. 그래서 발붙일 땅이 없었습니다. 잘못하면 맞아 죽습니다. 주위의 아모리 사람들, 헷 사람들이 몰려와서 때려죽일 수도 있습니다. "웬 놈이 우리 땅에 들어와서 살아? 썩 나가지 못할까? 당장 보따리 싸서 안 나가면 다 죽을 줄 알아." 그런데 아브라함이 어떻게 살아남았을까요? 아모리 사람들과 동맹을 맺고 사이좋게 지내게 된 비결이 무엇일까요? 그것은 아브라함이 몸을 굽힌 것입니다. 사람들을 만날 때마다, 누구를 만나든지 간에 자기 몸을 굽혀서 땅에 엎드려 절했습니다. 그리고는 "내 주여, 내가 주께 은혜를 입었거든 …", 이렇게 겸손하게, 온유하게 말했습니다.

그러니 이런 사람을 어떻게 쫓아내고 죽이겠습니까? 몽둥이를 들고 씩씩거리며 달려왔다가도 그만 스르르 몽둥이를 내려놓고 서로 악수하고 친구가 됩니다. 잠언 15장 1절에 "유순한 대답은 분노를 쉬게 하여도 과격한 말은 노를 격동하느니라."고 합니다. 유순한 대답, 부드러운 대답은 분노를 쉬게 합니다. 따라서 우리는 말을 부드럽게 해야 합니다. 겸손하고 부드러운 말을 하도록 해야 합니다.

아브라함이 가나안 땅에 들어와서 터전을 잡고 기반을 잡게 된 배경에는 이런 겸손함이 있었습니다. 허리를 굽히는 게 있었습니다. 아브라함에게는 첫째로, 하나님을 믿는 믿음이 있었습니다. 마음속으로는 안 믿어지고 웃음이 나올 때도 있었지만, 그래도 하나님을 경배하고 하나님께 기도드리고 단을 쌓았습니다. 둘째는, 사람들을 향하여 겸손하였습니다. 늘 허리를 굽히고 유순하게 대답했습니다.

아브라함은 이처럼 믿음과 생활이 조화를 이루었기 때문에 복을 받았습니다. 우리나라 사람들 중에는 믿음이 좋다고 하는데 생활이 못 따라주는 사람들이 많습니다. 허리가 뻣뻣하고 과격한 말을 하고 … 그래서 복을 못 받는 경우가 많습니다. 그러나 아브라함은 믿음이 좋을 뿐만 아니라 무엇보다도 생활이 바로 되었습니다. 겸손했습니다. 자기 몸을 굽힐 줄 알았습니다. 이 점이 대단히 중요합니다.

우리나라의 어느 대학에 어떤 교수가 있었습니다. 그는 벤처기업으로 성공했습니다. 세계적으로 성공한 건 아니고 한국에서 조그마하게, 그러나 제법 성공했습니다. 그러다가 어떻게 해서 대학 교수가 되고 또 방송을 타더니만 인기가 급상승했습니다. 갑자기 서울시장 후보로 거론되고 심지어 대통령 후보로까지 거론되었습니다. 여론조사에서 여러 차례 1위를 하기도 했습니다. 그런데 그의 정치 데뷔 첫 말이 무엇이었느냐? '응징하겠다'는 것이었습니다. '응징'이라? 그렇게 많고 많은 말들 가운데 하필이면 '응징'이란 단어를 선택했을까요? 한국어 단어가 50만 개 이상으로 알고 있는데, 실생활에서 쓰는 단어가 약 1만

개라 치더라도 그 많은 단어 중에 고른 단어가 하필이면 '응징'이라니? '응징'이란 말을 듣는 순간 이건 아니라고 생각되었습니다.

그가 정치에 데뷔하려면 제일 먼저 뭐라고 말해야 하겠습니까? "지금까지 저를 키워주신 정부와 국민 여러분께 감사드립니다."라고 해야 하지 않겠습니까? 벤처기업 하려면 정부의 지원 없이 됩니까? 얼마나 정부의 지원을 많이 받았겠습니까? 정부의 초고속 통신망 구축과 세금 지원, 제도적 지원, 그리고 교육을 통한 인재 공급 등, 얼마나 많은 지원과 혜택을 받았겠습니까? 국민의 세금이 벤처 지원하는 데 얼마나 많이 들어갔겠습니까? 대한민국 땅에 살고 있다는 것만 해도 감사한 일입니다. 오늘날 그가 그렇게 된 것도 다 정부와 국민이 있어서 그런 것입니다. 그런데 어찌 "정부와 국민에게 감사한다."는 말은 안 하고 '응징'이라니? 자기의 생각과 정책이 현정부와 다르다고 하더라도, 일단 먼저 감사하다는 말부터 시작해야 합니다. 그게 예의이고 상식입니다. 그러고 나서 겸손하게 "국민이 원한다면 미력하나마 몸과 마음을 바쳐 충성하겠습니다."라고 했더라면 온 국민이 박수쳤을 것입니다.

그러나 그런 감사가 없었기 때문에, 자기 몸을 낮출 줄 몰랐기 때문에, 잠시나마 국민이 열어 준 길을 제 발로 차버렸습니다. 그래서 참 아쉽습니다. 벤처기업가로서 성공했을지는 몰라도 인생 공부는 아직 멀었다는 생각이 듭니다. 아직 사회 경험이 부족하다는 생각이 듭니다. 성경을 모르고 아브라함을 모르니 안 되겠다는 생각이 듭니다. 물론 지금이라도 잘못을 깨닫고 고치면 기회가 다시 올지도 모르지만,

사람이 하루아침에 쉽게 바뀌는 것은 아닙니다.

그러나 아브라함은 정말로 훌륭한 사람이었습니다. 믿음이 좋고 능력이 있으면서도 자기를 굽힐 줄 아는 사람이었습니다. 그것도 윗사람에게만 굽히는 게 아니라 모든 사람을 향하여 굽혔습니다. 심지어 처음 보는 낯선 사람에게도 굽혔습니다. 우리 주위에 보면 윗사람에게는 자기 몸을 굽히고 아부하는 사람이 많습니다. 힘 있는 사람이 있으면 그 옆에 착 달라붙어서 아부하고 그 입에 음식을 떠먹여 주는 사람들도 있습니다. 그런 사람은 힘없는 사람에게는 목에 힘주고 야단칩니다. 또 선거철만 되면 넙죽 절하는 사람들도 있습니다. 표를 얻으려고 그러는 거지요. 그런 사람들은 국회의원이 되고 나면 "나 몰라라." 합니다. 그러나 아브라함은 그런 소인배가 아니었습니다. 윗사람이든 아랫사람이든 누구든지 자기를 굽혔습니다. 길 가는 나그네에게도 자기 몸을 굽혀 절했습니다. 이것이 아브라함의 겸손이고, 우리가 배워야 할 점입니다.

II. 아브라함은 극진히 손님을 대접했습니다.

아브라함은 우선 물을 가져다가 그 사람들의 발을 씻게 했습니다. 가나안 지방에서 길을 가면 발이 더러워집니다. 먼지가 끼고 발이 부석부석하게 됩니다. 그래서 아브라함은 먼저 종에게 명하여 물을 가지고 오게 하여 발을 씻게 했습니다. 그리고는 손님들에게 식사를 대접했습니다.

아브라함은 급히 장막에 들어가서 사라에게 말했습니다. 급히 달려갔다는 것은 손님을 대접하는 데 열심을 내었다는 것을 말합니다. "속히 고운 가우 세 스아를 가져다가 반죽하여 떡을 만들라." '고운 가루'는 고급 밀가루를 말합니다. '세 스아'는 1 에바인데 약 22리터쯤 된다고 합니다.[1] 한 말이 더 되는 많은 양입니다. 넉넉하게 많이 만들어서 푸짐하게 내어놓으라는 뜻이 들어 있습니다. 손님 세 사람과 아브라함이 먹고, 또 사라와 하갈은 장막 안에서 먹고, 아마도 이스마엘과 가까이 있는 종들도 먹었을 것입니다.

아브라함은 또 기름지고 좋은 송아지를 잡게 했습니다. 여러분, 고기 중에 제일 맛있는 고기는 송아지 고기입니다. 우리나라 사람은 요즈음 돼지 삼겹살을 좋아하는데, 삼겹살은 콜레스테롤이 많다고 해요. 그런 점에서는 소고기가 좋아요. 제일 좋은 것은 6개월 된 송아지 고기입니다. 보통 사람은 비싸서 못 먹습니다. 그런데 아브라함은 누군지도 모르는 처음 찾아온 손님을 위해 송아지를 잡아 대접했습니다.

또 엉긴 젖과 우유를 내어놓고 사라가 만든 빵도 내어놓았습니다. 8절에 보면 "나무 아래에 모셔 서매 그들이 먹으니라."고 했습니다. 숲 속의 나무 그늘 아래에서 송아지 고기를 먹었으니 맛이 아주 좋겠지요? 시원한 바람이 부는 나무 아래서 갓 잡은 송아지 고기와 갓 구운 빵을 먹었습니다. 아브라함은 서서 시중을 든 것 같습니다.

---

1 Gispen, *Genesis*, II, 153.

여기서 우리가 또 생각할 것은 이렇게 손님 대접하는 데 사라도 협력을 잘했다는 것입니다. 급히 빵을 구워라고 할 때 사라는 순순히 응했습니다. 즉시 제일 좋은 밀가루 한 말을 퍼서 빵을 구웠습니다. 여러분 같으면 그렇게 하겠습니까? 남편이 웬 낯선 사람 세 명을 데리고 와서 "급히 식사를 준비해 주시오!"라고 하면, 여전도회 회원 여러분은 그렇게 하겠습니까? 친척도 아니고 친구도 아니고 처음 보는 낯선 사람을 데려왔다면 여러분이 순순히 응하겠습니까? 아마 어떤 아내는 성을 발칵 내면서 "아니, 웬 낯선 사람들을 데리고 오는 거요? 난 못해요."라고 했을 것입니다. 또는 "나 지금 낮잠 자는 시간이니까 당신이 알아서 라면 끓여 주든지, 아니면 중국집에 짜장면 시켜 먹어요."라고 했을 것입니다. 그러나 사라는 두말없이 남편이 시키는 대로 밀가루 한 말 이상을 퍼서 반죽을 해서 빵을 만들었습니다. 참 착한 아내입니다.

이뿐이 아닙니다. 아브라함이 하인에게 기름지고 살진 송아지를 주면서 잡으라고 했습니다. 아마 이 말을 사라도 들었을 것입니다. 하인이 송아지 끌고 가는 것을 보았을 텐데도 사라는 가만히 있었습니다. 우리나라 여자들 같으면 야단났을 것입니다. "아니, 여보! 지금 뭐 하는 짓이에요? 송아지가 얼마나 비싼데 송아지를 잡다니요? 그것도 높은 사람이 온 것도 아니고 그저 길 가는 사람들에게 송아지라니 당신 지금 정신 있소?" 씩씩거리면서 남편에게 달려들었을지도 모릅니다.

좀 착한 여자 같으면 하인에게 가서 송아지 말고 양을 잡으라고 했을 것입니다. "양고기만 해도 얼마나 귀한 대접인데, 송아지 취소하고 양고기로 하세요."라고 했을 것입니다. 어떤 여자는 "양도 너무 아까워. 그냥 닭 한 마리 잡아요. 치킨 한 마리 구워서 세 사람이 나눠 먹으면 되겠네, 뭐." 또 어떤 여자는 "닭도 아까워. 닭 한 마리면 큰 것은 2만원이 넘는데, 그냥 계란 후라이 세 개 만들어서 대접하고 말자. 계란 후라이 세 개로 때우자." 이렇게 했을 것입니다.

그러면 여러분은 어느 편입니까? 여러분 같으면 어떻게 했을 것 같아요? 계란 후라이 세 개? 아니면 치킨 한 마리? 아니면 짜장면 세 그릇? 그러나 아브라함과 사라는 그렇게 하지 않았습니다. 손님을 대접할 때 인색하게 하지 않았습니다. 쩨쩨하게 아까워하지 않았습니다. 자기에게 있는 제일 좋은 것으로 대접했습니다. 기름지고 살진 송아지로 대접했습니다. 아브라함도 훌륭하지만 사라도 훌륭합니다. 손님을 대접하는 일에 인색하지 않았으며 열성을 다하고 최선을 다했습니다.

그러자 아브라함과 사라는 어떤 복을 받았습니까? 아들을 얻는 복을 받았습니다. 10절에 보면 "그가 이르시되 내년 이맘때 내가 반드시 네게로 돌아오리니 네 아내 사라에게 아들이 있으리라 하시니"고 합니다. 아들 약속은 여러 차례 주어졌습니다. 이제 최종적인 약속이 주어졌습니다. 앞의 약속들과 다른 점은 구체적으로 '시기'를 정해 주셨다는 것입니다. '내년 이맘때' 아들이 있을 것이라고 하셨습니다. 이제까지는 늘 아들을 주겠다고 말씀하셨습니다만 '언제' 주겠다는 말은 없었습니다. 그런데 이제 하나님께서 천사를 통해 구체적으로 말씀하십니다. '내년 이맘때'… 아주 구체적입니다. 카운트 다운이 시작되었습니다.

그리고 또 더 큰 복을 주셨습니다. "아브라함은 강대한 나라가 되고 천하 만민은 그로 말미암아 복을 받게 될 것이 아니냐?"(18절). 이처럼 정성을 다해, 최선을 다해 손님을 대접했더니 큰 복을 받았습니다. 엄청나게 큰 복을 받았습니다.

따라서 송아지를 잡아 대접한 것이 인간적으로 생각해도 손해가 아니었습니다. 결코 밑지는 장사가 아니었습니다. 만일 이때 자기 재산이 아까워서 송아지를 대접하지 아니하고, 계란 후라이 세 개만 대접하고 말았으면 어떻게 되었을까요? 그러면 큰 복을 놓치고 말았을 수도 있습니다(물론 하나님의 약속이 어디 가는 것은 아니지만). 송아지 한 마리를 아끼려다 만대의 큰 복을 놓치는 어리석음을 범했을 수도 있습니다. 물론 하나님은 신실하시니까 실제로 그렇게 되는 일은 없었을 것입니다.

그러므로 사랑하는 성도 여러분,

우리는 손 대접하기를 힘써야 합니다. 손님을 대접할 때는 사람을 가리지 말고 해야 합니다. 높은 사람이면 대접하고 낮은 사람이면 물리치고 … 이렇게 사람을 가려가면서 대접하면 복을 못 받습니다. 그런 사람은 큰 복을 놓치게 됩니다. 사람을 가리지 말고, 오히려 지나가는 나그네라도 최선을 다해 대접하면 뜻밖의 복을 받게 되는 경우가 있습니다.

서울의 모 교수가 천안에 있는 미천한 저에게 짜장면 한 그릇이라도 대접했더라면, 그러면 제가 아브라함 이야기를 해 주었을 것이고, 그러면 그가 복을 받아서 큰 권세를 거머쥐는 영광을 누릴 수도 있었을 텐데 참 아쉽습니다. 늘 주위의 유명한 사람들, 힘 있는 사람들만 대접하지 말고 미천한 사람을 대접해야 복을 받습니다.

그리고 손님을 대접할 때에는 아까워하지 말고 최선을 다해 대접해야 합니다. 자기가 할 수 있는 범위 내에서 최선을 다해야 합니다. 계란 후라이만 해 주지 말고 닭도 잡고 양도 잡고, 또 형편이 되면 송아지 고기도 대접하고… 어쨌든 정성을 다해야 합니다.

그리고 손님 대접은 가끔 한 번씩만 하는 게 아니라 평소에 습관이 되어야 합니다. 아브라함이 이렇게 천사들을 대접하게 된 것은 평소에 늘 손님을 대접하는 삶을 살았기 때문입니다. 그러다 보면 언제 어떤 사람이 와서 복을 줄지 모릅니다. 그래서 로마서 12장 13절에 보면 "성도들의 쓸 것을 공급하며 손 대접하기를 힘쓰라."고 말합니다.

그러므로 사랑하는 성도 여러분,

여러분 모두, 아브라함의 손 대접을 배워서 손님 대접하기를 힘쓰는 성도들이 되시기 바랍니다. 하나님은 대접하는 사람을 기뻐하시고 복을 주십니다. 자기를 낮추고 손 대접하기를 평소에 힘쓰다 보면 언제 큰 복이 닥칠지 모릅니다.

하나님은 여러분의 선행을 기억하셨다가 때가 되면 큰 복으로 갚아 주실 것입니다. 어쨌든 하나님을 믿는 우리는 아브라함을 본받아서 자기 몸을 굽혀 겸손히 행하고 손님 대접하기를 힘쓰는 성도들이 되시기 바랍니다. 그래서 하나님이 기뻐하시고 또 주위 사람들에게서 칭찬받는 성도들이 다 되시기 바랍니다. 아멘. (2012년 2월 5일 주일 오전)

21. 사라의 웃음 (18:9-15)

9 그들이 아브라함에게 이르되 네 아내 사라가 어디 있느냐 대답하되 장막에 있나이다 10 그가 이르시되 내년 이맘때 내가 반드시 네게로 돌아오리니 네 아내 사라에게 아들이 있으리라 하시니 사라가 그 뒤 장막 문에서 들었더라 11 아브라함과 사라는 나이가 많아 늙었고 사라에게는 여성의 생리가 끊어졌는지라 12 사라가 속으로 웃고 이르되 내가 노쇠하였고 내 주인도 늙었으니 내게 무슨 즐거움이 있으리요 13 여호와께서 아브라함에게 이르시되 사라가 왜 웃으며 이르기를 내가 늙었거늘 어떻게 아들을 낳으리요 하느냐 14 여호와께 능하지 못한 일이 있겠느냐 기한이 이를 때에 내가 네게로 돌아오리니 사라에게 아들이 있으리라 15 사라가 두려워서 부인하여 이르되 내가 웃지 아니하였나이다 이르시되 아니라 네가 웃었느니라

아브라함이 마므레 수풀에 장막치고 살고 있을 때 손님 세 사람이 찾아왔습니다. 이 세 사람은 천사들이었는데, 아브라함이 처음에는 알지 못했습니다. 그냥 지나가는 행인으로 생각했습니다. 그런데도 아브라함은 이들을 정성껏 대접했습니다. 먼저 물을 떠다가 그들이 발을 씻게 했습니다. 또 사라에게 말하여 밀가루를 반죽해서 빵을 굽게 만

들고, 또 종에게 말하여 기름지고 좋은 송아지를 한 마리 잡아서 대접했습니다. 그래서 그 손님들은 시원한 나무 그늘에 앉아서 맛있게 먹었습니다. 송아지 고기를 맛있게 뜯어 먹고, 간간이 우유와 엉긴 젖도 마시면서 식사를 잘하였습니다. 사라가 만든 갓 구운 빵도 맛있게 먹었습니다.

배부르게 먹고 나서 그들이 아브라함에게 말했습니다. "네 아내 사라가 어디 있느냐?" 사라는 장막 안에 있었습니다. 유목민들, 베두인족 여자들은 장막 밖에 함부로 나오지 않습니다. 특히 낯선 손님이 오면 장막 안에 숨어 있습니다. 그런데 이들 손님들은 왜 갑자기 남의 아내를 찾았을까요? 밥 잘 먹었으니 커피 한 잔 부탁하려고 찾았을까요? 아닙니다. 그 당시에는 아마도 커피가 아직 발견되지 않았을 것입니다.

이들이 아브라함의 아내 사라를 찾은 이유는 복을 주기 위해서였습니다. 대접을 잘 받았으니 뭔가 보답을 해야 하지 않겠습니까? 대접만 받고 그냥 가면 예의가 아니지요. 뭔가 보답을 해야 합니다. 그래서 이들은 아브라함의 아내 사라를 찾았습니다. 그리고 아브라함에게 말했습니다. "그가 이르시되 내년 이맘때 내가 반드시 네게로 돌아오리니 네 아내 사라에게 아들이 있으리라 하시니"(10절).

여기에 보면 단수 '그'가 나타납니다. 이 세 사람 중의 한 사람이 대표격으로 말합니다. 그런데 13절에 보면 "여호와께서 아브라함에게 이르시되"라고 말합니다. 17절과 33절에서도 "여호와께서"라고 말합니다. 그래서 많은 학자들은 여기에 나타난 세 사람 중 한 사람은 여호와 하나님이라고 봅니다. 두 사람은 천사이고, 한 사람은 여호와 하나님 자신이라고 합니다.[1] 또는 두 사람은 천사이고, 한 사람은 구약 시대에 나타난 그리스도라고 합니다. 구약 시대에도 예수님이 가끔 한번씩 이 땅에 나타나셨다고 합니다.[2]

그러나 우리는 이렇게 볼 필요가 없습니다. 또 이렇게 보면 많은 문제가 생깁니다. 제일 큰 문제는 하나님은 형상이 없다는 사실입니다. 하나님은 우리가 볼 수 없습니다(딤전 6:16). 천지만물을 지으신 하나님은 형상이 없습니다. 뿐만 아니라 여기 세 사람은 맛있게 식사를 했습니다. 빵도 먹고 송아지 고기도 먹고 했습니다. 따라서 이들은 천사라고 봐야 합니다. 하나님이 직접 음식을 먹은 것은 아닙니다.

이 사람이 하나님의 아들 그리스도라고 해도 문제는 있습니다. 그러면 예수님은 마리아를 통해 이 땅에 오시기 전에 이미 성육신하셨다는 말인가요? 이 땅에 오셔서 송아지 고기를 미리 맛보셨다는 말인가요? 아직 때가 되기 전에 살짝 땅에 내려오셔서 송아지 고기를 드시고 사라지셨다는 말인가요?

따라서 우리는 이들 세 사람은 천사들인데, 하나님을 대신하는 천사들로 보아야 합니다. 하나님이 보셔서 이 땅에 온 천사들인데 그 중 하나는 하나님을 대신했습니다. 하나님의 특사였습니다. 따라서 이들 천사들이 말하는 것은 곧 하나님이 말씀하시는 것과 동일합니다. 그래서 천사가 말한다고 할 수도 있고 또 하나님이 말씀하신다고 말할 수

---

1 박윤선, 『창세기 출애굽기』, 248, 251; 또한 433(출 3:2 주석 중).

2 칼빈의 출 3:2 주석과 슥 1:8을 보라.

도 있습니다(cf. 삿 6:11, 14, 16, 20, 21, 22; 출 3:2, 4, 5; 행 7:30, 35). 이상한 게 아니고 어려운 것도 아닙니다. 그리고 무엇보다도 히브리서 13장 2절에 분명히 천사들이라고 말하고 있습니다. "이로써 부지중에 천사들을 대접한 이들이 있었느니라."

어쨌든 이 세 사람 중의 한 사람 곧 하나님을 대표하는 한 천사가 아브라함에게 말했습니다. "내년 이맘때 내가 반드시 네게로 돌아오리니 네 아내 사라에게 아들이 있으리라."(10절) '내년 이맘때'는 해가 바뀌어 이때쯤에, 그러니까 '1년쯤 뒤에'라는 뜻입니다. "내가 반드시 네게로 돌아오리니"는 무슨 말입니까? 하나님이 아브라함에게 돌아온다는 것은 하나님의 은혜로운 방문이 있다는 것을 말합니다. 곧 하나님께서 아브라함에게 은혜를 베푸신다는 말입니다. 하나님이 우리를 찾아오실 때에, 특히 맛있는 것을 대접받고 나서 찾아오실 때에는 은혜 베푸시려고 찾아오시는 것입니다.

무슨 은혜입니까? "네 아내 사라에게 아들이 있으리라."는 것입니다. 아브라함과 사라에게 이보다 더 좋은 선물은 없습니다. 아브라함에게 아들을 주시겠다는 약속은 여러 차례 있었습니다. 갈대아 우르에서부터 이런 약속이 주어졌습니다. 하란에서도 있었고, 가나안 땅에서도 여러 번 있었습니다. 그러나 이번에는 아주 구체적입니다. '내년 이맘때' 아들이 있을 것이라고 구체적으로 시기를 말씀하셨습니다. 이제 카운트 다운이 시작된 것입니다.

그런데 사라가 이 말을 장막 문에서 들었다고 합니다. 여인네들은 남자들이 말하는 것을 안 듣는 척하면서도 다 듣고 있습니다. 유목 생활을 하는 사람들은 낯선 남자들이 오면 여자들은 장막 안에 들어가서 몸을 숨기지만, 머리에 수건을 덮어쓰고 얼굴을 가리지만 귀는 내어 놓고 다 듣고 있습니다. 사라도 장막 문 앞에 앉아서 저 남자들이 무슨 말을 하나 숨을 죽이고 듣고 있었습니다. 그런데 그 남자가 말하기를 "네 아내 사라에게 아들이 있으리라."고 하자 사라가 속으로 웃었습니다. 믿겨지지 않는다, 우습다는 것입니다.

12절에 보면 "사라가 속으로 웃고 이르되 내가 노쇠하였고 내 주인도 늙었으니 내게 무슨 즐거움이 있으리요?"고 합니다. 이 말도 속으로 한 말로 생각됩니다. 속으로 생각한 것입니다. "내가 노쇠하였다"는 것은 늙었다는 말입니다. 이때 사라의 나이는 90세였습니다. 물론 옛날에는 오래 살았으니까 오늘날과 그대로 비교할 수는 없습니다. 사라는 127세를 살았습니다. 아브라함은 175세를 살았으니 사라는 일찍 죽은 편입니다. 미인박명(美人薄命)이라는 말처럼 사라는 오래 살지 못했습니다. 따라서 미인이라고 다 좋은 것은 아닙니다. 일찍 죽을 수도 있습니다. 어쨌든 사라는 그때 나이 90세였으니 이미 늙었습니다. 외모는 여전히 아름다웠지만 노쇠하였습니다. '노쇠하다'의 원어의 뜻은 (옷이) '닳아서 낡았다'는 것입니다.[3] 아이를 전혀 낳을 수 없는 나이였습니다.

---

3 18:12의 '노쇠하다'의 히브리어는 '자켄'(זָקֵן)인데, '늙다'(to be old)라는 뜻이다. 어원적 의미는 '아래턱'(자칸)이 내려오다는 것이라고 한다(Gesenius).

그리고 사라가 또 말합니다. "내 주인도 늙었으니 내게 무슨 즐거움이 있으리요?" 그런데 이 문장은 순서가 좀 바뀌었습니다. 원문의 순서는 "나는 노쇠하였으니 무슨 즐거움이 있으리요? 그리고 내 주인도 늙었다."입니다. 내가 노쇠하였으니 무슨 낙이 있겠느냐? 내가 늙었으니 아이도 못 낳고 낙이 없다, 아무 희망이 없지 않은가? 게다가 남편도 늙었다는 것입니다.

여기서 우리가 또 생각할 것은 사라가 남편을 '내 주인'이라고 불렀다는 사실입니다. 99세 된 아브라함을 '내 주인'이라고 불렀습니다. 이것은 사라가 평생 동안 남편을 어떻게 대했는가 하는 것을 보여 줍니다. 사라는 남편을 자기 주인으로 모셨습니다. 이것이 중요합니다.

우리나라 사람들은 아내가 남편을 부를 때 어떻게 부르나요? 보통 "여보!"라고 많이 부릅니다. 그러나 '여보'는 '여기 보시오'의 준말입니다. 화날 때는 "이봐요!"라고 합니다. 경상도 사람들은 "보소!"라고 합니다. 또 일반적으로 '당신'이라고 부르기도 하고, '(누구) 아빠'라고 부르기도 하고, 또 젊은이들은 '자기' 또는 '오빠' 등으로 부릅니다. 그러나 사라는 남편을 '주인'이라고 불렀습니다. '내 주인', '아도나이'라고 불렀습니다. 남편을 자기 주인으로 알고 따르고 순종했다는 것을 알 수 있지요.

아브라함이 갈대아 우르를 떠나 하란으로 가자고 했을 때도 사라는 따랐습니다. "난 안 가요. 당신 혼자 가시오."라고 하지 않았습니다. 하란에서 가나안 땅으로 갈 때에도 말없이 따르고, 흉년이 들어 애굽에 내려가자고 할 때도 순순히 따랐습니다. "이제부터는 내 아내라 하지 말고 내 누이라고 하라."고 했을 때도 그대로 따랐습니다. 아브라함이 시키는 대로 다 따랐습니다. 길 가는 사람을 대접하려고 밀가루를 반죽해서 빵 만들라고 하면 그대로 만들었습니다. 참 착하지요? 사라에게는 '노!'(No!)가 없었습니다. 항상 '예스!'(Yes!)입니다. 남편이 하라는 대로 합니다. 딱 한 번 성질낸 적이 있습니다(성경에 기록된 것으로는). 하갈에게 열 받아서 남편에게 가서 따진 것입니다. 그 외에는 항상 고분고분하고 순종했습니다.

그래서 베드로는 이런 사라를 칭찬하면서 그를 '거룩한 부녀'로 '모범'으로 제시합니다. 베드로전서 3장 6절에 "사라가 아브라함을 주라 칭하여 순종한 것 같이 너희는 선을 행하고 아무 두려운 일에도 놀라지 아니하면 그의 딸이 된 것이니라."고 합니다. 아브라함을 '주'라 칭하여 순종하였다는 것이 어디에 나올까요? 바로 창세기 18장 12절에 딱 한 번 나옵니다. 이걸 보면 베드로가 성경을 열심히, 자세히 읽었다는 것을 알 수 있지요? 한두 번 읽어서는 이 구절이 눈에 띄지 않습니다. 저는 창세기를 수십 번 읽으니까 겨우 이 구절이 눈에 들어왔습니다. 베드로는 어려서부터 성경을 읽고 듣고 묵상하고 암송했습니다. 그래서 사라가 아브라함을 '주'라고 불렀다는 사실을 가지고 우리에게 교훈을 주고 있는 것입니다.

그래서 오늘날 여전도회 회원들도 남편을 '주'라고 부르는 것이 제일 좋습니다. '주인님!', '주인 양반!' 또는 '주인 어른!'으로 부르면 제일 좋습니다. 영어로 하면 "lord", "my lord" 정도가 되겠지요? 우리말도 껄

끄럽고 영어도 껄끄러우면 그냥 히브리어로, 사라가 원래 사용한 말로 '아도나이'(나의 주)라고 하면 됩니다. 이 말은 하나님에 대해 사용하는 말이기도 하고, 또 낯선 사람을 높여 부르는 말이기도 합니다. 아브라함은 낯선 손님에게 '아도나이'라고 불렀습니다(3절). 그런데 사라는 자기 남편에 대해서도 '아도나이'라고 말합니다.

사라는 늙은 남편에 대해서도 '나의 주인'이라고 불렀습니다. 우리나라 여자는 젊었을 때에는 남편을 잘 따르다가도 나이 들면 남편은 뒷전입니다. 아침에 일어나면 아들딸 밥 챙겨 준다고 분주합니다. 쏘시지 굽고 계란 후라이 하고 바쁩니다. 그런데 정작 남편 밥은 안 챙기는 경우도 있습니다. "당신은 아침에 빵 구워 먹고 가든지, 아니면 우유에 씨리얼 타 먹든지, 아니면 어제 먹다 남은 밥 먹든지 마음대로 하시오. 자유를 드립니다." 그래서 남편은 찬밥 신세입니다. 어떤 때는 무밥 신세입니다. 온통 아이들 챙기느라 신경 쓰고 남편은 찬밥 신세인 경우가 많지요? 남편은 그냥 "돈이나 벌어 오시오!"라고 합니다. 그러면 아내는 그 돈을 가지고 자식들에게 맛있는 것을 해 주고, 또 데리고 나가서 맛있는 것을 사 먹습니다. 통닭 한 마리 뜯고 나서 신용카드를 긁는데, 돈은 남편 통장에서 빠집니다. 남편 돈을 빼서 자식들에게 갖다줍니다. 학원에 갖다주고 과외 선생에게 주고, 또 마트에 갖다주고… 이것이 우리나라 엄마의 일생입니다. 그러다 보면 남편만 불쌍합니다. 그러나 사라는 착했습니다. 남편 아브라함을 '내 주인'이라 부르면서 순종했습니다.

그런데 하나님이 사라를 책망하셨습니다. 사라의 불신앙을 책망했습니다. "여호와께서 아브라함에게 이르시되 사라가 왜 웃으며 이르기를 내가 늙었거늘 어떻게 아들을 낳으리요 하느냐?"(13절). 여기에서는 "여호와께서"라고 합니다. 왜냐하면 천사는 여호와 하나님의 사자(使者), 특사(特使)이기 때문입니다. 천사의 말은 곧 여호와 하나님의 말씀입니다. 그래서 "여호와께서"라고 말하는 것입니다. "사라가 왜 웃으며 이르기를 내가 늙었거늘 어떻게 아들을 낳으리요 라고 하느냐?" 사라의 불신앙을 꾸짖은 것입니다. 믿음 없음을 꾸짖었습니다. 늙었으니 아들을 낳을 수 없다는 것은 인간적인 생각입니다. 하나님을 안 믿는 것입니다. 하나님은 전능하신 하나님, 불가능한 것을 가능케 하시는 분입니다. 천지만물을 지으시고 사람을 지으시고 생명을 주시는 분이신데, 왜 하나님을 못 믿느냐는 것입니다.

하나님은 계속 말씀하십니다. "여호와께 능하지 못한 일이 있겠느냐? 기한이 이를 때에 내가 네게로 돌아오리니 사라에게 아들이 있으리라."(14절) 여호와 하나님께는 능치 못한 일이 없습니다. 능치 못한 일이 있다면 하나님이 아닙니다. 하나님은 능치 못한 일이 없습니다. 원하시면 다 하실 수 있습니다. 이에 비해 사람은 능치 못한 일이 있습니다. 뭐는 할 수 있고 뭐는 할 수 없다는 구분이 있습니다. 의사는 배탈 난 것은 고칠 수 있는데 말기 암은 못 고친다고 합니다. 암이 온몸에 퍼져 버리면 고치기 어렵다고 합니다. 그래서 암이 무서운 것입니다. 그런데 하나님께는 능치 못한 일이 없습니다. 무엇이든지 다 가능합니다. 그래서 전능하신 하나님, 엘 샤다이 하나님이라고 부릅니다.

14절하에 보면 "기한이 이를 때에(내년 이맘때에) 내가 네게로 돌아오리니 사라에게 아들이 있으리라."고 합니다. 하나님의 말씀은 같습니다. 언제나 같은 말씀을 반복하십니다. 그리고는 마침내 이루십니다. 때가 되면 이루시는데, 언제 때가 될까요? 하나님은 아시는데 우리는 모릅니다. 아브라함의 경우를 보면 대개 이렇습니다. 사람이 기다리고 기다리다가 지치고 피곤하고 낙심하고 절망하고, 속으로 피식 웃고, 다른 대안을 생각할 때면 때가 가까운 것입니다. 약속이 이루어질 때가 다 되어간다, 새벽 동틀 때가 다가온다는 것을 알 수 있습니다.

마지막으로 15절 말씀을 보겠습니다. "사라가 두려워서 부인하여 이르되 내가 웃지 아니하였나이다. 이르시되 아니라 네가 웃었느니라." 사라는 속으로 웃었으니까 겉으로는 웃지 않았습니다. 아무도 못 봤으니까 안 웃었다고 발뺌하는 것입니다. 그런데 천사(여호와)는 "네가 웃었다"고 말합니다. "네가 속으로 웃었다고 해서 내가 모를 줄 아느냐? 다 안다."는 뜻입니다. 하나님은 우리의 속마음을 다 아시니 우리가 거짓말할 수도 없고 속일 수도 없습니다. 사라가 뜨끔했을 것입니다. 그의 불신앙이 들켜 버렸습니다. 속으로 생각한 게 다 들통났습니다.

그러나 이 사건은 사라의 불신앙을 강조한다기보다도 하나님은 불가능한 일을 하신다는 것에 초점이 있습니다. 하나님은 이처럼 도무지 믿겨지지 않는 일, 불가능한 일을 이루시고, 약속하신 것을 반드시 이루십니다. 그래서 우리가 믿는 하나님은 전능하신 하나님, 엘 샤다이 하나님이십니다. 천지를 창조하시고 만물을 뜻대로 움직이는 하나님이십니다.

그런데 여러분, 우리는 어떻습니까? 그런 하나님을 못 믿고 의심하고 속으로 피식 웃고, "어찌 그렇게 될 수 있을까?"라면서 의심합니다. 믿음이 좋다고 소문난 아브라함과 사라도 그러한데 우리 같은 사람이야 오죽하겠습니까? 게다가 성경도 안 읽는 사람이야 말해 무엇 하겠습니까?

그러나 여러분, 차이는 있습니다. 이스라엘 백성은 광야에서 하나님을 안 믿고 불평하고 원망했습니다. "왜 우리를 애굽에서 인도하여 내어서 광야에서 죽게 하느냐? 애굽에 매장지가 없어서 이 광야에서 죽게 하느냐?" 아주 독한 말, 악한 말로 하나님을 원망하고 모세를 원망하고 거역하였습니다. 그래서 그들은 하나님의 진노를 받아서 광야에서 멸망했습니다.

그러나 아브라함은 하나님 앞에 엎드려 경배했습니다. 안 믿어져서 웃긴 했지만, 엎드려서 살짝 웃고 속으로 말했습니다. 그리고 사라는 속으로 웃고 속으로 생각했습니다. 그리고는 하나님을 두려워했습니다. 뿐만 아니라 아브라함과 사라는 손님 대접하는 일에 지극 정성을 다했습니다. 그러자 하나님은 이런 아브라함과 사라를 기뻐하시고 복을 내려주셨습니다. 아들을 주시고, 또 아브라함은 강대한 나라가 되고, 천하 만민이 그 안에서 복을 얻도록 하셨습니다.

그러므로 사랑하는 성도 여러분,

　여러분은 힘들고 어려운 상황에서도, 믿기지 않는 상황에서도 전능하신 하나님을 바라보고 경배하며 나아가시기 바랍니다. 혹 안 믿겨지거든 속으로만 생각하고 입으로 말하지는 마십시오. 하나님을 원망하거나 불평하지 마십시오. 아브라함과 사라처럼 하나님을 경배하고, 손님 대접하기를 힘쓰고, 하나님의 약속을 기다리며 사시기 바랍니다.

　약속을 이루어 주실 전능하신 하나님, 엘 샤다이 하나님을 바라보면서, 마치 그 약속이 이루어진 것처럼 생각하고 기뻐하며 즐거워하며 사는 성도들이 되시기 바랍니다. 이런 믿음이 생기고 믿음이 굳건해지도록 성경 말씀을 펴서 읽고 기도하는 성도들이 다 되시기 바랍니다. 그래서 여러분을 통해 하나님의 약속이 이루어지고 여러분을 통해 하나님이 영광 받으시도록 힘쓰는 성도들이 다 되시기 바랍니다. 아멘.
(2012년 2월 12일 주일 오전)

22. 아브라함에게 주신 복 (18:16-21)

16 그 사람들이 거기서 일어나서 소돔으로 향하고 아브라함은 그들을 전송하러 함께 나가니라 17 여호와께서 이르시되 내가 하려는 것을 아브라함에게 숨기겠느냐 18 아브라함은 강대한 나라가 되고 천하 만민은 그로 말미암아 복을 받게 될 것이 아니냐 19 내가 그로 그 자식과 권속에게 명하여 여호와의 도를 지켜 의와 공도를 행하게 하려고 그를 택하였나니 이는 나 여호와가 아브라함에게 대하여 말한 일을 이루려 함이니라 20 여호와께서 또 이르시되 소돔과 고모라에 대한 부르짖음이 크고 그 죄악이 심히 무거우니 21 내가 이제 내려가서 그 모든 행한 것이 과연 내게 들린 부르짖음과 같은지 그렇지 않은지 내가 보고 알려 하노라

아브라함이 헤브론 근처 마므레 상수리 수풀에 살고 있을 때 천사 세 명이 찾아왔습니다. 아브라함은 이들이 천사인 줄도 모르고 지극 정성으로 대접했습니다. 밀가루로 빵을 굽고 살진 송아지를 잡아 대접했습니다. 이 사람들은 나무 그늘 아래서 점심 식사를 맛있게 잘하고는 일어나서 떠나게 되었습니다. 어디로 갔을까요?

16절에 보면 "그 사람들이 거기서 일어나서 소돔으로 향하고 아브라

함은 그들을 전송하러 함께 나가니라."고 했습니다. 소돔은 사해 남쪽에, 약간 남동쪽에 있었던 것으로 생각되는데 고대 세계에서 아주 발달한 도시였습니다. 그러나 죄악이 많았습니다. 그래서 하나님이 천사를 보내어 조사하게 하셨습니다. 얼마나 악한가? 과연 그렇게도 죄가 많은가? 심판하시기 전에 먼저 조사하고 확인하는 절차를 밟으신 것입니다.

그래서 이 천사들이 소돔으로 향하는데, 아브라함은 이들을 전송하러 따라 나왔습니다. 이것도 아브라함이 손님 대접하는 일에 얼마나 열심인가, 예의 바른가 하는 것을 보여 줍니다. 손님이 떠나갈 때에는 따라 나와서 전송하는 것이 예의입니다. 요즘은 손님이 떠나갈 때에도 가만히 방 안에 앉아서 "안녕!" 하는 아이들이 있습니다. 컴퓨터 앞에 앉아서 일어나지 않는 학생도 있습니다. 그러면 안 됩니다. 예의가 아닙니다. 문 앞까지 나와서 인사해야 합니다. 할아버지나 할머니가 가실 때에는 저 밑의 주차장까지 나와서 인사해야 합니다. 아버지가 나가실 때에도 아이들은 문 앞까지 나와서 "안녕히 다녀오세요!"라고 인사해야 합니다. 아내도 문 앞까지 나와서 "주인님, 잘 다녀오세요."라고 인사해야 예의 바른 것입니다. 그런데 어떤 아내는 부엌에서 고개도 안 돌리고 "안녕!" 합니다. 어떤 아내는 본체만체합니다. 아무 말도 안 하는 게 인사입니다. 더 심한 아내는 자리에서 일어나지도 않고 침대에 누워서 "음! 잘 갔다 와! 그리고 올 때 장 봐 와!" 합니다. 그러면 참 골치 아픕니다.

그러나 아브라함은 손님들과 함께 나가서 전송했습니다. 어디까지 따라 나갔을까요? 성경에 지명은 안 나와 있습니다만, 전해 내려오는 이야기에 의하면 헤브론 동북동 쪽에 있는 산의 제일 높은 곳(카파르 바루카)까지 갔다고 합니다. 거기서 남쪽으로 보면 저 멀리 소돔이 보인다고 합니다.[1] 그러니까 아브라함은 저 산꼭대기까지 몇십분쯤 같이 따라 나왔다 하는 것을 알 수 있지요? 아브라함이 얼마나 친절한가, 손님 대접을 얼마나 극진히 했는가 하는 것을 알 수 있습니다.

그러자 하나님은 이런 아브라함에게 복을 주셨습니다. 하나님도 마음이 흐뭇하셨습니다. 하나님도 기분이 좋아야 복을 주십니다. 그러면 무슨 복을 주셨을까요? 17절에 보면, "여호와께서 이르시되 내가 하려는 것을 아브라함에게 숨기겠느냐?"고 합니다. 여기서는 '여호와'라고 말합니다. 아마도 세 천사 중의 하나는 직접적으로 하나님을 대변하는 특사가 아닐까 생각됩니다. 하나님은 아브라함에게 하나님의 계획을 알려 주십니다. 다른 사람들은 모르는 비밀, 고급 정보를 알려 주십니다.

여러분, 정보가 얼마나 중요한지 모릅니다. 전쟁에서도 정보는 매우 중요합니다. 적이 어디로 쳐들어온다는 것을 알기만 하면 길목에 매복해 있다가 공격하면 이길 수 있습니다. 광개토대왕이 백제와의 전쟁에서 승리한 것도 백제의 동태를 철저히 파악해서 거짓 정보로 적을 속이고 불시에 공격해서 승리한 것입니다. 그래서 광개토대왕은, KBS 드라마에 의하면, 이렇게 명령합니다. "철저하게 적의 동태를 감

---

1 Aalders, *Genesis*, II, 79.

시하고 사소한 움직임이라도 있으면, 즉시 하나도 빠짐없이 내게 보고하라." 정보를 직접 챙기는 것을 알 수 있습니다. 로마의 율리우스 카이사르도 갈리아를 정복할 때 포로로 잡은 적은 반드시 직접 심문해서 정보를 캐내었다고 합니다. 그만큼 정보가 중요하다는 것을 알 수 있습니다. 아브라함이 지극 정성으로 손님을 대접했을 때 하나님이 주신 복은 첫째로 정보를 주는 것이었습니다. 비밀을 가르쳐 주신 것입니다.

구체적으로 그 비밀이 무엇입니까? 18절에 보면 "아브라함은 강대한 나라가 되고 천하 만민은 그로 말미암아 복을 받게 될 것이다."라고 합니다. 아브라함은 강대한 나라가 될 것이다, 자손들이 많아지고 번성하여서 크고 강한 나라가 될 것이라는 것입니다. 아직 자식 하나도 없는 아브라함이 강대한 나라가 될 것이라니 … 참으로 듣기 좋은 복된 소식입니다. 먼 미래의 일을 알려 주셨으니 아주 고급 정보입니다.

다음에 "천하 만민은 그로 말미암아 복을 받게 될 것이 아니냐?"고 합니다. 여기서 '천하 만민'은 원어로 땅의 모든 민족을 말합니다. 유대인만 아니라 헬라인도 복을 받고, 로마인도 복을 받고, 이집트 민족과 아랍 족, 유럽의 여러 민족들과 영국과 미국, 일본, 중국, 한국 등 세계의 모든 민족이 복을 받게 될 것이라는 것입니다. 아프리카인들도 복을 받고, 아시아인들도 복을 받고, 아메리카의 인디언들도 복을 받습니다.

어떻게 하면 복을 받을까요? "그로 말미암아" 복을 받는다고 말합니다. 그러나 전에도 말씀드렸습니다만, 이 번역은 문제가 있습니다. 히브리어 원문에 보면 '보'(bo, vo)라고 되어 있습니다. '그 안에서'라는 뜻입니다. 영어로는 "in him"이 됩니다. KJV에는 "in him"으로 바로 번역하였습니다. RSV는 "by him"으로 번역했는데 맞지 않습니다. 그러나 NRSV는 "in him"으로 바로잡았습니다. 오늘날 많이 보급되어 있는 NIV는 "through him"으로 의역하였는데 맞지 않습니다. 최근에 나온 ESV는 "in him"으로 바로 번역하였습니다. 독일의 루터 번역은 "in ihm"으로 바로 번역하였습니다. 중국어 성경이 "그를 인하여(因他)"로 잘못 번역하였는데, 이것이 한국어 성경 번역에 영향을 끼치지 않았나 추측됩니다(개역한글판: '그를 인하여'). 어쨌든 여기서는 "그 안에서 땅의 모든 민족이 복을 받을 것이다"가 맞습니다.

그러면 "그 안에서" 곧 "아브라함 안에서" 복을 받는다는 것은 무슨 뜻일까요? 창세기 22장 18절에도 같은 내용의 말씀이 나옵니다(창 26:4에도). 아브라함이 독자 이삭도 아끼지 않고 하나님께 바치려 했을 때, 전적으로 순종하는 믿음을 보였을 때, 하나님이 이것을 보시고 기뻐하셔서 복을 주셨습니다. "내가 네게 큰 복을 주고 네 씨가 크게 번성하여 하늘의 별과 같고 바닷가의 모래와 같게 하리니 네 씨가 대적의 문을 얻으리라."(17절) 그리고 나서 "또 네 씨로 말미암아 천하 만민이 복을 받으리니 이는 네가 나의 말을 준행하였음이니라."고 합니다(18절). 여기에 보면 같은 말이 나오지요? "네 씨로 말미암아 천하 만민이 복을 얻으리니…" 여기에 "네 씨로 말미암아"로 한 것은 "네 씨 안에서"로 해야 합니다. 중국어 성경이 잘못 번역하고 있는데 우리 한국어 성경도 잘못 번역하고 있습니다. "네 씨 안에서"라는 것은 곧 "아브라함의 자손 예수 그리스도 안에서"란 말입니다. 예수님은 다윗의 자손이자 또한 아브라함의 자손입니다.

이것을 베드로는 사도행전 3장에서 분명히 말합니다. "… 아브라함에게 이르시기를 땅 위의 모든 족속이 너의 씨로 말미암아 복을 받으리라 하셨으니"(25절). 개역한글판의 "너의 씨를 인하여"나 개역개정판의 "너의 씨로 말미암아"는 다 잘못입니다. 원문은 "엔 토 스페르마티 수"(ἐν τῷ σπέρματί σου)인데 '너의 씨 안에서'란 뜻입니다. 헬라어 '엔'(ἐν)은 영어의 "in"과 같습니다. KJV는 "in"으로 바로 번역했으나 NIV는 "through"로 잘못 번역했습니다. 그러나 ESV는 다시 "in"으로 바로 번역했습니다. 어쨌든 베드로가 말한 것은 "아브라함의 씨 안에서 땅 위의 모든 족속이 복을 받으리라"는 것입니다.

이 '아브라함의 씨'가 누구입니까? 베드로는 이어서 말합니다. 26절에 "하나님이 그 종을 세워 복 주시려고 너희에게 먼저 보내사 너희로 하여금 돌이켜 각각 그 악함을 버리게 하셨느니라."고 합니다. 여기서 '그 종'은 예수님을 가리킵니다. 사도행전 13장 23절에서는 "하나님이 약속하신 대로 이 사람의 후손(씨)에서 이스라엘을 위하여 구주를 세우셨으니 곧 예수라."고 합니다. 따라서 구주 예수 그리스도 안에서 땅 위의 모든 족속이 복을 얻는다는 뜻입니다. 이것을 사도 바울은 분명히 말합니다. 갈라디아서 3장 14절에서 "이는 그리스도 예수 안에서 아브라함의 복이 이방인에게 미치게 하시고"라고 말합니다.

그러므로 하나님이 아브라함에게 알려 주신 것은 복음입니다. 아브라함에게서 날 씨 곧 아브라함의 자손 예수 그리스도 안에서 천하 만민이 복을 얻게 될 것이라는 복음입니다. 그래서 사도 바울은 하나님이 아브라함에게 미리 복음을 전하셨다고 합니다. 갈라디아서 3장 8절에 "또 하나님이 이방을 믿음으로 말미암아 의로 정하실 것을 성경이 미리 알고 먼저 아브라함에게 복음을 전하되 모든 이방이 너로 말미암아(-> 너 안에서) 복을 받으리라 하셨으니"라고 합니다. 이처럼 하나님은 단순히 아브라함에게만 복을 주신 것이 아니라 그의 씨(자손) 예수 그리스도 안에서 세상의 모든 민족이 복을 얻게 될 것이라는 복음을 전해 주셨습니다. 하나님의 놀라운 구원 계획을 그에게 알려 주신 것입니다.

하나님이 이렇게 아브라함에게 복을 주신 것은 '목적'이 있다고 말합니다. 창세기 18장 19절에 "내가 그로 그 자식과 권속에게 명하여 여호와의 도를 지켜 의와 공도를 행하게 하려고 그를 택하였나니 이는 나 여호와가 아브라함에게 대하여 말한 일을 이루려 함이니라."고 합니다. 아브라함을 택한[2] 목적은 '그'(아브라함)로 하여금 그 자식과 권속에게 명하여 여호와의 도를 지켜 의와 공도를 행하게 하려고 함이라고 합니다. 하나님의 도(道, 길, 법, 말씀)를 지키도록 하기 위해 곧 의와 공도(公道) 즉 의와 판단(옳은 것)을 행하게 하려 함입니다. 쉽게 말하면, 아브라함의 후손들이 하나님의 법도를 지켜서 올바르게 행하게 하려고 아브라함을 택하였다는 것입니다. 이처럼 아브라함을 택하

---

2 '택하였나니'의 히브리어의 문자적 의미는 '알았나니'이다.

여 부르신 '목적'이 있습니다. 그냥 자기 혼자 복 받아서 잘 먹고 잘 살게 하려고 한 것이 아닙니다. 복 받았다고 마음대로 우상 섬기고 서로 싸우고 나쁜 짓 하고 하면 안 됩니다.

하나님이 우리를 구원하시고 복 주시는 데에도 '목적'이 있습니다. 그냥 술 먹고 놀고, 게임하고 놀고, 서로 미워하고 싸우게 하려고 우리를 구원하신 것이 아닙니다. 디도서 2장 14절에 "그가 우리를 대신하여 자신을 주심은 모든 불법에서 우리를 속량하시고 우리를 깨끗하게 하사 선한 일을 열심히 하는 자기 백성이 되게 하려 하심이라."고 합니다. 선한 일을 열심히 하는 자기 백성 곧 선한 일에 힘쓰는 자기 백성 삼으시려고 우리를 구원하셨다는 것입니다. 따라서 구원받은 우리는 선한 일에 힘써야 합니다. 착한 일, 옳은 일, 좋은 일에 힘써야 합니다. 어려운 사람을 돕고, 탈북자들을 돕고, 죽어가는 사람들을 살리는 일에 힘써야 합니다.

그런데 우리 한국 교회 성도들은 선한 일은 안 하고 말만 하는 경우가 많습니다. "나는 구원받았네, 할렐루야!" 찬송만 하고 끝나는 사람들이 많습니다. 베짱이처럼 늘 노래만 부르고 있는 사람들도 있습니다. 찬양한답시고 공부도 안 하고 밥도 안 하고 청소도 안 하고 노는 사람들도 있습니다. 또 "예수 믿으세요!"라고 말만 하고 떠드는 사람들도 있습니다. 그러고는 전도했다고, 하나님의 일 했다고 모여서 먹고 마십니다. 그러고는 남편이 만들어 준 카드를 꺼내서 쓱 긁습니다. 전도란 상대방의 말을 들어 보고 상대방과 대화를 나누어야 하는데,

자기 혼자서 일방적으로 떠들고 퍼붓는 것은 전도가 아니라 소음 공해입니다(최소한 오늘날에는 그러합니다). 그러면 경찰이 와서 잡아갑니다. 그러면 복음 전하다가 핍박받는다고 하는데, 그건 핍박이 아니고 자기 죄로 벌 받는 것입니다.

우리는 예수님을 믿고 나서 선한 일을 힘써야 합니다. 이것이 하나님이 우리를 부르신 목적입니다. 하나님이 아브라함을 부르신 목적도 의를 행하게 하려 함입니다. 하나님의 법도 곧 말씀을 지켜 행하게 하려고 그를 택하였습니다.

그다음에 20-21절에 보면, "여호와께서 또 이르시되 소돔과 고모라에 대한 부르짖음이 크고 그 죄악이 심히 무거우니 내가 이제 내려가서 그 모든 행한 것이 과연 내게 들린 부르짖음과 같은지 그렇지 않은지 내가 보고 알려 하노라."고 합니다. 소돔과 고모라의 죄악이 심히 무겁다고 합니다. 그들은 거칠고 난폭했습니다. 손님을 학대했습니다. 특히 동성애자들이 많았습니다. 그래서 천사들이 내려가서 과연 그런지 살펴보고자 하였습니다. 물론 하나님은 보지 않아도 다 아십니다. 척 하면 다 아십니다. 전지전능하신 하나님이십니다. 그런데 왜 내려와서 보고 알려 한다고 말씀하신 것일까요? 이상하지 않습니까?

그러나 이런 것은 인간의 방식을 따라 말한 것입니다. "anthropomorphism"이라고 합니다. 우리 인간이 이해할 수 있도록 인간의 방식을 따라 말한 것입니다. 예를 들어 "여호와의 손이 짧아졌느냐?" "여호와의 눈이 온 세상을 두루 살핀다", "냄새를 흠향하시고

(맡으시고)" 등은 하나님이 실제로 그런 것이 아니라 인간의 방식을 따라 표현하신 것입니다. 하나님은 하늘에서 모든 것을 다 아시지만, 천사들을 내려보내어서 소돔과 고모라가 정말로 얼마나 죄악이 심한지 보고 알려 하셨습니다. 이것은 우리 인간을 위해 그렇게 하신 것입니다. 우리로 하여금 소돔과 고모라의 죄악이 얼마나 심한지 보여 주고, 그래서 하나님의 벌을 받아 망하게 된다는 것을 깨닫게 하고 교훈을 얻도록 하기 위한 것입니다.

오늘 본문의 말씀을 통해 우리가 배울 수 있는 교훈은 무엇입니까? 그것은 우리가 손님 대접을 힘쓰면 복을 받는다는 것입니다. 끝까지 잘 대접하면 하나님께 복을 받는다는 것입니다. 그런데 이 세상에 보면 악은 사람들이 많습니다. 간사한 사람들이 많습니다. 무슨 일이 있어서 연락했는데 아무 답이 없습니다. 싹 모른 체합니다. 사람을 무시하는 거지요. 저는 이런 일들을 많이 당해 봐서 아무렇지도 않은 것처럼 생각하려고 합니다만 뒷맛은 좀 씁쓸합니다.

사람들은 자기가 필요할 때는 아주 친한 것처럼 접근합니다. 필요할 때는 나를 통해 발붙여 보려고 이용하는 거지요. 그러나 자기가 원하던 것이 이루어지지 않고 내가 필요 없게 되면 싹 입 닦고 모른 체합니다. 그런데 그런 사람이 옛날부터 평판이 안 좋았던 사람이라면 별로 안 놀라겠는데 아주 좋았던 사람이라는 게 놀랍습니다. 아주 신실하고 좋은 사람이었다고 생각했는데, 그렇게 나오는 게 참 놀랍습니다. 이런 걸 보면 밥맛이 떨어집니다. 그래서 저는 쓴 커피를 좋아합니다. 그것도 아주 독한 커피를 매일 사약 받아먹듯이 마십니다.

　그렇지만 그래도 저는 다음에 만나면 아무것도 모르는 척 반갑게 맞이하고 바보처럼 행동하려고 마음먹고 있습니다. 이 세상에는 진실한 사람이 정말 적습니다. 제가 세상을 살면서 보니까 머리 좋은 사람은 배반을 잘합니다. 공부 잘하는 학생들은 머리를 굴리고 배신을 잘합니다. 공부를 좀 못하고 얼빵한 사람들은 배신을 잘 안 해요. 왜냐하면 배반할 만큼 머리가 잘 안 돌아가거든요. 그렇지만 눈치는 빨라서 이런 사람들도 무슨 일이 있으면 자기 이익을 좇고 배반할 수 있습니다. 믿었다가 배신당할 수 있습니다.

　그런데 아브라함은 정말로 진실하고 참 마음으로 손님을 대접했습니다. 가식이 아니었습니다. 무얼 바라고 한 게 아닙니다. 맛있는 음식을 대접하고, 또 저 멀리까지 따라 나가서 배웅했습니다. 그러니 이런 사람을 어찌 하나님이 복 주시지 않겠습니까? 하나님은 아브라함을 '내 벗'이라고 말씀하셨습니다. 이사야 41장 8절에서 '내 벗 아브라함'이라고 하셨고, 역대하 20장 7절에서는 '주의 벗 아브라함'이라고 했습니다. 그리고 아브라함에게 복을 주셔서 강대한 나라가 되게 하셨습니다. 아브라함의 후손이 나중에 가나안 땅을 차지하고, 이스라엘 나라가 번창하게 되었습니다. 그리고 아브라함의 씨 곧 예수 그리스도 안에서 땅 위의 모든 민족이 복을 얻도록 하셨습니다. 그러므로 예수님은 아브라함의 자손, 아브라함의 씨라 불리고, 아브라함은 믿음의 조상이라 불리는 것입니다.

그러므로 사랑하는 성도 여러분,

여러분 모두, 아브라함처럼 하나님을 바로 믿고 진실하게 행하는 성도들이 되시기 바랍니다. 자기 이익을 바라고 선한 일을 하는 것이 아니라, 하나님을 믿기 때문에 모든 사람을 향하여 항상 선한 일에 힘쓰는 성도들이 되시기 바랍니다. 사람들 앞에 알랑거리는 간사한 사람이 되지 말고, 아브라함처럼 하나님을 잘 믿고 사람을 대하여 겸손하게 행하고, 정성껏 손님을 대접하고, 선한 일에 힘쓰는 성도들이 되시기 바랍니다.

그래서 하나님이 기뻐하시는 성도들이 되시기 바라고, 하나님의 벗, 하나님의 친구가 되어서 하나님의 복을 많이 받는 성도들이 되시기 바랍니다. 그래서 하나님을 잘 섬기고 선한 일을 많이 행하여 하나님을 기쁘시게 해 드리고, 하나님이 우리를 택하신 목적을 이루어 드리는 성도들이 다 되시기 바랍니다. 아멘. (2012년 2월 26일 주일 오전)

23. 아브라함의 간구 (18:22-33)

22 그 사람들이 거기서 떠나 소돔으로 향하여 가고 아브라함은 여호와 앞에 그대로 섰더니 23 아브라함이 가까이 나아가 이르되 주께서 의인을 악인과 함께 멸하려 하시나이까 24 그 성 중에 의인 오십 명이 있을지라도 주께서 그 곳을 멸하시고 그 오십 의인을 위하여 용서하지 아니하시리이까 25 주께서 이같이 하사 의인을 악인과 함께 죽이심은 부당하오며 의인과 악인을 같이 하심도 부당하니이다 세상을 심판하시는 이가 정의를 행하실 것이 아니니이까 26 여호와께서 이르시되 내가 만일 소돔 성읍 가운데에서 의인 오십 명을 찾으면 그들을 위하여 온 지역을 용서하리라 27 아브라함이 대답하여 이르되 나는 티끌이나 재와 같사오나 감히 주께 아뢰나이다 28 오십 의인 중에 오 명이 부족하다면 그 오 명이 부족함으로 말미암아 온 성읍을 멸하시리이까 이르시되 내가 거기서 사십오 명을 찾으면 멸하지 아니하리라 29 아브라함이 또 아뢰어 이르되 거기서 사십 명을 찾으시면 어찌 하려 하시나이까 이르시되 사십 명으로 말미암아 멸하지 아니하리라 30 아브라함이 이르되 내 주여 노하지 마시옵고 말씀하게 하옵소서 거기서 삼십 명을 찾으시면 어찌 하려 하시나이까 이르시되 내가 거기서 삼십 명을 찾으면 그리하지 아니하리라 31 아브라함이 또 이르되 내가 감히 내 주께 아뢰나이다 거기서 이십 명을 찾으시면 어찌 하려 하시나이까 이르시되 내가 이십 명으로 말

미암아 그리하지 아니하리라 32 아브라함이 또 이르되 주는 노하지 마옵소서 내가 이번만 더 아뢰리이다 거기서 십 명을 찾으시면 어찌 하려 하시나이까 이르시되 내가 십 명으로 말미암아 멸하지 아니하리라 33 여호와께서 아브라함과 말씀을 마치시고 가시니 아브라함도 자기 곳으로 돌아갔더라

아브라함은 세 천사들에게 점심 식사를 잘 대접하고 나서 그들을 전송했습니다. 그들이 소돔을 향하여 가는데 저 멀리까지 따라 나와서 배웅했습니다. 그런데 두 사람은 떠나고 한 사람은 남았다고 합니다. 22절에 보면 "그 사람들이 거기서 떠나 소돔으로 향하여 가고 아브라함은 여호와 앞에 그대로 섰다."고 합니다. 그 남은 존재는 '여호와'라고 합니다. 따라서 이 분은 하나님을 직접적으로 대변하는 천사로 볼 수 있습니다. 그래서 '여호와'라 불립니다.

아브라함과 하나님, 단 둘이 남았습니다. 하나님과 독대하게 되었습니다. 여러분, 독대할 때에는 뭔가 청을 넣을 수 있는 좋은 기회입니다. 만일 여러분이 대통령과 단 둘이 있을 기회가 있다면 무슨 청을 넣겠습니까? 스마트폰 한 대? 자동차 한 대? 너무 통이 작습니다. 아브라함은 하나님과 독대하게 되었을 때 하나님께 무엇을 구했을까요?

아브라함은 소돔 사람들을 위해 구했습니다. 그들을 멸하지 말고 구원해 달라고 간청했습니다. 아브라함은 이것을 구할 때 아주 겸손하게 구했습니다. "그 성 중에 의인 오십 명이 있을지라도 그 성을 멸하

고 용서하지 않겠습니까?" 그러자 하나님은 "내가 만일 그 성 중에 의인 50명을 찾으면 용서하리라."고 하셨습니다. 그러자 아브라함이 말했습니다. "만일 50명에 다섯 명이 부족하면 어떻게 하시리이까?" "내가 거기서 45명을 찾으면 멸하지 아니하리라." "거기서 40명을 찾으시면 어찌 하시려나이까?" "멸하지 아니하리라." 아브라함이 또 말했습니다. "내 주여, 노하지 마시고 말씀하게 하옵소서. 거기서 30명을 찾으시면 어떻게 하시려나이까?" "멸하지 아니하리라." "그러면 20명을 찾으시면 어떻게 하시려나이까?" "내가 20명으로 말미암아 멸하지 아니하리라." 아브라함이 또 말했습니다. "주는 노하지 마옵소서. 내가 이번만 더 아뢰리이다. 거기서 10명을 찾으시면 어찌 하시려나이까?" "내가 10명으로 말미암아 멸하지 아니하리라."

아브라함은 이렇게 겸손하게 간구하여서 10명까지 깎았어요. 소돔 성에서 의인 열 명만 찾으면 멸하지 않겠다고 하셨습니다. 그러나 소돔 성에 의인 열 명이 없어서 결국 멸망하게 된 것을 보게 됩니다. 우리는 아브라함의 이 간구를 통해 귀한 교훈을 얻게 됩니다. 어떤 교훈일까요?

I. 아브라함의 겸손함

아브라함은 하나님께 간구할 때 최대한 예의를 갖추어 겸손하게 구했습니다. 27절에 보면 "나는 티끌이나 재와 같사오나 감히 주께 아뢰나이다."고 합니다. '티끌'이나 '재'는 아주 가치 없는 것, 하찮은 것, 보잘것없는 존재를 말합니다. 아브라함은 이렇게 자기를 낮추고 겸손히 아뢰었습니다. 또 30절에 보면 "아브라함이 이르되 내 주여 노하지 마시옵고 말씀하게 하옵소서."라고 합니다. 최대한 온유하고 겸손하게 말한 것을 알 수 있습니다. 32절에서도 "주는 노하지 마옵소서. 내가 이번만 더 아뢰리이다. 거기서 10명을 찾으면 어찌 하시려나이까?"고 합니다. 이렇게 최대한 자기를 낮추고 겸손하게, 온유하게 간구하여서 50명을 10명까지 낮추는 데 성공했습니다. 80% 디스카운트했습니다.

여러분, 말 한마디로 천 냥 빚을 갚는다는 말처럼 말을 부드럽게 잘하면 은혜를 입는 경우가 많습니다. 잠언 15장 1절에 "유순한 대답은 분노를 쉬게 하여도 과격한 말은 노를 격동하느니라."고 합니다. 또 잠언 25장 15절에 "오래 참으면 관원도 설득할 수 있나니 부드러운 혀는 뼈를 꺾느니라."고 합니다. 전도서 10장 4절에 "주권자가 네게 분을 일으키거든 너는 네 자리를 떠나지 말라. 공손함이 큰 허물을 용서받게 하느니라."고 합니다. 여기서 '공손함'은 히브리어로 '마르페이'(מַרְפֵּא)인데, 원래는 긴장을 푼 편안한 마음(relaxed mind)을 가리킨다고 합니다. 그래서 고요함(tranquility), 온유함(meekness)이란 의미를 가지게 되었습니다.[1]

우리가 혹 잘못했을지라도 공손하게 말하면 매를 덜 맞게 됩니다. "제가 잘못했습니다. 다음에는 잘하겠습니다. 한 번만 용서해 주십시오. 은혜를 잊지 않고 꼭 보답하겠습니다."라고 하면 때리려고 매를 들

---

[1] Gesenius, *Hebrew-Chaldee Lexicon*, s.v.

었다가도 손이 풀리면서 매를 내려놓게 됩니다. 또는 매를 열 대 때리려고 마음먹었다가 세 대만 때리고 맙니다. 아니면 두 대나 한 대만 맞고 맙니다. 잘하면 한 대도 안 맞을 수 있습니다.

그런데 아이들 중에는 다짜고짜로 윽박지르는 사람이 있어요. 어떤 아이는 어머니에게 대뜸 이렇게 말합니다. "시간 됐는데 왜 밥 안 줘? 밥 안 주고 뭐 해?" 처음부터 시비조로 대듭니다. 그러면 어머니가 뭐라고 대답하겠습니까? "야, 이놈아, 너는 공부는 안 하고 밥만 생각하냐?" 가는 말이 고와야 오는 말이 곱다고, 가는 말이 거칠면 오는 말도 거칩니다. 어떤 아이는 성을 내면서 씩씩거립니다. "왜 피자 안 사 줘? 친구는 날마다 피자 먹는단 말이야." 어떤 아이는 한술 더 떠서 다가오더니만 어머니 가슴을 막 두들깁니다. "사 줄 때까지 때릴 거다." 완전 조폭입니다. 이렇게 하는 것은 유치합니다.

그러면 지혜로운 아이는 어떻게 할까요? "엄마, 요즘 살림 살기 어렵지요?" 그러면 어머니가 "얘가 갑자기 무슨 말을 하니?" 하면서 머리를 갸우뚱합니다. 그러면 아이가 말합니다. "엄마, 하나 물어볼 게 있는데 나한테 피자 한 판 사 주면 우리 집이 무너져요?" "야, 피자 한 판 사 준다고 우리 집이 무너지겠냐? 말도 안 돼." 그러면 아이가 재빨리 받아서 말합니다. "그럼 됐네. 피자 한 판 사 줘요." 그러면 엄마가 피자를 안 사 줄 수 없지요? 이 어린이는 말을 부드럽게 해서 원하는 것을 얻어낸 겁니다.

아브라함은 무엇보다도 겸손하고 온유한 사람이었습니다. 하나님 앞에 은혜를 간구할 때에도 온유하게 구했습니다. 그런데 한국의 기독교인들은 하나님께 기도할 때 교만하게, 건방지게 구하는 경우가 많습니다. "하나님, 주시옵소서. 주실 줄로 믿습니다. 안 주시면 안 됩니다. 꼭 주셔야 됩니다." 마치 맡겨 놓은 물건을 찾아가듯이 강제로 달라고 합니다. 마치 채권자가 빚 독촉하듯이 내놓으라고 윽박지릅니다. 심지어 어떤 사람은 하나님을 협박합니다. "하나님, 안 주시기만 해 봐라. 그러면 이제부터는 기도도 안 하고, 교회 청소도 안 하고, 주일학교 교사도 안 하고, 찬양도 안 하고 반주도 안 할 테니 하나님이 알아서 다 하쇼." 조폭 성도들입니다. 우리 한국 교회에는 이런 성도들이 많습니다.

그러나 믿음의 조상 아브라함은 참으로 겸손하고 온유했습니다. 하나님 앞에서도 겸손하고, 사람들 앞에서도 겸손했습니다. 아브라함은 자기가 믿음 좋다고 나서지도 않았습니다. 다른 사람들을 믿음 없다고 비방하거나 업신여기지도 않았습니다.

어떤 사람은 이렇게 말합니다. "개혁주의란 이런 것입니다." "칼빈은 이렇게 말했습니다." 마치 자기가 제일 옳고, 자기가 표준인 것처럼 당당하게 말하는 사람들이 있습니다. 그러나 진정한 개혁주의는 겸손한 것입니다. 자기를 내세우지 않는 것입니다. 믿음의 조상 아브라함은 교만하지 않고 겸손했습니다. 겸손한 사람이 진정한 개혁주의자입니다. 교만한 사람, 자신만만한 사람, 자기가 표준인 듯이 말하는 사람은 아직 참된 신앙이 무엇인지 모르는 사람입니다. 2% 부족한 사람입니다. 사실은 20% 부족하고, 하나님이 보실 때에는 98% 부족한 사람입니다. 참된 개혁주의가 무엇인지 모르는 사람입니다. 머리로만 신학을 하는 사람입니다.

우리는 무엇보다도 겸손한 사람, 겸비한 사람, 온유한 사람이 되어야 합니다. 이스라엘 민족의 지도자 모세도 온유한 사람이었습니다. 민수기 12장 3절에 "이 사람 모세는 온유함이 지면의 모든 사람보다 더하더라."고 했습니다. 모세는 원래는 불같은 성격의 소유자였는데, 오랫동안 미디안 광야에서 시달리고 아내와 자식들에게 시달리면서 온유한 사람으로 변화되었습니다. 그래서 이 세상에서 제일 온유한 사람, 제일 겸비한 사람이 되었습니다. 그러자 하나님은 그런 모세를 들어서 이스라엘의 지도자로 삼으신 것입니다.

II. 형제를 사랑하는 사람

아브라함의 훌륭한 신앙과 인품은 형제를 사랑하는 마음에서 잘 드러납니다. 왜 아브라함이 이렇게 자기 몸을 낮추어서 소돔 성을 멸하시지 않도록 간구했을까요? 소돔 성에는 자기 조카 롯이 살고 있었기 때문입니다.

여러분, 롯은 어떤 사람입니까? 일찍이 아버지를 여의고 고아가 되었습니다. 어머니는 어찌 되었는지 모릅니다. 아브라함은 갈대아 우르에서 하란으로 갈 때 조카 롯을 데리고 갔습니다. 의지할 곳 없는 조카, 죽은 형의 아들을 데리고 갔습니다. 하란에서 가나안 땅으로 올 때에도 조카 롯을 데리고 왔습니다. 애굽으로 갈 때에도 데리고 가고, 애굽에서 나올 때에도 데리고 나왔습니다. 의지할 곳 없는 조카를 잘 돌봐주었습니다.

그런데 어떻게 되었습니까? 조카 롯이 양과 소가 많아져서 부자가 되니까 삼촌에게 대들었습니다. 목자들이 서로 좋은 풀밭을 차지하려고 싸웠습니다. 그러자 롯이 삼촌 아브라함에게 찾아와서 따졌습니다. 사이가 안 좋아졌습니다. 그래서 결국 아브라함이 양보했습니다. "이래서는 안 되겠다. 서로 헤어지자. 내가 양보하마. 네가 먼저 좋은 땅을 차지해라." 그래서 롯은 아브라함을 떠나갔습니다. 롯은 요단강 동쪽 물이 넉넉한 들판을 차지했습니다. 그리고는 점점 남쪽으로 내려가서 소돔 성에 가서 살았습니다. 도시 생활하면서 편안하게 살았습니다. 그런데 소돔 성은 죄악이 너무 많아서 이제 하나님이 심판하시려고 합니다. 소돔 성에 있는 사람들을 다 죽이려 하십니다.

그러자 아브라함은 어떻게 했습니까? 욕심 많은 조카, 얄미운 조카가 함께 멸망하도록 내버려 두었습니까? 아닙니다. 아브라함은 그 조카를 살리기 위해 하나님께 몇 번이나 몸을 굽히고 부드럽게 간청했습니다. 여기서 우리는 아브라함이 자기 조카 롯을 얼마나 사랑하고 위하는가 하는 것을 알 수 있습니다.

오늘날 여러분 같으면 과연 이렇게 하시겠습니까? 여러분의 조카가 싸우고 나갔다고 합시다. 그런데 세월이 지나서 하나님의 벌을 받아 망하게 되었다고 합시다. 예를 들어 교통사고를 당해 크게 다쳤거나

중병에 걸렸다고 합시다. 그러면 여러분은 어떻게 하시겠습니까? "아이고 꼬시다. 깨소금보다 더 꼬시다." 이렇게 하시겠습니까? "아이고 얄미운 것, 잘됐네. 천벌을 받은 거야, 하늘이 노하신 거야." 이렇게 하시겠습니까? 아니면 "내버려 둬. 하나님이 벌하시는데 낸들 어찌할 수 있나?" 이렇게 수수방관하시겠습니까?

그러나 우리는 그렇게 하면 안 됩니다. 우리는 우리의 형제, 우리의 친척이 어려움을 당하면 마치 자기 자신이 어려움을 당하는 것처럼 여기고 가슴 아파하고 도와주어야 합니다. 혹 얄미운 사람이라도, 아니꼬운 사람이라고 할지라도 위로하고 돌보아야 합니다. 그래도 조카이고 친척인데, 자기 자식처럼 아끼고 돌보는 것이 옳습니다.

그런데 아브라함은 꼭 자기 조카 롯만 생각한 것이 아니라 롯의 가족과 소돔 성 사람들 전체를 생각한 것을 알 수 있습니다. 하나님이 소돔 성을 멸망하지 않도록 간구했습니다. "의인 열 명만 있어도 소돔 성을 멸하지 않도록 해 주십시오." 소돔 성 사람들 전체를 위해 기도한 것을 알 수 있습니다.

오늘날 같으면, 우리나라 사람 전체가 우리의 친척이고 우리의 형제입니다. 나아가서 북한 사람들도 우리 동포이고 우리 형제입니다. 그들이 배고프고 고통당한다면 우리도 같이 고통하고 돕는 것이 올바른 태도입니다. 배가 고파서 목숨 걸고 탈출한 탈북자들이 지금 중국 공안에 붙잡혀서 북송될 위기에 처했다고 합니다. 북송되면 처형되거나 강제수용소에 끌려가 혹독한 고문과 고통을 받는다고 합니다. 최근에는 탈북자는 3족을 멸하라는 지시가 내려졌다고 하는데 모르겠습니다. 우리 동포 수십 명의 생명이 위태로운데, 우리가 모른 체하고 있는 것은 올바른 태도가 아닙니다. 지금 박ㅇㅇ 의원 혼자서 단식 투쟁하다가 쓰러져서 병원에 입원했다는데, 박 의원이야말로 진정으로 동포를 위하는 사람입니다. 그런데 국회의원 299명 중에 이런 의인이 어찌 한 명밖에 없는가 하는 것입니다. 그 많은 국회의원들과 정치인들과 언론인들은 다 어디 갔는지 쥐 죽은 듯이 조용합니다. 도룡뇽 살려달라고 단식 투쟁하던 스님은 어디 갔는지 모르겠습니다. 사람 목숨이 도룡뇽 목숨보다 못하다는 말인가요? 환경보호 해야 한다고 떠들던 사람들은 다 어디 갔습니까? 환경보다 더 중요한 것이 사람 목숨 아닌가요?

우리는 아브라함의 형제를 사랑하는 마음, 이웃을 사랑하는 마음을 본받아야 합니다. 미약하지만 우리라도 나서서 나라와 민족을 위해 기도하고 탈북자들을 위해 기도해야 하겠습니다. 베드로전서 2장 9절에 "그러나 너희는 택하신 족속이요 왕 같은 제사장들이요 거룩한 나라요 그의 소유가 된 백성이니"라고 합니다. 여기서 '너희'는 예수님을 믿는 모든 그리스도인들을 가리킵니다. 오늘날 우리들입니다. '왕 같은 제사장들'은 존귀한 제사장들이란 뜻입니다. 오늘날 우리가 왕 같은 제사장입니다.

여러분, 제사장은 어떤 사람입니까? 하나님께 제사드리는 사람, 하나님께 기도하는 사람입니다. 백성의 죄를 위해 하나님께 용서를 구하는 사람입니다. 오늘날 우리는 이런 제사장들입니다. 단지 자기 자신의 죄만 위하는 것이 아니라 온 백성의 죄, 세상 모든 사람의 죄를 위하여 용서해 달라고 하나님께 기도해야 할 사명이 우리에게 있습니다. 제사장적 임무가 우리에게 있습니다.

특별히 우리는 우리나라와 우리 민족을 위해, 북한 동포들을 위해 하나님께 기도할 사명이 있습니다. 왜냐하면 우리는 왕 같은 제사장들이기 때문입니다. 하나님께서 우리 민족의 죄를 사하여 주시고, 그래서 우리나라를 멸망시키지 않도록 기도해야 합니다. 나아가서 우리나라에 은혜 베푸시고 복을 주시도록 기도해야 할 사명을 받은 거룩한 제사장들입니다.

믿음의 조상인 아브라함이 이런 모범을 보여 주었습니다. 아브라함은 자기 자신만 위해 기도한 것이 아니라 자기 조카 롯과 그의 가족들, 나아가서 소돔 성 사람 모두를 위해 하나님께 간절히 기도했습니다. 그래서 아브라함은 제사장이라고 말할 수 있습니다. 하나님과 세상 사이에 서서 세상을 위해 기도하는 제사장입니다. 이런 기도를 가리켜 소위 '중보기도(中保祈禱)'라고 합니다. '중보기도'란 하나님과 다른 사람들 사이에 서서, 가운데 서서 위하여 기도하는 것을 말합니다. 물론 우리의 '죄'를 사하는 중보자는 오직 예수님뿐입니다. 예수님이 우리의 유일한 중보자입니다. 마리아는 중보자가 아닙니다. 김대건 신부나 김수환 추기경도 중보자가 될 수 없습니다.

그러나 우리는 아브라함처럼 '세상'을 위해 기도하는 중보기도를 드릴 수 있습니다. 사도 바울은 디모데전서 2장 1, 2절에서 "그러므로 내가 첫째로 권하노니 모든 사람을 위하여 간구와 기도와 도고와 감사를 하되 임금들과 높은 지위에 있는 모든 사람을 위하여 하라."고 합니다. 여기서 '도고(禱告)'는 다른 사람을 위해 하는 기도 곧 중보기도를 뜻합니다.

이제 4월 총선이 다가옵니다. 연말에는 대선이 있습니다. 요즘 정치 돌아가는 것을 보면 한심해서 보기도 싫고 듣기도 싫습니다. 그러나 우리는 그래도 기도해야 합니다. 왜냐하면 우리가 기도하지 않으면 누가 기도하겠습니까? 우리가 우리 민족의 죄를 사하여 달라고 기도하지 않으면, 하나님이 우리 민족을 멸하시고 우리나라가 망하게 되면 어떻게 되겠습니까? 따라서 우리는 우리 민족을 위해, 우리나라를 위해 기도해야 합니다. 나라가 있어야 우리가 있고, 나라가 살아야 우리가 삽니다.

우리는 북한 동포들을 위해서도 기도해야 하겠고, 탈북자들을 위해서도 기도해야 하겠습니다. 그들의 생명을 불쌍히 여겨주시고 건져 달라고 기도해야 하겠습니다. 그리고 중국이 변화되어서 인권을 존중하는 나라가 되도록 해달라고 기도하고, 이를 위해 중국에 복음이 널리 전파되게 해 달라고 기도해야 하겠습니다. 그리고 이웃 나라 일본도 하나님이 불쌍히 여기시고, 우상숭배에서 벗어나 하나님께로 돌아오도록, 복음을 받아들이도록 기도해야 하겠습니다. 나아가서 온 세상에 복음이 전파되고, 하나님의 뜻이 이루어지도록 기도해야 하겠습니다.

무엇보다도 우리나라가 하나님 앞에 바로 서고 하나님을 잘 섬기는 나라, 온 세계에 복음을 전하는 제사장 나라가 되게 해 달라고 기도해야 하겠습니다.

사랑하는 우리 성도 여러분,

여러분의 입은 두었다가 어디에 씁니까? 먹는 데만 쓰지 말고 기도하는 데 쓰시기 바랍니다. 남을 욕하는 데 쓰지 말고 다른 사람을 위해 기도하는 데 사용하시기 바랍니다. 아브라함처럼 겸손히 하나님의 은혜를 구하는 데 사용하고, 멸망하는 사람들을 살리는 데 사용하시기 바랍니다.

우리 어린이들도 우리나라와 북한과 우리 동포들을 위해 기도하고, 또 온 세계를 위해 기도하시기 바랍니다. 그래서 여러분의 기도 때문에 하나님이 진노를 내리시려다가 멈추고 도리어 은혜 베푸시는 역사가 있기를 바랍니다. 어른들이 잘못해서 우리나라가 멸망당할 처지에 있다 할지라도, 어린이 여러분의 기도를 하나님이 들으시고 뜻을 돌이켜서 진노의 손을 거두고, 도리어 은혜와 복을 내리시는 역사가 있기를 바랍니다.

여러분 모두, 아브라함의 간구를 본받아 세상을 위하여 기도하는 왕 같은 제사장들이 다 되시기 바랍니다. 아멘. (2012년 3월 4일 주일 오전)

24. 소돔의 죄악 (19:1-11)

1 저녁때에 그 두 천사가 소돔에 이르니 마침 롯이 소돔 성문에 앉아 있다가 그들을 보고 일어나 영접하고 땅에 엎드려 절하며 2 이르되 내 주여 돌이켜 종의 집으로 들어와 발을 씻고 주무시고 일찍이 일어나 갈 길을 가소서 그들이 이르되 아니라 우리가 거리에서 밤을 새우리라 3 롯이 간청하매 그제서야 돌이켜 그 집으로 들어오는지라 롯이 그들을 위하여 식탁을 베풀고 무교병을 구우니 그들이 먹으니라 4 그들이 눕기 전에 그 성 사람 곧 소돔 백성들이 노소를 막론하고 원근에서 다 모여 그 집을 에워싸고 5 롯을 부르고 그에게 이르되 오늘 밤에 네게 온 사람들이 어디 있느냐 이끌어내라 우리가 그들을 상관하리라 6 롯이 문 밖의 무리에게로 나가서 뒤로 문을 닫고 7 이르되 청하노니 내 형제들아 이런 악을 행하지 말라 8 내게 남자를 가까이하지 아니한 두 딸이 있노라 청하건대 내가 그들을 너희에게로 이끌어내리니 너희 눈에 좋을 대로 그들에게 행하고 이 사람들은 내 집에 들어왔은즉 이 사람들에게는 아무 일도 저지르지 말라 9 그들이 이르되 너는 물러나라 또 이르되 이 자가 들어와서 거류하면서 우리의 법관이 되려 하는도다 이제 우리가 그들보다 너를 더 해하리라 하고 롯을 밀치며 가까이 가서 그 문을 부수려고 하는지라 10 그 사람들이 손을 내밀어 롯을 집으로 끌어들이고 문을 닫고 11 문 밖의 무리를 대소를 막론하고 그 눈을 어둡게

하니 그들이 문을 찾느라고 헤매었더라

아브라함에게 찾아온 세 천사는 아브라함에게서 점심 식사 대접을 잘 받았습니다. 갓 구운 빵에다 살진 송아지 고기를 우유와 함께 맛있게 먹었습니다. 그리고는 길을 떠났습니다. 아브라함은 저 멀리, 아마도 산꼭대기까지 따라 나와서 배웅했습니다. 그런데 이 셋 중에 한 사람은 남고 두 사람은 떠났다고 합니다. 이 중 한 분은 바로 여호와 하나님이었습니다. 곧, 하나님을 대신하는 사자(使者)였습니다. 그는 아브라함과 대화를 나누고는 떠나갔습니다. 두 사람은 소돔을 향하여 길을 떠났습니다. 소돔의 죄가 얼마나 큰지, 사실인지 여부를 알아보고 심판하려고 가는 길이었습니다.

오늘 읽은 본문 1절에 보니 "날이 저물 때에 그 두 천사가 소돔에 이르니"라고 합니다. 날이 저물 때에 소돔에 도착했습니다. 저녁 6시는 지난 것 같습니다. 아마 7시쯤 되었을 겁니다. 어쩌면 저녁 8시가 다 되어 가는지도 모릅니다. 점심을 먹고 나서 출발했으니, 대략 두 시쯤에 출발했다고 봅시다. 점심을 잘 먹고 대접을 잘 받았으니 두 시 반쯤 출발했다고 볼 수도 있습니다. 그러면 한 다섯 시간쯤 걸렸다고 볼 수 있습니다.

헤브론에서 소돔까지 거리가 얼마나 될까요? 소돔은 사해 호수 남쪽 연안에 있었던 것으로 추정되는데 정확한 위치는 모릅니다. 대개 남쪽에서 약간 동쪽으로 치우친 곳에 있었다고 봅니다. 그런데 헤브론에서 소돔까지 거리는 약 60km 정도 됩니다. 이 두 천사는 60km쯤 되는 거리를 약 다섯 시간만에 걸었습니다. 시속 12km입니다. 상당히 빠른 속도입니다. 옛날 사람은 보통 한 시간에 5km 정도 걷습니다. 빨리 걸으면 6km 정도 걷고, 천천히 걸으면 4km 정도 걷습니다. 그런데 이 천사들은 한 시간에 약 12km 정도의 속도로 걸었습니다. 상당히 빠른 속도입니다. 옛날에 젊은 청년이 아주 빠른 속도로, 거의 뛰는 속도로 걸으면 이 정도 걸을지 모르겠습니다.

어쨌든 이 두 사람은 천사들입니다. 그러니 피곤도 모르고 빨리 걸었을 것입니다. 또 하나 생각할 것은 헤브론에서 소돔까지는 내리막길입니다. 헤브론은 해발 1,000미터 정도 됩니다. 이에 반해 사해는 해저 약 400미터 정도 됩니다. 그러니 천사들은 내리막길로 내려갔습니다. 뿐만 아니라 이 천사들은 점심때 소고기 먹었잖아요. 맛있는 송아지 고기를 먹었으니 힘이 납니다. 어쨌든 소돔에 도착하니 이미 날이 저물었습니다. 어둑어둑했습니다.

그때 마침 롯이 소돔 성문에 앉았다가 그들을 보았습니다. 롯은 성문에 곧 성문 곁의 광장에 앉아 있었습니다. 여기 광장에서 재판도 하고, 백성에게 알릴 것이 있으면 알리고 의논도 하고, 또 시장이 열려서 물건을 사고팔기도 했습니다. 롯은 성문의 광장에 앉아 있었다고 합니다. 혹시 거기서 장사하며 살지 않았을까요? 소, 양 키우던 것을 그만두고 소돔에 가서 집을 사고 가게를 하나 사서 장사한 게 아닐까요? 글쎄요... 알 수 없습니다. 어쨌든 롯은 성 안에 살았습니다. 도시 생활을 했습니다. 아마 목축업은 그만둔 듯합니다.

롯이 이 두 사람을 보고는 "일어나 영접하고 땅에 엎드려 절했다."고 합니다. 낯선 사람, 길가는 손님인 줄을 알고 정성껏 대접한 것을 볼 수 있습니다. 이것을 보면 롯도 아브라함과 마찬가지로 손님 대접을 잘했다는 것을 알 수 있습니다. 이것은 베두인들의 전통이기도 하고, 특히 아브라함 가문의 전통이었습니다. 아마도 아브라함의 아버지 데라 가문의 전통이었다고 생각됩니다. 갈대아 우르에 있을 때부터 손님 대접을 잘하고, 하란에 머물 때에도 손님 대접을 잘했습니다. 이것이 아마도 데라 가문이 이방 땅에서 잘 견뎌내고 번성한 밑바탕이었다고 볼 수 있습니다. 어쨌든 롯도 여호와 하나님을 믿는 사람이었고 손님 대접에 정성을 다했습니다.

2절에 보면 롯이 이렇게 말합니다. "내 주여, 돌이켜 종의 집으로 들어와 발을 씻고 주무시고 일찍이 일어나 갈 길을 가소서." 그러자 두 천사는 이렇게 대답합니다. "아니라. 우리가 거리에서 밤을 새우리라." 거리 곧 성문의 광장에 자리를 깔고 자겠다는 것입니다. 이 천사의 대답은 남의 신세를 안 지겠다는 것입니다. 체면을 차리는 것입니다. 그러자 롯이 간청했습니다. "아닙니다. 우리 집에 와서 주무십시오. 꼭 오십시오." 팔을 잡고 끌듯이 하니까 그 두 사람이 못 이기는 척 그제야 집에 들어왔습니다.

3절에 보면 "롯이 그들을 위하여 식탁을 베풀고 무교병을 구우니 그들이 먹으니라."고 합니다. '식탁을 베풀었다'는 것은 식사를 제공했다는 뜻입니다. 그러나 아브라함처럼 송아지를 잡지는 않았습니다. 두 가지를 생각할 수 있는데, 우선 시간이 너무 늦었습니다. 송아지 잡을 시간이 없습니다. 손님들은 먼 길을 걸어오느라 배가 고픕니다. 그러니 빨리 식사를 준비해서 대접해야 합니다. 그리고 롯의 집에는 송아지가 없었을 수도 있습니다. 아마 양도 없었을 것입니다. 롯은 목축업을 그만두고 장사했을 가능성이 있습니다. 뿐만 아니라 저녁에는 간단히 먹는 게 좋습니다. 고기는 낮에 먹어야 소화가 되고 좋지, 저녁에 먹으면 살찝니다. 건강에 좋지 않습니다.

뿐만 아니라 롯은 무교병을 구웠다고 합니다. 무교병은 효모를 넣지 않은 빵을 말합니다. 즉, 이스트를 넣지 않아서 부풀리지 않은 빵을 말합니다. 그러니 딱딱하고 먹기가 불편합니다. 그런데 롯이 무교병을 구웠다는 것은 그만큼 시간이 없었다는 것을 말합니다. 이스트를 넣고 부풀리려면 몇 시간 지나야 하는데 그럴 시간이 없었습니다. 롯은 급히 손님들을 대접했습니다.

그래서 이 두 천사들은 저녁을 간단히 먹고서 잠자리에 들어 누워 자려고 하는데 소돔 성 사람들이 몰려왔습니다. 늦은 시간이었습니다. 한 9시나 10시쯤 되지 않았을까요? 이 늦은 시간에 소돔 백성들이 노인이나 젊은 사람이나 할 것 없이 몰려와서 롯의 집을 에워싸고는 말했습니다. "오늘 밤에 네게 온 사람이 어디 있느냐? 이끌어내라. 우리가 그들을 상관하리라." 여기서 '상관하겠다'는 것은 육체적 관계를 맺겠다는 것인데, 요즘 말로 하면 성폭행하겠다는 것입니다. 집단 성폭행입니다. 그것도 남자들이 남자들에게 성폭행하겠다는 것입니다. 동성애입니다. 성경에서는 '남색(男色)'이라고도 합니다. 그래서 동성애를 영어로 '소도미'(sodomy)라고 하기도 합니다. 소돔 사람들의 짓이란 뜻입니다. 그리고 동성애자, 남색하는 자를 '소도마이트'(sodomite)라고도 합니다. 소돔 사람이란 뜻입니다.

이처럼 소돔 사람들은 하나님 앞에 악하였습니다. 사도 바울 당시에 로마에도 이런 사람들이 있었는데 "남자가 남자로 더불어 부끄러운 일을 행하여 그들의 그릇됨에 상당한 보응을 그들 자신이 받았느니라."고 합니다(롬 1:27). 레위기 20장 13절에 보면 "누구든지 여인과 동침하듯 남자와 동침하면 둘 다 가증한 일을 행함인즉 반드시 죽일지니 자기의 피가 자기에게로 돌아가리라."고 합니다. 옛날에 소돔 사람들은 참으로 악하였습니다. 그래서 하나님의 벌을 받아 마땅한 처지에 있었습니다.

그런데 그런 악한 도시에 롯이 살고 있었으니 어찌 어려움이 없었겠습니까? 베드로후서 2장 7절에는 "무법한 자들의 음란한 행실로 말미암아 고통당하는 의로운 롯을 건지셨다."고 합니다. '무법한 자들'은 소돔 사람들을 가리킵니다. 남녀노소 구분 없이 다 악하였습니다. '음란한 행실'은 성적인 죄들을 말하는데, 특히 동성애를 말합니다. 롯은 날마다 이런 죄들을 보고 살았으니 얼마나 고통스러웠겠습니까? 그래도 롯은 여호와 하나님을 믿는 믿음이 있었습니다. 아브라함과 싸우고 떠나왔지만 하나님을 버린 것은 아니었습니다. 아브라함과 오랜 세월

같이 지내면서 여호와 하나님이 아브라함의 기도를 듣고 응답하시는 것을 옆에서 많이 보았을 것입니다. 그래서 롯은 하나님을 믿고 의롭게 살려고 하는데 주위 환경이 너무 악합니다. 롯은 이런 소돔 성에 살면서 무법한 자들의 음란한 행실 때문에 날마다 고통하며 지냈습니다.

그런데 드디어 일이 터졌습니다. 소돔 사람들이 몰려와서 롯의 집을 에워싸고는 "이 밤에 네 집에 들어온 손님들을 끌어내라."고 한 것입니다. 큰일 났습니다. 자기 집에 들어온 손님이 이렇게 낭패를 당하게 하는 것은 도무지 예의가 아닙니다. 아니, 있을 수 없는 일입니다. 손님 대접을 무엇보다 중요하게 생각하는 가문에서 자란 롯에게는 있을 수 없는 일입니다.

그래서 롯은 그 사람들에게 이렇게 말합니다. "청하노니 내 형제들아, 이런 악을 행하지 말라. 내게 남자를 가까이하지 아니한 두 딸이 있노라. 청하건대 내가 그들을 너희에게로 이끌어내리니 너희 눈에 좋을 대로 그들에게 행하고 이 사람들은 내 집에 들어왔은즉 이 사람들에게는 아무 일도 저지르지 말라."(7-8절) 롯의 이 제안은 오늘날 기준으로는 이해가 안 됩니다. 어찌 손님들 대신에 딸을 내어준단 말입니까? 딸은 안 중요하단 말인가요? 물론 그런 뜻은 아닙니다. 어찌 딸이 안 중요하겠습니까? 롯이 두 딸을 사랑하지 않았다는 뜻도 아닙니다.

이것은 고대 세계의 가치관에서 이해해야 합니다. 고대 세계에서 손님은 매우 중요합니다. 특히 베두인 족에게 있어서 손님은 왕처럼 모십니다. 손님 대접을 무엇보다 중요한 가치로 여기는 전통을 가지고 있습니다. 뿐만 아니라 롯의 이 제안은 그만큼 사태가 급박했다는 것을 보여 줍니다. "다른 해결책은 없다. 가만히 두면 이 소돔 사람들이 손님을 끌어내어서 욕보일 것이다." 이것을 그대로 방치하는 것은 롯에게 죽음보다 더 수치스런 일입니다. 그러니 무슨 수를 써서라도 손님들에게 이런 피해가 가는 일은 막아야만 했습니다. 마지막으로 하나 더 생각하면, 롯의 이 제안은 당시 소돔 사람들의 죄악이 얼마나 악하였나 하는 것을 보여 줍니다. 롯이 자기 두 딸을 내어주겠다고 말할 정도로 저들이 악한 사람들이었음을 보여 줍니다. 그래서 하나님이 소돔을 멸하신 것은 정당한 벌이었다는 것을 나타내 줍니다.

그러나 소돔 사람들은 롯의 제안을 일언지하에 거절하고 더욱 악하게 말합니다. "너는 물러나라. 이 자가 들어와서 거류하면서 우리의 법관이 되려 하는도다. 이제 우리가 그들보다 너를 더 해하리라 하고 롯을 밀치며 가까이 가서 그 문을 부수려고 하는지라."(9절) 이제는 롯을 해치려고 합니다. 롯은 소돔 성에 들어온 이방인이었습니다. 옛날에는 텃세가 세었습니다. 낯선 사람이 들어와서 살면 잘못하면 맞아 죽습니다. 옛날에는 이 동네 사람이 다른 동네에 가서 까불다가는 큰일납니다. 예를 들어 xx동 동네 아이가 옆의 xx동 동네에 가서 놀면, "야, 너 왜 우리 동네에 와서 놀아? 썩 꺼져! 안 꺼지면 죽을 줄 알아."라고 합니다. 그런데 롯이 소돔 성에 들어와서 살았잖아요. 그러니 소돔 사람들은 이 낯선 사람을 평소에 안 좋게 생각했던 것입니다. 시비거리를 찾고 있었다 하는 것을 알 수 있습니다.

뿐만 아니라 이렇게 말합니다. "우리의 법관이 되려 하는도다." 무슨 말입니까? 롯이 정말로 나서서 법관, 재판관이 되려고 한 것은 아닙니다. 소돔 성에도 법관이 있었을 것입니다. 무슨 일이 생기면 대개는 성읍 장로들이 재판관 역할을 합니다. 그런데 롯이 법관이 되려 했다는 것은 무엇을 뜻합니까? 롯은 하나님을 믿는 사람이었습니다. 그러니 옳고 그른 것의 구별이 있습니다. 예를 들어 동네 아이들 두 사람이 서로 싸웁니다. 그러면 롯이 가서 말립니다. "그렇게 싸우면 되나? 서로 사이좋게 지내야지. 우리는 다 한 하나님이 지으신 형제라구." 그러면 그 아이들은 "뭐야? 당신 누구요?" 하면서 대어듭니다. 또 어떤 청년이 롯의 가게에 와서 물건을 훔치다 들켰다고 합시다. 그러면 롯은 그 사람에게 말합니다. "남의 물건을 훔치는 것은 잘못된 일이오. 사람이 남의 물건을 훔치면 안 돼요." 이처럼 사사건건 부딪히게 됩니다. 꼭 법관이 되려고 한 것이 아니라 가만히 있어도 생각이 다르고 삶의 방식이 다르니 소돔 성 사람들에게는 법관처럼 보이는 것입니다. 그러니 눈에 거슬립니다. "아니, 이놈이 사사건건 우리를 가르치려 하네. 우리의 법관이 되려고 하네."

여러분, 어떤 동네에 교회가 들어서면 세상 사람들은 싫어합니다. 시끄럽게 떠들고 전도해서 싫은 것도 있지만 그냥 가만히 있어도 싫어합니다. 왜 그렇습니까? 교회당만 보아도, 십자가만 보아도 마음이 찌릿합니다. 마음이 편치 않습니다. 왜냐하면 교회에서는 사람들은 다 죄인이라고 하고, 주일 날 놀러 가는 것도 죄라고 하고, 그래서 마음에 걸립니다. 양심에 가책이 됩니다. 그래서 주일날 가족들과 함께 차를 타고 놀러 가다가도 교회당만 보면, 십자가만 보면 마음이 불편합니다. "에이, 재수 없어." 그래서 세상 사람들은 괜히 교회를 싫어하고 미워합니다.

롯이 소돔 성에 들어와서 살면서부터, 롯이 가만히 있어도 또 이웃 주민들에게 잘해 주려고 애를 썼지만, 그 모든 것이 소돔 사람들에게는 눈엣가시처럼 여겨졌습니다. "아니, 이놈이 우리 동네에 들어왔으면 우리 신을 믿고 우리와 함께 어울려 살아야지 … 꼭 자기 신만 믿고 별족스럽게 사네. 자기 혼자 의로운 척하네. 이놈을 그냥 확 죽여 버릴까 보다." 그러던 차에 웬 낯선 손님 두 사람이 롯의 집에 들어온 것을 보았습니다. 시비 걸기 좋은 기회입니다. "이번 기회에 롯을 확 죽여 버리자. 그 집을 싹 없애 버리자."고 했습니다.

그런데 어떻게 되었습니까? 절체절명의 위기 상황에서 롯은 어떻게 벗어났을까요? 롯으로서는 더 이상 방법이 없었습니다. 두 딸을 내어 주겠다고 했는데도 아무 소용이 없었습니다. 무리들은 문을 부수려고 합니다. 그러자 마지막 순간에 두 천사가 개입했습니다. "그 사람들이 손을 내밀어 롯을 집으로 끌어들이고 문을 닫았습니다."(10절) '그 사람들'은 롯의 집에 들어온 천사 두 명을 가리킵니다. 그 천사들은 손을 내밀어 롯을 집으로 끌어들이고 문을 닫았습니다. 그리고 "문 밖의 무리를 대소를 막론하고 그 눈을 어둡게 하니 그들이 문을 찾느라고 헤매었더라."고 합니다(11절). 무리의 눈을 어둡게 하였습니다. 그들의 눈이 갑자기 안 보이는 것이었습니다. 그래서 무리들은 문을 못 찾아서 헤매었습니다. 결국 이 천사들은 롯의 가족을 소돔 성에서 이끌어 낸 후에 소돔 성을 유황불로 멸망시켰습니다. 소돔 성은 잿더미가 되었습니다.

우리 성도 여러분,

오늘 이 사건을 통해 우리는 무엇을 배울 수 있습니까? 우선 소돔 사람의 죄악에 대해 생각하게 되는데, 크게 세 가지입니다. 첫째로 손님을 박대한 죄입니다. 손님을 영접하지 아니하고 도리어 박대했습니다. 이것은 큰 죄입니다. 둘째로 동성애의 죄입니다. 남자가 남자와 더불어 부끄러운 짓을 하였습니다. 이것은 그들의 죄가 극에 달한 것을 보여 줍니다. 그러니 그들은 하나님의 심판을 피할 수 없게 되었습니다. 셋째로 그들은 의로운 롯을 핍박했습니다. 하나님을 믿고 사는 롯을 미워하고 해치려 했습니다.

유럽 사람들은 과거에 난민을 받아들이고 돌보는 데 열심이었습니다. 1975년에 월남이 패망하고 수많은 사람이 보트를 타고 무작정 바다로 뛰어들었을 때, 유럽의 배들은 그들을 건져주고 먹을 것을 주고 돌봐주었습니다. 그리고 자기 나라로 데려가서 살게 해 주었습니다. 제가 1985년에 네덜란드에 가서 보니 시골에도 베트남 사람들이 와서 살고 있었는데, 정부에서 크고 아름다운 2층짜리 집을 주어 살게 했습니다. 그리고 매달 수백만원의 생활비를 주었습니다. 온가족이 다 먹고 살 수 있는 금액입니다. 자동차를 타고 다니고 아이들을 학교에 보내고 휴가도 갈 수 있는 금액이었습니다.

전에는 네덜란드 공항에 베트남 사람이든 이란 사람이든 아프리카 사람이든 누구든지, 비자가 없어도, 불법이라도 비행기에서 내려서 "나는 난민이요. 난민 신청합니다." 하면, 즉각 정부에서 선임한 변호사가 따라붙고 숙소와 먹을 것을 주고 모든 법적 절차를 진행해 주었습니다. 또 교회와 민간 단체가 나서서 적극 도와주었습니다. 그런 유럽 나라는 오랫동안 선진국으로 잘 살고 있습니다. 지금은 분위기가 많이 안 좋아지고 동성애자들이 많아서 문제이긴 하지만, 그래도 인권을 존중하는 문화와 전통이 남아 있습니다. 아름다운 문화와 예술과 기독교 전통이 있습니다. 그래서 유럽이 쉽게 무너지지는 않고 당분간 문명을 지속할 가능성이 있습니다. 인권을 존중하는 게 무엇보다 중요하고 큰 유산입니다.

그러나 1975년의 보트 피플 사태 때 일본 배들은 살려 달라고 애원하는 베트남 사람들을 못 본 척하고 지나가 버렸습니다. 손님 대접할 줄을 모르고 난민을 못 본 체한 일본은 그 후로 내리막길입니다. 자꾸 지진이 일어나고, 경제는 20년 이상 내리막길입니다. 복을 받지 못한다 하는 것을 알 수 있습니다.

어제 신문에 재미있는 기사가 하나 났습니다. 일본 대지진이 일어난 일본 동북부 후쿠시마의 어느 교회 목사가 한국에 와서 전남 장수군 일대를 둘러보고 갔다고 합니다. 일본은 지진이 자주 일어나서 불안하니까 지역 주민 40여명을 데리고 한국에 와서 살고 싶다고 합니다. 땅을 사서 벼농사를 하거나 말을 키우며 살고 싶다고 합니다. 그런데 우리나라 네티즌들이 난리입니다. "웬 왜놈이냐?"고 하면서 장수군 홈페이지를 도배했다고 합니다. 참 개념 없는 네티즌들입니다. 큰일입니다.

우리는 외국인들을 받아들이는 데 열심이어야 합니다. 적극적으로 환영하고 유치해야 합니다. 특히 난민들을 따뜻하게 받아들이고 잘 대접해야 합니다. 네덜란드가 저렇게 발전한 것도 16세기 이래로 종교적으로 핍박받는 자, 난민들을 받아들이고 포용했기 때문입니다. 미국도 처음에는 유럽의 핍박받는 청교도들을 받아들여서 세운 나라이고, 그 후로 전 세계로부터 인재들을 받아들여서 부강한 나라가 되었습니다. 우리나라도 외국인들과 탈북자들을 적극 받아들여야 하고, 특히 핍박받는 기독교인들을 많이 받아들여야 복을 받아 부강한 나라가 됩니다. 인구가 많아야 나라가 발전하고 경제도 발전하고 부강하게 됩니다.

일본이 지진 때문에 불안해하는데, 제 마음 같아서는 일본 사람들 전부 다 우리나라에 와서 살도록 하면 어떨까 하는 생각을 해 봅니다. 그러면 우리나라 인구가 2억 명 가까이 될 것이고, 일본의 우수한 기술과 우리 민족의 열심을 보태면 전 세계에서 강대국이 될 수 있지 않겠나 생각됩니다. 그래야 중국과도 맞설 수 있을 것입니다. 단, 조건이 하나 있습니다. 그것은 일본 사람들이 우리나라에 오면 한국말을 해야 한다는 것입니다. 한국말을 하면 시간이 지나면 자연히 한국 사람이 되는 것입니다.

사랑하는 성도 여러분,

우리 모두 손님 대접하기를 힘쓰고, 특히 어려움 당한 자와 난민들을 따뜻하게 맞아들이는 사람이 되시기 바랍니다. 중국도 탈북자들을 보호하는 나라가 되도록 변화시켜 달라고 기도하고, 저 일본 사람들도 불쌍히 여겨 달라고 기도하시기 바랍니다. 무엇보다도 우리나라 사람들이 넓은 마음을 가지고 탈북자들과 난민들을 돌보고 포용하는 사람이 되도록 기도하는 여러분이 다 되시기 바랍니다. 아멘. (2012년 3월 11일 주일 오전)

25. 소돔 성을 떠나라 (19:12-22)

12 그 사람들이 롯에게 이르되 이 외에 네게 속한 자가 또 있느냐 네 사위나 자녀나 성 중에 네게 속한 자들을 다 성 밖으로 이끌어내라 13 그들에 대한 부르짖음이 여호와 앞에 크므로 여호와께서 이곳을 멸하시려고 우리를 보내셨나니 우리가 멸하리라 14 롯이 나가서 그 딸들과 결혼할 사위들에게 말하여 이르기를 여호와께서 이 성을 멸하실 터이니 너희는 일어나 이곳에서 떠나라 하되 그의 사위들은 농담으로 여겼더라 15 동틀 때에 천사가 롯을 재촉하여 이르되 일어나 여기 있는 네 아내와 두 딸을 이끌어내라 이 성의 죄악 중에 함께 멸망할까 하노라 16 그러나 롯이 지체하매 그 사람들이 롯의 손과 그 아내의 손과 두 딸의 손을 잡아 인도하여 성 밖에 두니 여호와께서 그에게 자비를 더하심이었더라 17 그 사람들이 그들을 밖으로 이끌어낸 후에 이르되 도망하여 생명을 보존하라 돌아보거나 들에 머물지 말고 산으로 도망하여 멸망함을 면하라 18 롯이 그들에게 이르되 내 주여 그리 마옵소서 19 주의 종이 주께 은혜를 입었고 주께서 큰 인자를 내게 베푸사 내 생명을 구원하시오나 내가 도망하여 산에까지 갈 수 없나이다 두렵건대 재앙을 만나 죽을까 하나이다 20 보소서 저 성읍은 도망하기에 가깝고 작기도 하오니 나를 그곳으로 도망하게 하소서 이는 작은 성읍이 아니니이까 내 생명이 보존되리이다 21 그가 그에게 이르되 내가 이 일에

도 네 소원을 들었은즉 네가 말하는 그 성읍을 멸하지 아니하리니 22 그리로 속히 도망하라 네가 거기 이르기까지는 내가 아무 일도 행할 수 없노라 하였더라 그러므로 그 성읍 이름을 ¹⁾소알이라 불렀더라

1) 작음

아브라함을 찾아온 세 손님은 점심 식사를 잘 대접받고 길을 떠났습니다. 그 중 두 사람은 천사들인데 소돔으로 갔습니다. 하나님의 명을 받아 소돔을 멸망시키기 위해 갔습니다. 다른 한 사람은 '여호와'라 불리었는데 아브라함과 대화를 마치고 어디론가 떠나갔습니다. 아마 천국으로 돌아갔겠지요. 소돔 성에 들어간 두 천사는 롯의 집에 들어가서 저녁 식사를 대접받고 누워서 쉬려 하는데, 성의 악한 무리들이 떼거리로 몰려와서 행패를 부렸습니다. "네 집에 들어온 사람들을 끄집어내라. 우리가 그들과 상관하겠다." 그러자 롯은 "안 됩니다. 그럴 수 없습니다. 어떻게 내 집에 들어온 손님을 욕보일 수 있단 말입니까? 차라리 내게 두 딸이 있으니 마음대로 하십시오."고 했습니다. 그러자 무리들은 "너는 물러나라. 이놈이 우리 동네에 들어와서 사사건건 우리를 가르치고 법관이 되려고 하네."라고 했습니다. 무리들이 다가와서 롯을 밀치고 문을 부수려 했어요. 그러자 천사들이 나가서 롯을 집 안으로 끌어들이고 문을 닫고는 무리들의 눈을 어둡게 했습니다. 무리들은 어디가 길인지 알지 못해 이리저리 헤매었습니다.

그리고 나서 천사들이 롯에게 말했습니다. "이 외에 네게 속한 자가

또 있느냐? 네 사위나 자녀나 성 중에 네게 속한 자들을 다 성 밖으로 이끌어내라."(12절) 롯에게 속한 자들, 롯의 가족과 사위들 또 롯의 친척들이 있으면 다 성 밖으로 이끌어내어라는 것입니다. "그들에 대한 부르짖음이 여호와 앞에 크므로 여호와께서 우리로 이곳을 멸하러 보내셨나니 우리가 멸하리라."(13절) 소돔 성에 죄악이 너무 많아 호소하는 부르짖음이 커서 이 성을 멸하려고 하나님이 그들을 보내셨다는 것입니다.

이 말을 들은 롯은 급히 나가서 자기 딸들과 약혼한 사위들에게 가서 말했습니다. 롯에게 두 딸이 있었는데, 소돔 성의 남자들과 약혼한 상태였습니다. 아브라함과 롯 당시의 결혼 적령기는 대개 남자 나이 40세로 생각됩니다. 왜냐하면 나중에 아브라함의 아들 이삭은 40세에 결혼했기 때문입니다. 이삭의 아버지인 아브라함이 몇 살에 결혼했는지는 안 나와 있지만, 대략 비슷한 나이인 40세 전후에 결혼하지 않았을까 생각됩니다. 아브라함의 아내인 사라는 아브라함보다 9살 적었습니다. 이 사실에서 추정해 보면, 롯의 딸들의 결혼 적령기는 대략 30세 정도로 생각됩니다. 남자들의 경우는 대략 40세 정도가 되겠지요. 그러나 롯의 딸들이 언제 '약혼'했는지는 알 수 없습니다. 우리나라 사람들은 성격이 급해서 약혼하자마자 바로 결혼합니다. 많은 사람들은 약혼도 안 하고 바로 결혼합니다. 초스피드로 결혼하는 사람들이 많습니다. 그러나 서양에서는 대개 6개월에서 3년 정도 약혼 기간을 가지는 경우가 많습니다. 6~7년 정도 사귀다가 결혼하는 경우도 더러 있습니다. 그런데 옛날 롯 당시에는 약혼 기간이 얼마나 되었는지는 알 수 없습니다. 따라서 이때 롯의 딸들의 나이가 20대였는지, 30대였는지도 알 수 없습니다. 어쨌든 롯이 밤중에 사위들에게, 정확하게 말하면 사위 될 사람들에게 찾아가서 말했습니다. "여호와 하나님이 이 성을 멸하실 터이니 너희는 일어나 이곳에서 떠나라. 함께 도망가자."

그러자 사위들이 어떤 반응을 보였습니까? 장인의 말이니까 금방 일어나서 떠났을까요? 아닙니다. 14절 끝에 보면 "그 사위들이 농담으로 여겼더라."고 합니다. 사실이 아니라 장난으로 하는 말, 웃기는 말로 여겼다는 것입니다. 영어로 하면 '조크'(joke), '개그'(gag)란 뜻입니다. 롯은 지금 진지하게 그들에게 생명을 구하라고, 멸망에서 건짐받으라고 말하는데, 그 사위들은 '농담'으로 받아들였습니다. 아니, 그들의 생명이 달린 문제인데 농담이라니요? 진담을 농담으로 받아들인 대가는 죽음이었습니다. 그 사위들은 결국 유황불의 심판을 받아 죽고 말았습니다. 결혼도 못하고 젊은 나이에 유황불에 타서 죽고 말았습니다.

따라서 여러분, 농담을 좋아하면 안 됩니다. 농담을 좋아하는 사람들, 개그를 좋아하는 사람들은 진지함이 없기 때문에 잘못하다가는 큰 코다칠 수 있습니다. 인생을 망치고 목숨을 잃게 될 수도 있습니다. 전에 인천에 잠깐 살고 있을 때였습니다. 밤에 자고 있는데 밖에서 웅성웅성 소리가 들려요. 무슨 일인가 싶어서 일어나서 부엌 창문을 열어보니, 담 너머에 닭을 키우는 양계장이 있는데 불이 붙어서 타고 있었어요. 대낮처럼 훤하게 밝습니다. 그래서 급히 아이들에게 "빨리 일어나라. 불났다. 일어나!"라고 했습니다. 그런데 아이들은 자다가 부스스 일어나서 정신을 못 차리고 있어요. 그래서 제가 큰 소리로 말했습니다. "뭐 하니? 빨리 옷 입고 피해야지. 빨리 서둘러!" 억지로 간단히 옷을 입혀서 계단을 내려와서 밖으로 나갔습니다. 만일 그때 "불이야!" 하는 말을 농담으로 여기고 계속 잤다면 어떻게 되었겠습니까? 다행히 그 불은 양계장을 다 태우고 나서 아파트 쪽으로 번지지는 않았습니다만, 이튿날 가보니 닭들이 전부 통닭구이가 되어 있었다고 해요. 먹지도 못할 만큼 새까맣게 타버렸습니다.

따라서 우리는 평소에 농담을 많이 하면 안 됩니다. 농담 좋아하는 사람, 개그 좋아하는 사람은 나중에 큰코다칠 수 있습니다. 롯의 사위들처럼 유황불 구이가 되어서 목숨을 잃을 수도 있습니다.

그러면 롯의 사위들은 왜 롯의 말을 농담으로 여겼을까요? 그 이유는 하나님을 믿지 않았기 때문입니다. 그들은 여호와 하나님을 믿지 않았습니다. 이 사위들은 원래 소돔 사람들로 이방인들이었습니다. 하나님 없이 사는 사람들이었습니다. 그냥 우상을 섬기고 마음대로 죄를 짓고 사는 사람들이었습니다. 그러니 여호와께서 소돔 성을 멸하신다고 하니 우습게 들린 것입니다. "장인어른, 농담 마시오. 뭐, 하나님이 소돔 성을 멸하신다고요? 웃기는 소리 마시오. 한밤중에 웬 농담이시오?"

그러면 롯은 왜 하나님을 믿지 않는 사람들을 사위로 정했을까요? 왜 이런 남자들에게 자기 딸들을 주기로 약속했을까요? 그 이유는 소돔 성에는 하나님을 믿는 사람이 없었기 때문입니다. 온통 이방인들뿐이었습니다. 달리 사람이 없었습니다. 롯 한 가정만 하나님을 믿었습니다. 롯의 아내가 하나님을 믿었는지는 알 수 없습니다. 롯의 딸들도 하나님을 제대로 믿었는지는 의심스럽습니다. 롯의 아내에 대해서는 우리가 도무지 알 수 없습니다. 그 출신도 미스터리입니다. 하란에서 따라왔는지 아니면 가나안 여인인지, 하나님을 믿는 여자였는지 이방인이었는지 도통 알 수 없습니다.

어쨌든 롯이 밤중에 사위들을 찾아가서 이 성을 떠나라고 말했지만 퇴짜 맞고 돌아왔습니다. 사위들에게 조롱당하고 돌아왔습니다. 동이 틀 때가 되자 천사들이 롯을 재촉했습니다. "일어나 여기 있는 네 아내와 두 딸을 이끌어내라. 이 성의 죄악 중에 함께 멸망할까 하노라."(15절)

그러나 롯이 지체하였다고 합니다. 막상 집을 버리고 소돔 성을 떠나려고 하니 섭섭하고 챙길 게 많습니다. 당장 먹고 살 밀가루도 챙겨야 하겠고, 옷도 챙겨야 하고, 돈도 챙겨야 하고, 혹 필요할지 모르니 외상장부도 챙겨야 하고, 또 중요한 것은 불(성냥)입니다. 특히 롯의 아내는 챙길 게 너무 많았을 것입니다. 옷도 챙겨야 하고, 신도 챙겨야 하고, 밥그릇, 냄비, 숟가락, 솥, 칼, 도마, 소금, 간장, 그리고 화장품, 비누, 실, 바늘, 빗, 거울 등등 챙길 게 너무 많아요. 여러분 같으면 무얼 챙기겠습니까? 휴대폰, 지갑, 게임기, 양치 도구, 만화책, 사탕, 초콜릿 등 챙길 게 많지요? 특히 롯의 아내는 정든 집을 두고 떠나려니 가슴이 아파서 견딜 수 없었습니다.

그러나 천사들은 마음이 급합니다. "빨리 서두르시오. 시간이 없소이다." 그래도 롯과 아내가 계속 꾸물대고 지체하자, 천사들이 롯의 손과 그 아내의 손과 두 딸의 손을 잡아 끌어당겨서 성 밖에 두었습니다. 천사들이 롯의 가족을 강제로 이끌어낸 후에 말했습니다. "도망하여 생명을 보존하라. 돌아보거나 들에 머무르거나 하지 말고 산으로 도망하여 멸망함을 면하라."(17절) 빨리 산으로 도망가라고 합니다. 하나님이 곧 유황불을 소돔 성과 인근 성들에 비같이 내리실 터이니 빨리 산으로 도망가라고 합니다. 뒤돌아보거나 들에 머무르면 죽는다, 뒤돌아보지 말고 뛰어라고 합니다.

그러나 롯은 이 말에 그대로 순종하지 않고 토를 달았습니다. "내 주여, 그리 마옵소서. 주의 종이 주께 은혜를 얻었고 주께서 큰 인자를 내게 베푸사 내 생명을 구원하시오나 내가 도망하여 산에까지 갈 수 없나이다. 두렵건대 재앙을 만나 죽을까 하나이다. 보소서. 저 성읍은 도망하기에 가깝고 작기도 하오니 나를 그곳으로 도망하게 하소서. 이는 작은 성이 아니니이까? 내 생명이 보존되리이다."(18-20절) 롯은 산까지 갈 수 없다고 했습니다.

왜 그랬을까요? 밤에 한숨도 못 자서 너무 피곤해서 그랬을까요? 숨이 차서 저 멀리 산까지 갈 수 없다는 뜻일까요? 우선 보기에 그런 것 같지만 그렇지 않습니다. 저 산까지 갈 수 없다는 것은 핑계입니다. 천사들이 가라고 하면 가는 거지 웬 말이 많아요? 지금 목숨이 걸린 문제인데 "힘들다"느니 "숨이 차다"느니 하는 것은 말도 안 됩니다.

이 점이 아브라함과 다른 점입니다. 아브라함은 하나님이 명령하시면 무조건 순종했습니다. 그대로 순종했습니다. "네 아들 독자 이삭을 바치라."고 하시면 그대로 바쳤습니다. 꾸물대지 않았습니다. 아침에 일찍 일어나 아들을 데리고 모리아 산으로 갔습니다(창 22:3). 아브라함은 하나님의 명령에 토를 달지 않았습니다. "하나님, 이삭 대신에 늙은 사라를 바치면 안 되겠습니까?"라고 하지 않았습니다. "아니면 젊은 하갈은 어떻습니까?"라고 하지도 않았습니다. 그러나 롯은 하나님을 믿기는 믿었지만 토를 달았습니다. "너무 힘들어서 산에까지 가기 힘드오니 가까운 작은 성에 들어가게 하소서."라고 토를 달았습니다. 이처럼 롯의 신앙은 토 다는 신앙입니다. "그렇지만 …" 하고 토 다는 신앙입니다. "그렇지만 주님, …" 하면서 말이 많은 신앙입니다.

그러면, 여러분의 신앙은 어떤 신앙입니까? 아브라함처럼 무조건 순종하는 신앙입니까? 아니면 롯처럼 토를 다는 신앙입니까? "그렇지만 너무 힘들어서 …", "봄이 되니 몸이 나른해서 …", "직장에 다니니 몸이 피곤해서 …", 이렇게 자꾸만 이유를 찾는 신앙입니까? 아니면 롯의 사위처럼 "웃기지 마쇼. 농담하지 마쇼." 하면서 무시하는 신앙입니까? 여러분, 그러면 안 됩니다. 롯은 하나님을 믿기는 믿었는데, 그래서 '의인'이라고 불리기는 했는데 뭔가 부족한 신앙이었습니다. 자꾸 꾸물대고 지체하고 토를 다는 신앙이었습니다. 어쩌면 롯이 결혼을 잘못해서 그랬을 수도 있습니다. 어쩌면 롯이 가나안 여자를 취하여 결혼했을지도 모릅니다. 그 후로부터 재물에 욕심을 부리고 아브라함과 다투고, 그래서 아브라함과 헤어져서 떠나 소돔 성으로 들어와 살았을 수도 있습니다. 믿음 없는 여자와 결혼하고 나서부터 롯은 신앙이 많이 떨어지고 꾸물대는 신앙, 토 다는 신앙이 되었을지도 모릅니다.

    어쨌든 롯이 토를 달고 작은 성으로 도망가게 해 달라고 한 것은 실은 롯이 도시 생활을 하고 싶어서 그랬던 것입니다. "저 산 위에 가서는 도무지 살 수 없으니 작더라도 성 안에 들어가서 살게 해 주십시오." 이것은 작은 도시라도 들어가서 도시 생활을 해야겠다는 의미입니다. 이것은 롯의 아내가 원한 것일 수도 있습니다. 롯의 아내가 아마 롯에게 귓속말로 살짝 말했을 것입니다. "빨리 저 천사들에게 부탁해서 저 작은 성에 가서 살게 해 달라고 말하시오." 하면서 눈치를 줍니다. 그리고는 눈을 한번 부라립니다. 그 뜻은 "내 말 안 들으면 알지? 그땐 죽음이야."는 것입니다. 그러자 롯은 재빨리 그 뜻을 알아채고 천사들에게 부탁했을 것입니다. "앞에 있는 저 작은 성으로 도망가게 해 주십시오."

    오늘날에도 사람들은 도시를 떠나기 싫어합니다. 남편이 아내에게 말합니다. "여보, 우리 나이 들면 시골로 내려가서 삽시다. 공기 좋은 데서 채소밭도 가꾸고 꽃도 심고 소도 키우면서 재미있게 삽시다." 그러면 아내가 뭐라고 대답합니까? "시골 가서 어찌 산단 말이요? 당신 혼자 가시오. 난 안 가요." 괜히 말 꺼냈다가 본전도 못 찾습니다. 여자들은 시골 생활을 싫어하고 도시 생활을 좋아해요. 왜 그런지 모르겠습니다. 옛날에는 시골에 상하수도 시설이 안 되어 있었으니 생활이 불편했습니다. 요즘은 시골에도 상하수도 시설이 되어 있고, 온수 보일러도 되어 있고, 따뜻한 물도 잘 나옵니다. 자가용도 있고 경운기도 있고 편리합니다.

 그런데도 여자들은 시골에 가는 것을 싫어합니다. 왜 그럴까요? 이상하지요? 제 생각에는 시골에는 대형 마트가 없어서 그런 것 같아요. 여자분들은 대형 마트에 가서 이리저리 물건 구경하고 쇼핑하는 것을 좋아합니다. 시식 코너에 가서 살짝 맛보고 나서 두리번거립니다. 그래서 이런저런 물건을 사고 나서 카드를 긁고는, 돌아오다가 마음이 변해서 또 돌아가서 물건을 바꿉니다. 그래서 휴대폰에 보면 문자가 오는데, "xx 마트에서 얼마가 승인되었습니다."고 합니다. 그런데 조금 있으니 "카드 승인이 취소되었습니다."는 문자가 옵니다. 조금 있으니 또 "얼마가 카드 승인되었습니다."고 합니다. 그러니 여자들은 대형 마트에 가서 카드 승인했다가 취소하고 또 승인하고 하는 재미로 사는 것 같아요. 그렇지 않은가요?

 또 20만원 짜리 옷을 세일해서 10만원에 샀다고, 그래서 10만원을 벌었다고 자랑합니다. 남편이 볼 때는 "그게 어찌 10만원 번 건가? 10만원 쓴 거지."라고 합니다. 그런데 아내가 볼 때는 "20만원 줄 것을 10만원 줬으니 10만원 번 거지."라고 주장합니다. 그러면 남편은 "아니, 지갑에서 10만원이 나갔으니 10만원 쓴 거지 어찌 번 거냐?"라고 합니다. 그러면 아내는 "원래 20만원인데 10만원에 샀으니 20만-10만 하면 10만원 나오는 것 맞지?"라고 합니다. 여러분, 누구 말이 맞습니까? 하여튼 남자와 여자는 사물을 보는 눈이 달라요. 남자는 여자를 이해할 수 없습니다. 돈 써놓고는 돈 벌었다고 합니다. 또 여자는 남자를 이해할 수 없습니다. 돈 아껴서 살림살이를 잘했는데 몰라준다고 섭섭해합니다. 어쨌든 이런 쇼핑하는 재미 때문에 여자들은 도시에 살려고 하는 게 아닌가 생각됩니다. 간간이 피자도 사 먹고 치킨도 시켜 먹고, 또 커피집에서 수다도 떨고 하는 재미로 사는 것 같습니다.

어쨌든 롯이 그랬습니다. 특히 롯의 아내가 도시 생활을 강력하게 주장했을 것입니다. 지금 하나님의 심판이 임박했는데, 하늘에서는 금방이라도 유황불이 떨어지려고 하는데, 롯과 롯의 아내는 산에서는 못 살겠다고, 작은 성이라도 들어가서 살게 해 달라고 조르고 있습니다. 그러자 천사가 허락해 주었습니다. "그가 그에게 이르되 내가 이 일에도 네 소원을 들었은즉 네가 말하는 그 성읍을 멸하지 아니하리니 그리로 속히 도망하라. 네가 거기 이르기까지는 내가 아무 일도 행할 수 없노라 하였더라."(21-22절) 천사들이 허락해 주었습니다. 이것은 하나님이 허락하신 것입니다. 왜냐하면 지금 일분일초가 급한데 허락을 안 해 주면 롯이 들에서 꾸물대다가 죽을지도 모릅니다. 그러니 작은 성이라도 빨리 들어가서 생명을 보존하라는 의미입니다.

22절 끝에 보면 "그러므로 그 성읍 이름을 소알이라 불렀더라."고 합니다. '소알'은 히브리어로 '초아르'인데 작다는 뜻입니다. '작음'(smallness)이라는 뜻입니다. 소알은 사해 남쪽에 있는 성인데, 약간 남동쪽에 있었다고 생각됩니다.[1] 소돔과 고모라보다 더 남동쪽입니다. 롯과 그 가족은 남동쪽 방향으로 도망하고 있었습니다. 왜냐하면 남동쪽 방향에 산이 있기 때문입니다. 소알의 원래 이름은 창세기

---

1 Aalders, *Genesis*, II, 89.

14장 2절과 8절에 보면 '벨라'였다는 것을 알 수 있습니다. 거기에 '왕'이 있었다고 하니, 그렇게 작은 성은 아니었다는 것을 알 수 있습니다. 소돔보다는 작은 성이었지만, 그래도 왕이 다스리는 나라였습니다. 그러니 롯이 '작은 성'이라고 말한 것은 도시 생활을 하고 싶어서, 거기 들어가서 살고 싶어서 한번 봐 달라고 한 말이라는 것을 알 수 있습니다. 보잘것없는 작은 성이니 저 성에 들어가서 살도록 허락해 달라는 것입니다.

그러나 정작 심판이 시작되자 롯은 두려워서 나중에 소알을 떠나 산으로 도망가게 됩니다. 결국 소알에 살지도 못하고, 또 뒤를 돌아본 아내는 소금기둥이 되어버리고, 롯은 딸 둘과 함께 산에 올라가서 동굴에서 살게 되었습니다. 하나님의 명령에 온전히 순종하지 않고 미적대고 꾸물거리고 욕심부리다가 결국 원하는 것을 얻지도 못하고 아내를 잃어버리고 만 것을 알 수 있습니다.

사랑하는 성도 여러분,

오늘날 여러분은 어떻습니까? 하나님이 명령하실 때 즉각, 온전히 순종하십니까? 아니면 미적대고 꾸물대고 욕심을 부리고 있습니까? 그러다가 잘못하면 원하는 것도 얻지 못하고 하나님의 매만 맞을 수 있습니다. 한 대 얻어맞고서 쫓겨 가듯이 순종할 수도 있습니다.

그러나 아브라함처럼 하나님의 말씀을 온전히 좇아 순종하면 하나님이 기뻐하시고 많은 복을 주십니다. 후손도 많아지고 재산도 많아지고 나중에 창대하게 됩니다. 그러나 롯처럼 미적대고 꾸물대다가는 아내도 잃고 재산도 잃고 낭패를 당할지도 모릅니다.

그러므로 사랑하는 성도 여러분,

여러분 모두 다 아브라함처럼 기쁨으로 순종하는 자 되시기 바랍니다. 하나님의 명령은 우리에게 약이 되고 복이 되고 생명이 되고 형통함이 되는 줄로 믿고 기쁨으로 순종하는 여러분이 다 되시기 바랍니다. 그래서 하나님이 기뻐하시는 성도들이 되고 하나님의 은혜와 복을 충만히 받아서 하나님을 잘 섬기는 성도들이 다 되시기 바랍니다. 아멘. (2012년 3월 25일 주일 오전)

26. 소금 기둥이 된 롯의 아내 (19:23-29)

23 롯이 소알에 들어갈 때에 해가 돋았더라 **24** 여호와께서 하늘 곧 여호와께로부터 유황과 불을 소돔과 고모라에 비같이 내리사 **25** 그 성들과 온 들과 성에 거주하는 모든 백성과 땅에 난 것을 다 엎어 멸하셨더라 **26** 롯의 아내는 뒤를 돌아보았으므로 소금 기둥이 되었더라 **27** 아브라함이 그 아침에 일찍이 일어나 여호와 앞에 서 있던 곳에 이르러 **28** 소돔과 고모라와 그 온 지역을 향하여 눈을 들어 연기가 옹기 가마의 연기같이 치솟음을 보았더라 **29** 하나님이 그 지역의 성을 멸하실 때 곧 롯이 거주하는 성을 엎으실 때에 하나님이 아브라함을 생각하사 롯을 그 엎으시는 중에서 내보내셨더라

소돔 성은 사해 남쪽에 있었는데 고대에 발달한 도시였습니다. 그러나 매우 악하였습니다. 외부 손님들에 대해 배타적이었습니다. 손님들을 박대하고 해치려고 했습니다. 특히 성적으로 문란하였는데 동성애자들이 많았습니다. 그래서 '소돔 사람들' 하면 '동성애자'라는 등식이 성립하였습니다. 롯과 그의 가족은 이런 악한 성에 살고 있었습니다. 왜냐고요? 살기 편하니까요. 소돔 도시에는 온갖 편의시설들과 물건들이 있었을 것입니다. 롯과 그의 가족은 이런 도시 생활을 즐겼습

니다.

그러나 소돔 성은 죄악이 너무 많았기 때문에 하나님이 멸하셨습니다. 하나님은 소돔 성을 멸하시기 전에 먼저 천사들을 보내어 롯의 가족을 건져내셨습니다. "빨리 이 성에서 도망하라. 뒤를 돌아보거나 들에 머무르지 말고 산으로 도망하라."고 하였습니다.

그러나 롯과 그의 아내와 두 딸은 꾸물거렸습니다. 미련이 많았습니다. 또 집을 떠나기 전에 챙길 게 많았습니다. 정든 집을 떠나고 편리한 도시를 버리고 떠나는 게 너무 힘들었습니다. 아무것도 없는 산에 가서 사는 것은 생각만 해도 끔찍했을 것입니다.

그래서 롯은 천사에게 부탁했습니다. "제발 저 작은 성이라도 들어가서 살게 해 주십시오. 산까지 가려니 너무 힘듭니다." 힘들다는 것은 핑계였지만, 그래도 천사는 허락해 주었습니다. "좋다. 그럼 빨리 저 작은 성으로 도망하여 네 목숨을 보전하라." 그래서 롯은 작은 성에 들어갔습니다. 그래서 그 성 이름을 '소알'이라고 불렀습니다. 작다는 뜻입니다. 원래 이름은 '벨라'였습니다.

23절에 보면 "롯이 소알에 들어갈 때에 해가 돋았더라."고 합니다. 밤새 한잠도 못 자고 분주하게 움직였습니다. 동네 사람들, 악한 패거리들이 몰려와서 밤새 소동을 벌였고, 또 물건을 챙겨서 성을 빠져나오느라 시간을 많이 소비했습니다. 그래서 소알에 들어갈 때 벌써 아침 해가 돋았습니다. 그때 하나님께서 하늘에서 유황과 불을 비같이 소돔과 고모라에 내리셨다고 합니다. 참으로 엄청난 사건입니다. 마치 불꽃놀이 하듯이 하늘에서 유황불이 엄청 쏟아져 내려왔습니다. 유황은 화약을 만드는 데 사용되는 주성분입니다. 성냥에도 유황 성분이 있습니다. 불이 붙으면 확 타오릅니다. 엄청 뜨겁습니다. 그래서 폭탄을 만들 때에도 유황이 들어가고, 고체 로켓을 쏘아 올릴 때에도 유황이 들어갑니다.

　이처럼 유황불은 무서운 것입니다. 하늘에서 유황불이 비 오듯 쏟아지니 소돔과 고모라, 그리고 인근의 들판은 다 불에 타고 거기에 살던 사람들은 다 죽었습니다. 유황불에 새카맣게 타서 재가 되었습니다. 25절에 보면 "그 성들과 온 들과 성에 거주하는 모든 백성과 땅에 난 것을 다 엎어 멸하셨더라."고 합니다. '엎어 멸했다'는 것은 완전히 멸했다는 것을 의미합니다. 사람들뿐만 아니라 짐승들도, 채소와 식물들도 다 죽었습니다.

　그러면 어떻게 해서 유황불이 하늘에서 내려왔을까요? 성경은 하나님이 유황과 불을 하늘에서 내리셨다고 합니다. 24절에 보면 "여호와께서 하늘 곧 여호와께로부터 유황과 불을 소돔과 고모라에 비같이 내리셨다."고 합니다. 그런데 어떤 학자는 이렇게 설명합니다. 하나님이 유황불을 내리신 것은 맞는데, 하나님은 이미 존재하는 자연의 재료 곧 하나님이 지으신 피조물을 사용하셨다고 합니다. 소돔은 역청이 많은 지역입니다. 역청은 아스팔트인데, 석유에서 나오는 부산물입니다. 이 역청에서 불붙기 쉬운 가스들이 나왔을 것이라고 합니다. 그리고 소돔 땅 바닥에는 많은 양의 유황이 있었다고 합니다. 그래서 이 유황들이 역청 가스들과 함께 섞여서 대기 중에 들어갔을 것이라고 합니다. 그러다가 갑자기 번개가 치거나 또는 저절로 불이 붙어서 땅에 내려왔을 것이라고 합니다.[1] 재미있는 설명입니다. 하나님은 이미 존재하는 자연의 물질들을 통해 이적을 행하실 수도 있습니다. 하나님이 지진과 쓰나미를 일으키실 때에는 이미 있는 지구 판들을 움직이시고 충돌시켜서 일으키시는 것과 같은 원리입니다.

그러나 우리는 그냥 하나님이 하늘에서 유황과 불을 내리셨다고 믿으면 됩니다. 하나님은 전능하신 하나님이시니까 공기 중에서 유황이 생기게 하실 수도 있고, 다른 곳에서 유황이 날아오게 하실 수도 있습니다. 물론 땅 밑에 있던 유황이 지진에 의해 가스와 함께 하늘로 올라갔다가 내려오게 하셨다고 볼 수도 있지요. 어쨌든 중요한 것은 하나님이 유황과 불을 내리셔서 소돔과 고모라와 인근 성들과 들을 다 멸하셨다는 사실입니다. 소돔과 고모라와 그 인근 사람들의 죄악에 대한 하나님의 준엄한 심판입니다.

그런데 롯의 아내는 뒤를 돌아본 고로 소금 기둥이 되었다고 합니다. "롯의 아내는 뒤를 돌아보았으므로 소금 기둥이 되었더라."(26절) 롯의 아내는 아마도 롯의 뒤에 처져서 뒤따라오고 있었던 것 같습니다. 두고 온 집과 재산들을 생각하니 발걸음이 무겁습니다. 천사들이 급하다고 "서둘러라."고 해도 롯의 아내는 자꾸만 뒤처집니다. 그러나 시간이 없습니다. 롯과 그의 두 딸이 소알 성에 들어가자마자 하늘

---

[1] Aalders, *Genesis*, II, 89f.

에서 유황불이 비같이 쏟아졌습니다. 유황이 불에 타니까 소리가 "쾅! 쾅!" 나지 않았겠습니까? 마치 폭죽이 터지듯이, 폭탄이 터지듯이 "쾅! 쾅!" 소리가 났을 것입니다. 롯의 아내는 그만 뒤를 돌아보고 말았습니다. 천사가 "뒤를 돌아보지 말라."고 했는데도 불구하고 그는 뒤를 돌아보다가 그만 소금 기둥이 되고 말았습니다.

오늘날에도 이스라엘에 가면 사해 남쪽 끝의 서쪽 편 언덕에 커다란 소금 기둥이 서 있습니다. 어찌 보면 그냥 돌기둥 같기도 하고, 어찌 보면 여자 모습 같기도 합니다. 사람들은 옛날부터 이것이 롯의 아내라고 말합니다. 그래서 사람들은 그것을 배경으로 사진을 찍습니다. 그러면 그것이 과연 롯의 아내일까요? 좀 의심스러운 점들이 있습니다. 우선, 멀리서는 작아 보여도 실제로는 굉장히 큽니다. 아마도 사람 크기의 대여섯 배는 되지 않을까 생각됩니다. 그러니 크기가 맞지 않습니다. 물론 롯의 아내가 뒤돌아보다가 죽고, 그 후에 거기에 염분이 자꾸 달라붙어서 이렇게 커졌다고 볼 수도 있습니다. 롯의 아내가 뒤돌아본 순간, 순간적으로 소금 기둥이 되었을 수도 있지만 세월이 지나면서 점점 소금기가 달라붙어서 소금 기둥이 되었다고 볼 수도 있습니다. 사해는 염분이 엄청 많잖아요. 그런 소금 기둥이 여러 개 있다고 합니다.

또 하나의 문제점은 현재 있는 소금 기둥의 위치가 맞지 않다는 것입니다. 소돔과 고모라, 그리고 소알이 어디 있는지는 오늘날 모릅니다만, 대개 사해 남쪽, 남쪽 중에서도 약간 남동쪽에 있었다고 보는 학자들이 많습니다. 그래서 그때 소돔과 인근의 땅바닥에 있던 가연성 물질들이 불타 없어져서 지반이 내려앉았다고 합니다. 그래서 지금은 사해의 남쪽 부분의 바다 밑에 있다고 합니다. 그 근거로 사해의 북쪽 부분은 수심이 300 미터인데 남쪽 부분은 평균 수심이 4 미터도 안 된다고 합니다. 소알은 롯이 도망쳐서 가던 곳이니까 약간 산 중턱에 있었다고 생각되고, 그렇다면 현재 사해의 남쪽에, 정확하게는 남남동쪽 방향 어딘가에 있었다고 생각됩니다. 그렇다면 소금 기둥이 된 롯의 아내는 사해 바다 남쪽 지역 중에서 서쪽이 아니라 남동쪽 어디에서 찾아야 하지 않을까요? 물론 소돔의 위치와 소알의 위치에 대해서는 여러 가지 설이 있고 확실히 알 수 없기 때문에 롯의 아내 소금 기둥에 대해서도 확실히 알 수는 없습니다.

그런데 중요한 것은 롯의 아내는 왜 소금 기둥이 되었는가 하는 것입니다. 물론 그가 뒤를 돌아보았기 때문인데, 왜 뒤를 돌아보았을까요? 호기심에서 돌아보았을까요? 물론 뒤에서 엄청난 폭발 소리가 들리니까 호기심이 날 법도 합니다. 그러나 단지 호기심에서 돌아보았다고 보기는 어렵습니다. 왜냐하면 롯과 그의 두 딸도 똑같이 소리를 들었는데, 그들은 뒤돌아보지 않았습니다. 하필 롯의 아내만 뒤돌아보다가 소금 기둥이 되었습니다. 왜 그랬을까요?

그것은 두고 온 집과 재산들이 아까워서 뒤돌아보았을 것입니다. "오! 내가 몇십 년 동안 애써 벌어 모은 재산인데, 내가 얼마나 아끼고 절약해서 저 집을 사고 재산을 모았는데, 저것들이 순식간에 불타다니 … 안 돼! 안 돼!" 하면서 뒤돌아보았을 것입니다. 아마 이때 롯의 아내는 롯에게서 좀 떨어져서 혼자 뒤에서 따라오다가 뒤를 돌아보았을 것입니다. 우리말 성경에는 이것이 안 드러나 있는데, 히브리 원문에 보면 "롯의 아내가 그의 뒤에서[2] 돌아본 고로 …"라고 되어 있습니다. 롯의 아내는 뒤처져서 따라오고 있었다는 것을 알 수 있습니다. 두고 온 집과 재산을 생각하니 발이 잘 떨어지지 않는 것이었습니다. 그래서 자꾸 뒤돌아보았습니다. 요세푸스의 『유대 고대사』란 책에 보니 "계속해서 뒤돌아보았다"[3]고 되어 있습니다. 혼자 들에서 뒤돌아보다가 그만 하늘에서 떨어지는 유황불의 파편을 맞아서 그 자리에서 즉사하지 않았을까 생각됩니다. 새까맣게 타고, 이어서 거기에 사해의 염분이 달라붙어서 소금 기둥이 되지 않았을까요? 그때 롯과 그의 딸들은 이미 소알 성 안에 들어갔기 때문에 구하러 나올 수도 없었습니다. 성 밖에는 온통 유황불이 떨어집니다. 따라서 시신을 거둘 수도 없었습니다.

이처럼 롯의 아내가 뒤를 돌아보다가 소금 기둥이 된 사건은 두고두고 귀한 교훈이 됩니다. 예수님은 세상 종말 때의 세상 모습이 어떠할 것인가에 대해 다음과 같이 말씀하셨습니다. "또 롯의 때와 같으리니 사람들이 먹고 마시고 사고 팔고 심고 집을 짓더니, 롯이 소돔에서 나가던 날에 하늘로부터 불과 유황이 비 오듯 하여 그들을 멸망시켰느니라. 인자가 나타나는 날에도 이러하리라. 그 날에 만일 사람이 지붕 위

---

2 히브리어: 메아하라우(מֵאַחֲרָיו).

3 Josephus, *Jew. Ant.* I,203.

에 있고 그 세간이 그 집 안에 있으면 그것을 가지러 내려가지 말 것이요, 밭에 있는 자도 이와 같이 뒤로 돌이키지 말 것이니라. 롯의 처를 기억하라. 무릇 자기 목숨을 보존하고자 하는 자는 잃을 것이요 잃는 자는 살리리라."(눅 17:28-33) 곧, 세상에 있는 재물이 아까워서, 집 안에 있는 물건들이 아까워서 뒤돌아보다가는 자기 목숨을 잃게 된다 하는 것을 알 수 있습니다.

여러분, 오늘날에도 그러합니다. 세상 재물이 아까워서, 집과 집 안에 있는 물건이 아까워서 뒤돌아보다가 낭패를 당할 수도 있습니다. 예를 들어 집에 불이 났는데 어떤 사람은 집 안에 있는 물건을 가지러 도로 뛰어듭니다. 아내 몰래 숨겨 놓은 돈 몇십만 원을 가지려고 … 또는 장롱 속에 들어 있는 금반지를 가지려고 불 속을 뛰어들다가 그만 목숨을 잃기도 합니다. 어떤 아이는 "내 스마트폰!" 하면서 도로 집으로 들어갑니다. 이처럼 이 세상 재물을 아까워하다가 그만 자기 목숨을 잃을 수도 있습니다.

이보다 더 흔한 예로는, 주일날에도 돈 벌려고 가게 문을 여는 사람들이 많습니다. 주일에는 쉬고 하나님 앞에 나와 예배드려야 하는데, 돈을 더 벌려고 주일에도 가게 문을 열고 일하러 가는 사람들이 있습니다. 눈앞의 작은 이익 때문에 자기 영혼을 해롭게 하고 멸망으로 나아가는 사람들이 많습니다. 마치 롯의 아내처럼 뒤돌아보다가 소금 기둥이 되는 것과 같습니다. 또 학생들 중에 주일인데도 학원에 간다고, 공부한다고 교회에 안 오는 사람은 학교 성적 몇 점 때문에 하나님을 잊어버리고 배반하는 것입니다. 뒤돌아보다가 소금 기둥이 된 롯의 아내와 비슷한 어리석음을 범할 수도 있습니다.

롯의 아내가 뒤를 돌아본 것은 또한 하나님의 말씀을 무시했기 때문입니다. 하나님은 천사들을 통해 분명히 말씀하셨습니다. "그 사람들이 그들을 밖으로 이끌어낸 후에 이르되 도망하여 생명을 보존하라. 돌아보거나 들에 머물지 말고 산으로 도망하여 멸망함을 면하라."(17절) "돌아보지 말라."고 천사들이 분명히 말했습니다. 그런데도 불구하고 롯의 아내는 뒤를 돌아보았습니다. 그리고 자기 집이 불타는 것을 쳐다보았습니다. "오 내 집! 내 집이 불타다니 … 집 안에 있는 내 물건들, 얼마나 힘들게 모은 건데 다 불타다니 …" 이렇게 탄식하다가 그만 자기도 유황불에 맞아 죽고 말았습니다. 따라서 롯의 아내가 뒤를 돌아본 것은 천사들의 명령을 어긴 것입니다. 곧, 하나님의 명령을 어긴 것입니다. 하나님의 말씀에 대한 불순종입니다.

이것은 나아가서 롯의 아내가 하나님을 믿지 않았다 하는 것을 보여줍니다. 롯의 아내가 정말로 하나님을 믿었다면, 하나님이 보내신 천사들의 명령에 순종했을 것입니다. 이 천사들은 롯의 집을 에워싼 폭도들의 눈을 멀게 하는 이적도 행했습니다. 롯의 가족을 위기에서 건져내었습니다. 그런데도 불구하고 롯의 아내는 이 천사들의 명령에 순종하지 않았습니다. 하나님을 믿지 않았다 하는 것을 알 수 있지요.

롯의 아내가 누구였는지에 대해서는 알 수 없습니다. 수수께끼입니다. 롯이 언제 결혼했는지도 알 수 없습니다. 어쩌면 롯이 아브라함을 떠나간 후에 소돔 성에서 소돔 여자와 결혼하지 않았을까요? 아니면 아브라함을 떠나가기 전에, 벧엘과 아이 사이에 머무르고 있을 때 혹 가나안 여자와 결혼하였을까요? 알 수 없습니다. 아브라함이 하란에서 가나안 땅으로 들어올 때에는 아내 사래와 조카 롯을 데리고 왔다고 합니다. 그때 롯의 아내는 나타나지 않습니다. 애굽에 내려갈 때에도, 가나안 땅에 돌아올 때에도, 롯의 아내는 나타나지 않습니다.

그러다가 창세기 19장에 와서 처음 나타납니다. 롯이 아브라함을 떠나간 지 대략 20년쯤 흘렀습니다. 그런데 그때 이미 약혼한 두 딸이 있었다고 합니다. 그러니 롯이 언제 누구와 결혼했는지 알 수 없습니다. 혹 소돔에 가서 열 살쯤 된 딸 둘 가진 과부와 결혼한 것일까요? 알 수 없습니다. 딸들의 나이를 보아서는, 아브라함을 떠나가기 전 가나안 땅에 있을 때 가나안 여자와 결혼했다고 보는 것이 자연스러워 보입니다만 확실히 알 수는 없습니다. 어쨌든 여호와 하나님을 믿는 사람은 아니었던 것 같습니다. 가나안 여자였을 수도 있습니다. 아니면 소돔 여자였을 것입니다. 소돔 여자도 가나안 여자입니다. 그러니 하나님을 안 믿는 세상 여자는 하나님의 말씀을 귀담아듣지 않고 무시합니다. 천사고 뭐고 안 믿습니다. 오직 자기 집과 재물만 믿습니다. 이처럼 하나님을 믿지 않고 세상 재물을 의지하는 사람은 낭패를 당하게 됩니다. "이제 좋은 집 있겠다, 집 안에 재물들 많겠다, 금도 있고 은도 있고 돈도 많고 보험도 들어놓았겠다, 든든하다"고 생각하면서 하나님을 안 믿고 하나님의 말씀을 무시하면 롯의 아내처럼 낭패를 당할 수 있습니다.

사랑하는 성도 여러분,

오늘날 여러분은 무엇을 의지하십니까? 세상 마지막 날에 여러분이 가진 집과 재산이 다 불탈 때에 여러분은 롯의 아내처럼 뒤돌아보지 않을 자신이 있습니까? 뒤돌아보지 않으려면 집이 없으면 제일 좋습니다. 아브라함처럼 장막에 살면, 장막은 불에 타도 얼마 안 하니까 아까울 것도 없고 뒤돌아볼 것도 없습니다.

세상 종말이 가까이 다가오면 자기 집이 없이 전세 살면 좋아요. 전셋집은 불타도 내 거 아니니까 괜찮아요. 그런데 "아! 전세보증금 돌려받아야 하는데 …" 이런 사람은 월세 살면 좋아요. 월세 살면 집이 불타도 아까울 게 없습니다. 그러나 월세가 많이 나가서 아까우면 전세 살고, 전세금이 올라서 불안하면 자기 집에 사는 게 제일 마음 편하고 좋습니다. 물론 예수님이 언제 다시 오실지 알 수 없으니 너무 호들갑 떨 것은 아닙니다.

그러나 예수님이 당장 오시는 것은 아닌 것 같으니(알 수 없습니다만), 괜히 있는 집을 팔지는 마십시오. 집이 있더라도 아까워하지 않으려면 "이 집은 내 것이 아니라 하나님의 것입니다."라고 고백하면 됩니다. 어차피 죽으면 가지고 갈 것도 아닌데 하나님의 이름으로 등기해 놓았다고 생각하고서, 사는 날 동안에 하나님께 빌려서 사용하다가 천국 가면 됩니다. 여러분, 하나님께 빌리면 공짜입니다. 하나님은 쩨쩨하게 월세 안 받습니다. "네가 알아서 네 마음대로 써라."고 하십니다. "단, 세금과 수리비는 네가 내라. 전기와 가스 사용료도 네가 쓴 만큼

내라. 하지만 월세는 공짜다."고 하십니다. 그러니 우리는 이 세상에 있는 동안에 하나님이 주신 집에서 공짜로 빌려 쓰다가 죽을 때 두고 가면 됩니다. 하나님이 이 집의 주인이라고 고백하면서 살면 됩니다.

세상 끝날이 되어서 예수님이 재림하실 때에 이 세상의 집이 다 불타면, 하나님의 집이 불탄다고 생각하면 됩니다. 내 집이 불탄다고 생각하면 아깝지만, 하나님의 집이 불탄다고 생각하면 아까울 것이 없습니다. 주인이신 하나님이 더 좋은 집 주시려고 자기 집을 불태우시는데 우리가 아까워할 이유가 없지요.

따라서 오늘날 우리는 우리가 가진 모든 것은 다 '하나님의 것'이라고 고백해야 합니다. "다 하나님이 주신 것입니다. 감사합니다."라고 하는 사람은 목숨을 건질 것이고, "내 것이야. 내가 돈 벌어 산 거야!"라고 하는 사람은 롯의 아내처럼 소금 기둥이 되는 낭패를 당할 수 있습니다.

사랑하는 성도 여러분,

우리는 이 세상에 살지만 이 세상에 속하지 않았습니다. 따라서 우리는 이 세상이나 세상에 있는 것들을 사랑하면 안 됩니다. 왜냐하면 세상에 있는 것들은 다 지나가기 때문입니다. 우리는 영원한 것들을 붙들어야 합니다. 이 세상에서 영원한 것은 오직 하늘나라에서 오신 예수님밖에 없습니다. 그리고 하나님의 말씀도 영원합니다. 천지는 없어지려니와 예수님의 말씀은 없어지지 않습니다(마 24:35; 눅

21:33). 또 하나님을 믿는 자들도 영원히 머물게 됩니다. 요한일서 2장 17절에 "이 세상도 그 정욕도 지나가되 오직 하나님의 뜻을 행하는 자는 영원히 거하느니라."고 합니다.

사랑하는 우리 성도 여러분,

소금 기둥이 된 롯의 아내를 생각하십시오. 이 세상의 재물이 아까워서 세상을 뒤돌아보다가는 낭패를 당하게 됩니다. 우리는 이 세상의 재물에 우리의 마음을 빼앗기지 말고, 이 모든 것은 다 하나님이 주신 것으로 믿고 하나님을 위해 사용하시기 바랍니다. 감사함으로 사용하다가 하나님이 거두어 가시면 기꺼이 드리는 자 되시기 바랍니다.

무엇보다도 영혼을 귀하게 여기고 영혼을 구원하는 일에 힘쓰고, 하나님의 말씀에 순종하는 자 되시기 바랍니다. 소돔 성과 같은 이 세상을 사랑하지 말고, 이 악한 세상에서 하나님의 말씀을 전하고 하나님의 뜻을 행하는 성도들이 다 되시기 바랍니다. 아멘. (2012년 4월 15일 주일 오전)

27. 롯의 두 딸들 (19:30-38)

30 롯이 소알에 거주하기를 두려워하여 두 딸과 함께 소알에서 나와 산에 올라가 거주하되 그 두 딸과 함께 굴에 거주하였더니 31 큰 딸이 작은 딸에게 이르되 우리 아버지는 늙으셨고 온 세상의 도리를 따라 우리의 배필 될 사람이 이 땅에는 없으니 32 우리가 우리 아버지에게 술을 마시게 하고 동침하여 우리 아버지로 말미암아 후손을 이어가자 하고 33 그 밤에 그들이 아버지에게 술을 마시게 하고 큰 딸이 들어가서 그 아버지와 동침하니라 그러나 그 아버지는 그 딸이 눕고 일어나는 것을 깨닫지 못하였더라 34 이튿날 큰 딸이 작은 딸에게 이르되 어제 밤에는 내가 우리 아버지와 동침하였으니 오늘 밤에도 우리가 아버지에게 술을 마시게 하고 네가 들어가 동침하고 우리가 아버지로 말미암아 후손을 이어가자 하고 35 그 밤에도 그들이 아버지에게 술을 마시게 하고 작은 딸이 일어나 아버지와 동침하니라 그러나 아버지는 그 딸이 눕고 일어나는 것을 깨닫지 못하였더라 36 롯의 두 딸이 아버지로 말미암아 임신하고 37 큰 딸은 아들을 낳아 이름을 모압이라 하였으니 오늘날 모압의 조상이요 38 작은 딸도 아들을 낳아 이름을 벤암미라 하였으니 오늘날 암몬 자손의 조상이었더라

오늘 읽은 본문에 보면 모압 자손과 암몬 자손의 기원에 대해 말씀하고 있습니다. '모압'은 사해 호수 동쪽에 있었습니다. 아르논 계곡 남쪽에 있었는데 '아르'가 그 중심지입니다. 오늘날 요르단에 속해 있습니다. '암몬'은 여리고 동쪽 요단강에서 동쪽으로 약 4~50km쯤 떨어진 곳에 있습니다. '랍바'가 그 중심지인데 견고한 요새입니다. 오늘날 요르단의 수도 암만입니다. 이들 모압과 암몬 자손은 다 롯의 후손들입니다.

그런데 그 기원이 명예롭지 못합니다. 아주 수치스럽습니다. 이들은 롯의 두 딸에게서 나왔는데, 그 아버지 롯과의 관계에서 나왔습니다. 인류으로 따지면 아주 부도덕하고 패륜합니다. 그래서 일본의 우찌무라 간조는 이 부분을 하나님의 말씀이라 할 수 없다고 하였습니다. 어떻게 성경이 이런 패륜 사건을 기록할 수 있겠는가라고 하였습니다.

그러나 성경은 인간의 죄악을 있는 그대로 기록하였습니다. 아름답게 미화하거나 꾸미지 않고 있는 그대로 기록하였습니다. 아담의 타락 이후로 사람들은 죄가 많다, 그래서 구원자가 필요하다는 것을 보여 줍니다. 뿐만 아니라 모압 자손과 암몬 자손이 어떻게 생겨나게 되었는가 하는 것을 사실 그대로 보여 줍니다. 성경은 사실을 기록한 것이고, 그래서 믿을 만한 것입니다.

그러면 모압 자손과 암몬 자손이 어떻게 생겨났는가? 그 기원은 무엇인가?에 대해 살펴보겠습니다. 롯과 그의 가족은 소돔 성에 살다가 천사들의 도움으로 소돔 성을 탈출했습니다. 그러나 롯의 아내는 꾸물거렸습니다. 수십 년 동안 애써 벌어서 산 집과 재물들을 두고 가려니 너무 아까웠던 것입니다. 발이 잘 떨어지지 않습니다. 롯의 뒤에 처져서 뒤돌아보고 또 돌아보고 하다가 그만 유황불에 맞아 즉사하고 말았습니다. 그래서 소금 기둥이 되었습니다. 주후 1세기 요세푸스 당시에도 그 소금 기둥이 있었다고 합니다. 자기도 그것을 직접 보았다고 합니다.[1]

그러면 그 후에 롯과 두 딸은 어떻게 되었습니까? 롯과 두 딸은 '소알'이라는 조그만 성에 들어가서 목숨을 건졌습니다만 엄청 불안했습니다. 그들은 하늘에서 유황불이 비같이 내리는 것을 직접 목격하였습니다. 게다가 롯은 자기 아내가 유황불에 맞아 소금 기둥이 된 것을 보았습니다. 롯에게는 엄청난 충격이었을 것입니다. 비록 롯의 아내가 믿음이 없고 세상적인 여자였지만, 그래도 아내가 있다가 없으면 남자는 공황 상태에 빠집니다. 허전합니다. 외롭습니다. 롯의 아내가 누구였는지는 모르지만 하나님을 안 믿은 것 같습니다. 형식적으로만 믿고 실제로는 안 믿었던 것 같습니다. 세상 여자로서 재물을 의지했습니다. 롯이 돈을 버는 족족 다 챙겨갔습니다. 그렇게 열심히 남편 돈을 챙겨서 집 사고 재물을 모았습니다.

그런데 이제 그런 아내가 죽고 없으니 롯은 좋았을까요? 아닙니다. 아내가 없으니 외롭고 쓸쓸합니다. 죽을 것만 같습니다. 날마다 돈을 뜯어 가는 아내가 있을 때가 좋았는데, 지금은 그런 사람이 없으니 영 살 맛이 나지 않습니다. 그래서 결혼하면 여자는 뜯어먹는 재미로 살

---

1 Josephus, *Jew. Ant.* I,203.

고, 남자는 뜯기는 재미로 살고 … 그런 것 같습니다. (요즘은 반대인 경우도 있습니다.) 그런데 지금 롯은 무일푼입니다. 소알 성에 들어와서 두 딸과 함께 아마 길거리에서 자지 않았을까요? 아니면 가지고 온 금은으로 조그만 월셋방 하나를 구했는지 모릅니다.

그러나 롯은 날마다, 밤마다 악몽에 시달립니다. 하늘에서 유황불이 비같이 쏟아지는데 아내가 그만 유황불에 맞아 즉사하고 말았습니다. 그때 어쨌든 아내를 데리고 같이 왔어야 하는데 후회막심합니다. 죽더라도 같이 죽었어야 하는데 말이죠. 그때 천사들이 자꾸 재촉했습니다. "빨리 서두르시오. 곧 유황불의 심판이 시작될 것이오." 그래서 롯은 몇 번이나 아내에게 빨리 가자고 했지만, 아내는 발걸음을 떼지 못하는 것이었습니다. 그래서 할 수 없이 롯과 두 딸은 먼저 소알 성으로 들어왔는데, 성 안에 들어서자마자 유황불의 심판이 시작되었습니다. 소돔과 고모라와 인근 성들과 들판에 유황불이 비같이 쏟아졌습니다. 롯의 아내도 그만 유황불에 맞아 죽고 소금 기둥이 되었습니다.

롯은 두려웠습니다. 공포가 엄습해 옵니다. "이 소알 성도 안전하지 않아. 이 성에도 죄악이 많고, 다 하나님을 안 믿는 사람들이야. 소돔 성이나 마찬가지야." 롯의 귀에는 천사들의 말소리가 왱왱거립니다. "너희는 들에 머물지 말고 산으로 도망하여 멸망함을 면하라."(창 19:17) 산으로 도망하라고 했는데, 롯이 천사에게 부탁해서 작은 소알 성으로 들어왔던 것입니다. "산까지 가기는 너무 힘드오니 바로 앞에 있는 작은 성으로 가게 해 주십시오." 그래서 천사에게 허락받았습니다.

그런데 하나님의 심판이 있고 나서, 아내가 죽고 나서, 그제야 천사의 이 말이 자꾸 생각나는 것이었습니다. "산으로 갔어야 하는 건데… 천사는 우리에게 산으로 가라고 했는데… 내가 여기 성 안에 있다가는 언제 또 유황불 심판을 받을지 몰라. 내 아내가 죽은 것처럼 우리도 저렇게 죽을지 몰라." 이런 불안감과 공포가 휩쓸니다. 떨쳐 버릴 수가 없습니다.

그래서 롯은 결국 두 딸을 데리고 소알 성에서 나와 산으로 올라갔습니다. 산에 가면 춥습니다. 집도 없습니다. 그래서 굴을 하나 찾아서 굴 안에 거했습니다. 여러분, 굴 안은 따뜻합니다. 그리고 비교적 안전합니다. 짐승이 못 들어오게 입구를 막아놓으면 됩니다. 굴속에서 롯과 두 딸은 짐승처럼 살게 되었습니다. 세상과 완전히 단절하고 살았습니다. 낮에는 열매를 따 먹고 또 토끼나 노루가 있으면 사냥하고, 저녁에는 불을 피우고 누워 잡니다. 아주 원시적인 생활입니다. 소돔 성에서 좋은 집에서 문화적인 생활할 때와는 딴판입니다. 그저 하루하루 동물적인 생활이었습니다.

그러다 보니 끔찍한 일이 발생했습니다. 롯의 두 딸은 소돔 성에 살 때에는 소돔의 청년들과 약혼하였습니다. 장차 결혼하기로 약속했습니다. 데이트도 하고 행복하게 지냈습니다. 그런데 그 청년들은 이제 다 죽었습니다. 롯이 찾아가서 같이 도망하자고 할 때 킥킥거리며 농담으로 여기더니만 그만 유황불에 타서 죽고 말았습니다. 게다가 지금 롯의 가족은 산속의 동굴에서 생활합니다. 주위에 아무도 없습니다.

결국 그렇게 세월이 지나면 결혼도 못하고 아기도 못 낳고 다 늙어서 죽습니다. 그렇게 되면 롯의 가문은 멸종하고 맙니다. 후손이 끊어집니다.

그래서 롯의 두 딸은 서로 의논합니다. "우리가 이렇게 있으면 우리는 후손도 없이 멸망하고 만다. 아버지에게 포도주를 잔뜩 마시우고 아버지와 동침하여 아버지로 말미암아 인종을 전하자." 결국 그렇게 해서 롯이 술이 잔뜩 취하여 전혀 모르는 상태에서 동침하여 롯의 두 딸이 잉태하여 아들들을 낳았습니다. 참 수치스런 일입니다. 그러나 어쨌든 이것은 사실이고 역사입니다. 큰 딸에서 난 아들의 이름을 '모압'이라 지었습니다. '압'은 아비, 아버지란 뜻입니다. 그래서 '모압'은 '아버지로부터'란 뜻입니다. 그는 모압 자손의 조상이 되었습니다. 둘째 딸에게서 난 아들의 이름을 '벤암미'라 지었습니다. '내 종족의 아들'이란 뜻인데 암몬 자손의 조상이 되었습니다.

그러면 이런 롯의 실패의 원인은 무엇일까요? 왜 이렇게 비참한 말년을 맞이하게 된 것일까요? 그리고 그 후손들에게 왜 이렇게 명예롭지 못한 역사를 남기게 되었을까요? 몇 가지를 생각해 보겠습니다.

1. 아브라함을 떠나간 게 잘못이었습니다.

롯은 처음에는 좋게 등장합니다. 삼촌 아브라함을 따라 갈대아 우르에서 하란으로, 하란에서 다시 가나안 땅으로 왔습니다. 믿음이 있었으니까 따라왔고, 또 삼촌 아브라함을 신뢰하고 좋아했다는 것을 알 수 있습니다. 롯은 아버지 하란이 죽고 나서 삼촌인 아브라함을 자기 아버지처럼, 형님처럼 따랐습니다. 하란과 아브라함은 형제간이지만 나이 차이가 60세나 되었습니다. 그러니 아브라함과 롯의 나이 차이는 많이 나지 않았을 것입니다. 한 열 살 정도 나지 않았을까 추측해 봅니다. 또 사라도 롯에게 잘해 주었습니다. 사라와 롯의 나이는 아마 비슷했을 것입니다. 애굽에 내려갈 때에도 같이 내려가고, 올라올 때에도 같이 올라왔습니다. 사이좋게 잘 지냈습니다.

그런데 언제부터 문제가 생겼을까요? 애굽에서 올라와서 부자가 되면서 문제가 생겼습니다. 애굽에서 바로에게서 양과 소, 종들과 나귀와 낙타들을 많이 받았습니다. 물론 아브라함이 사라를 내어준 대가로 받은 것이지만 롯도 좀 받았을 것입니다. 그래서 롯이 부자가 되자 문제가 생긴 것입니다. 가난하게 살다가 재물이 많아지면 문제가 생깁니다. 아브라함의 목자와 롯의 목자가 서로 좋은 풀밭을 차지하려고 싸웠습니다. 날마다 풀밭 때문에 싸우고, 양들 때문에 싸우고, 소들 때문에 싸웠습니다. 삼촌과 조카가 서로 싸우게 되었어요.

여러분, 오늘날도 그렇습니다. 가난할 때에는 사이좋게 지내다가, 돈이 많아지고 부자가 되면 형제간에도 싸웁니다. 삼촌 조카 간에도 싸우고 원수가 됩니다. 지금 S 그룹이 형제간에 서로 싸우고 있지 않습니까?

아브라함과 롯의 두 집안이 서로 싸우다가 결국 안 되겠다 싶어서 헤어졌습니다. 롯이 좋은 땅을 차지하고 떠나갔습니다. 요단강 지역의 좋은 풀밭을 차지하고 떠나갔습니다. 아브라함은 좋은 땅을 조카에게 양보하고 그냥 산지에 머물렀습니다. 롯은 물이 넉넉한 좋은 들판을 차지하고서 좋아했지만, 그것이 불행의 시작이었습니다. 롯은 점점 남쪽으로 옮겨 가다가 결국 소돔 성에까지 가게 되었습니다. 소돔은 당시에 매우 발달한 도시였습니다. 경제가 발달하고 일자리가 많았습니다. 그러나 죄가 많았습니다. 성적으로 문란하고 동성애자들이 많았습니다. 그래서 하나님의 심판을 받아 멸망하였습니다. 그래서 결국 아브라함을 떠나 소돔 성에 간 것이 롯의 실패의 첫째 이유입니다.

2. 믿지 않는 여자와 결혼한 것이 문제였습니다.

롯의 아내가 누구였는지는 모른다고 했습니다. 성경에 나와 있지 않습니다. 주석 책들에도 나와 있지 않고, 고대의 역사가인 요세푸스의 책에도 나와 있지 않습니다. 그래서 알 수 없습니다. 창세기에 보면 처음에는 롯 혼자 나옵니다. 롯의 아내에 대해서는 말이 없습니다. 그러다가 소돔 성에서 갑자기 롯의 아내가 나타나는데, 그때는 이미 약혼한 두 딸이 있었습니다. 그래서 롯이 혹 소돔 성에 가서 소돔 여자와 결혼하지 않았을까 하는 생각도 들지만, 소돔 성에 가서 산 햇수가 길어야 20년 정도에 불과합니다(아브라함의 나이로 따져서 약 80세 전후에서 99세까지). 그런데 이미 롯에게는 약혼한 딸 둘이 있었습니다. 당시의 결혼 적령기가 남자의 경우 약 40세로 추정됩니다. 그렇다면 여자의 경우는 대략 30세 또는 30대 초반 정도였을 것입니다.

이것을 생각하면 롯은 소돔 성에 가기 10여 년 전에 결혼했다고 생각됩니다. 딸의 나이 30세를 맞추려면, 아브라함의 나이 68세 정도에 롯이 결혼했다고 봐야 합니다. 그러려면 롯은 가나안 땅에 들어오기 전에, 하란 땅에 있을 때에, 어쩌면 갈대아 우르에 있을 때 결혼했다고 봐야 합니다. 그러나 만일 그렇다면 아브라함이 갈대아 우르를 떠날 때 롯과 그의 아내를 데리고 떠났다고 해야 할 터인데, 그냥 조카 롯을 데리고 떠났다고 되어 있습니다. 또 롯이 결혼했었더라면 삼촌을 따라가지 않고 따로 독립했을 것입니다. 하란에서도 가나안 땅에서도 롯의 아내는 나타나지 않습니다. 애굽에 내려갔을 때에도 롯의 아내에 대해서는 언급이 없습니다.

그러면 하나 가능성이 있는 것은 롯이 아브라함을 떠나 소돔 성에 갔을 때에, 아니면 소돔 성에 가기 전 요단강 동쪽 어딘가에 있을 때 두 딸 가진 과부와 결혼했다는 것입니다. 한 열 살 쯤 된 딸 둘 가진 과부와 결혼했을까요? 글쎄요. 이건 좀 이상합니다. 아니면 롯은 정상적으로 가나안 여자와 결혼했는데, 그 딸들이 십대에 이미 약혼했다고 보는 것입니다. 미리 짝을 정해 놓은 것입니다. 이 경우라면 롯의 두 딸은 상당히 예뻤을 것입니다. 예쁘면 미리 점 찍어두고 십대에 약혼할 수도 있습니다. 그렇다면 롯의 아내도 예뻤을 가능성이 있습니다. 롯은 나이 많아서 결혼했습니다. 예쁜 여자가 늙은 남자에게 시집왔다면 돈 보고 왔을 가능성이 높습니다. 롯은 재물이 좀 있었잖아요?

그러나 어쨌든 여호와 하나님을 믿지 않은 여자인 것은 분명해 보입니다. 롯의 아내는 재물을 사랑하고 세상을 사랑한 여자였습니다. 천사들이 소돔 성을 방문했을 때, 롯은 나가서 손님을 맞이해서 대접하는데 롯의 아내는 등장하지 않습니다. 천사들이 아브라함을 방문했을 때에는 아브라함의 아내 사라가 밀가루를 반죽해서 빵을 굽고 같이 정성껏 손님들을 대접했습니다. 그런데 소돔성에 갔을 때에는 롯 혼자 등장합니다. 롯이 식탁을 베풀고 무교병을 구웠다고 합니다(창 19:3). 롯의 아내는 아예 나타나지 않습니다. 아마 롯의 아내는 그때 저쪽 안방에서 그 날 장사해서 번 돈을 세고 있었는지도 모릅니다. 아니면 저쪽 건넛방에서, 롯이 손님 대접하는 것을 보고서는 아까워서 성을 내고 있었는지도 모릅니다. "아니, 웬 낯선 손님들을 끌어들여서 양식을 축내? 어휴, 아까워라. 롯, 너 나중에 손님 가고 나면 죽을 줄 알아. 죽음이야!"

롯의 아내는 손님 대접도 안 하고, 열심히 남편 돈을 뜯어 모아서 집을 사고 재물을 모았습니다. 그러니 그 집이 불타서 없어질 때 얼마나 아까웠겠습니까? 발걸음이 무거워서 떨어지지가 않습니다. 뒤돌아보고 또 돌아보고, 앉아서 울다가 또 돌아보고 … "내가 얼마나 아끼고 벌어서 산 집인데 … 내가 얼마나 남편을 쥐어짜서 모은 재물인데 …" 그렇게 들판에서 뒤돌아보며 탄식하다가 결국 소금 기둥이 되고 말았습니다.

롯의 실패는 결국 이런 믿음 없는 여자와 결혼한 것 때문입니다. 믿음 없는 여자, 세상 여자와 결혼한 게 근본 문제입니다. 이에 비해 아브라함의 아내 사라는 믿음 있는 여자였습니다. 여호와 하나님을 믿는 여자, 남편에게 순종하는 아내였고, 게다가 당대 최고의 미인이었습니다. 재물에 욕심을 부리지 않고 손님 대접하기를 힘쓰는 아내였습니다. 그러나 롯의 아내는 누구인지 모릅니다. 분명한 것은 재물을 사랑하고 세상을 사랑한 여자였습니다. 손님 대접도 안 하고 악착같이 돈을 모은 여자였습니다. 그 결과 애써 마련한 집과 재물들은 다 불타 없어지고 자기는 소금 기둥이 되고 말았습니다. 뿐만 아니라 남편 롯과 두 딸도 불행하게 되고 말았습니다.

3. 하나님의 말씀을 듣지 않은 것이 실패의 원인이었습니다.

하나님은 롯에게 분명히 그 작은 성 소알을 멸하지 않겠다고 말씀하셨습니다. 21-22절에 "내가 이 일에도 네 소원을 들었은즉 네가 말하는 그 성읍을 멸하지 아니하리니 그리로 속히 도망하라."고 하셨습니다. 롯의 간청을 받아들여서 그 소알 성을 멸하지 않겠다고 하셨습니다. 이 말은 물론 롯을 인도한 천사가 한 말이지만, 그것은 곧 하나님의 말씀입니다. 하나님이 이 천사를 통해 하신 말씀입니다. 따라서 하나님이 이 성읍을 멸하지 않겠다고 하셨으면 그 말씀을 믿고 그냥 소알 성에 머물렀으면 되었을 터인데, 그 성을 버리고 산으로 간 것이 또 문제입니다.

처음에 천사들이 산으로 도망하라고 했을 때 바로 산으로 갔으면 되었을 터인데, 아내가 죽고 나서 뒤늦게 산으로 가니 또 문제가 되었습니다. 처음에 가라고 할 때에는 안 가다가 나중에 가지 말라고 하니 갑니다. 이런 걸 가리켜 청개구리라고 합니다. 엄마가 살았을 때에는 엄마 말을 죽으라고 안 듣다가, 엄마가 죽고 나니 그제야 엄마 말을 듣는다고 엄마를 강가에 묻었대요. 그래서 비가 오면 엄마 무덤이 떠내려갈까 봐 개골개골 운대요. 어떻게 보면 롯이 그렇습니다. 롯은 아내가 살았을 때에는 하나님의 말씀을 안 듣다가 아내가 죽고 나니까 그제야 산으로 갔습니다.

그러나 이것은 잘못입니다. 왜냐하면 하나님이 소알 성을 멸하지 않겠다고 하셨으면 멸하지 않으시는 것이 분명한데, 롯은 마냥 불안과 공포에 휩쓸려 지내다가 산으로 간 것입니다. 자기 감정을 믿고 불안한 마음에 이끌려 행동하다가 더 큰 낭패를 당하게 됩니다.

우리 성도 여러분, 오늘날 우리가 하나님의 말씀을 믿지 않고 자기 감정을 의지하면 낭패를 당합니다. 막연한 불안감과 공포에 휩쓸려 행동하면 큰 낭패를 당합니다. 롯의 신앙은 다분히 감정에 휩쓸리는 신앙이었습니다. 천사를 통해 주신 하나님의 말씀에 귀를 기울이지 않았습니다. 이 점이 아브라함의 신앙과 다른 점입니다. 아브라함은 아버지 데라가 죽은 후에 여호와의 말씀을 좇아갔다고 합니다. 하나님의 말씀을 좇아 가나안 땅에 들어왔습니다. 그리고 계속 하나님의 말씀에 순종하여 행동하였습니다.

그러나 롯은 그러지 못했습니다. 자기의 불안한 마음, 유황불의 공포에 잠을 이루지 못하고 불안에 떨다가 결국 소알 성을 떠나게 됩니다. 그러니 결국 두 딸은 동굴 속에서 신랑감을 구하지 못하게 되고 낭패를 당하게 됩니다. 결국 롯의 잘못된 신앙은 자기뿐만 아니라 자기 온 가족을 불행하게 만들고 말았다 하는 것을 알 수 있습니다.

그러나 그럼에도 불구하고 하나님은 롯을 사랑하시고 롯을 '의인(義人)'이라고 부르셨습니다. 베드로후서 2장 7-8절에 보면 "불법한 자들의 음란한 행실로 말미암아 고통당하는 의로운 롯을 건지셨으니, 이는 이 의인이 그들 중에 거하여 날마다 저 불법한 행실을 보고 들음으로 그 의로운 심령이 상함이라."고 합니다. 여기서 '의인'은 하나님을 믿는 사람이라는 뜻입니다. 롯은 그래도 하나님을 믿는 사람이었습니다. 아브라함이 여호와 하나님께 단을 쌓을 때에 함께 단을 쌓고 같이 제사드렸습니다. 그래서 하나님은 이런 롯을 소돔 성에서 건져내셨습니다. 물론 이에는 아브라함의 기도가 큰 역할을 했습니다. 조카 롯을 위해 간절히 기도한 아브라함의 기도를 하나님이 들으시고, 롯을 멸망 가운데서 건져 주신 것입니다.

그리고 나중에 이스라엘 백성이 애굽 땅에서 나와서 가나안 땅을 향해 갈 때, 하나님은 이스라엘 백성에게 모압 땅과 암몬 땅을 해치지 말라고 명하셨습니다. 왜냐하면 모압 땅과 암몬 땅은 롯의 자손에게 기업으로 주셨기 때문입니다. 하나님은 롯을 생각하시고 그 후손들에게 땅을 주시고 보호하시는 것을 알 수 있습니다. 아브라함의 조카인 롯을 생각하셔서 이스라엘 백성이 모압과 암몬을 치지 못하도록 하신 것입니다.

뿐만 아니라 나중에 사사 시대에 모압 여인 룻이 유다 땅에 들어와서 살게 되는데, 이 모압 여인 룻이 유대 남자 보아스와 결혼하여 오벳을 낳고, 오벳은 이새를 낳고, 이새는 다윗을 낳았습니다. 곧, 다윗의 증조할머니가 모압 여인 룻입니다. 아주 착한 여인이었습니다. 그는 롯의 후손이었습니다. 그리고 나중에 다윗이 사울을 피해 도망 다닐 때에 잠시 모압 지방에 가서 피난 생활을 했습니다. 다윗의 외가 쪽 지방에 간 것입니다. 이 다윗의 자손으로 예수님이 오시게 되었으니, 예수님의 인간적인 혈통 가운데는 롯의 피도 조금 들어 있다 하는 것을 알 수 있습니다.

이처럼 하나님은 롯에게도 은혜를 베푸시고 멸망 가운데서 건져 주셨습니다. 그러나 재물에 욕심을 부리고 세상을 사랑한 결과는 허무하고 비참하다는 것을 알 수 있습니다. 하지만 하나님의 말씀을 따라간 아브라함, 말씀에 순종한 아브라함은 큰 복을 받아서 부자가 되고 그 자손이 번성하게 된 것을 봅니다.

사랑하는 우리 성도 여러분,

그러므로 여러분은 롯을 본받지 말고 아브라함을 본받아 하나님의 말씀을 좇아 행하는 성도들이 되시기 바랍니다. 자기의 감정에 휩쓸리지 말고, 청개구리 신앙이 되지 말고, 오직 하나님의 말씀을 좇아 나아가는 성도들이 되시기 바랍니다. 그래서 하나님이 기뻐하시고 하나

님의 복이 함께 하는 성도들이 다 되시기 바랍니다. 아멘. (2012년 4월 22일 주일 오전)

28. 그랄 땅에 내려간 아브라함 (20:1-7)

1 아브라함이 거기서 네게브 땅으로 옮겨가 가데스와 술 사이 그랄에 거류하며 2 그의 아내 사라를 자기 누이라 하였으므로 그랄 왕 아비멜렉이 사람을 보내어 사라를 데려갔더니 3 그 밤에 하나님이 아비멜렉에게 현몽하시고 그에게 이르시되 네가 데려간 이 여인으로 말미암아 네가 죽으리니 그는 남편이 있는 여자임이라 4 아비멜렉이 그 여인을 가까이하지 아니하였으므로 그가 대답하되 주여 주께서 의로운 백성도 멸하시나이까 5 그가 나에게 이르는 내 누이라고 하지 아니하였나이까 그 여인도 그는 내 오라비라 하였사오니 나는 온전한 마음과 깨끗한 손으로 이렇게 하였나이다 6 하나님이 꿈에 또 그에게 이르시되 네가 온전한 마음으로 이렇게 한 줄을 나도 알았으므로 너를 막아 내게 범죄하지 아니하게 하였나니 여인에게 가까이하지 못하게 함이 이 때문이니라 7 이제 그 사람의 아내를 돌려보내라 그는 선지자라 그가 너를 위하여 기도하리니 네가 살려니와 네가 돌려보내지 아니하면 너와 네게 속한 자가 다 반드시 죽을 줄 알지니라

소돔과 고모라는 하나님의 심판을 받아 멸망했습니다. 하늘에서 유황불이 비같이 쏟아져서 내렸습니다. 그래서 그 안에 있던 사람들과 짐승들이 다 죽었습니다. 소돔과 고모라는 지금 아마도 사해 바다 밑에 잠겨 있는 것으로 생각됩니다.

롯과 그의 가족은 천사들의 도움으로 탈출했지만 롯의 아내는 뒤를 돌아보다가 그만 소금 기둥이 되고 말았습니다. 롯과 그의 두 딸은 작은 성 소알에 들어가서 목숨을 건지긴 했지만 불안했습니다. 유황불 심판의 엄청난 광경을 목격하였을 뿐만 아니라 롯의 아내가 죽어서 소금 기둥이 되는 것을 보고서는 엄청난 충격을 받았을 것입니다. 그들은 불안과 두려움에 떨다가 결국 산으로 도망하여 동굴 안에서 생활하게 되었습니다. 이로써 롯의 이야기는 끝이 나고 역사의 무대에서 사라집니다.

그러면 그 후에 아브라함은 어떻게 되었을까요? 오늘 읽은 본문 1절에 보니 "아브라함이 거기서 네게브 땅으로 옮겨가 가데스와 술 사이 그랄에 거류하였다."고 합니다. 아브라함은 전에 롯이 떠나간 후에 장막을 옮겨 마므레 수풀에 와서 살았습니다. 그때가 아브라함의 나이 약 80세 전후였는데, 지금 아브라함의 나이는 99세입니다. 이삭이 태어나기 1년 전입니다. 그러니 약 20년 정도 헤브론 마므레에 살았습니다. 그런데 이제 아브라함은 일어나서 온 가족과 종들을 거느리고 또 소와 양들과 나귀들을 몰고 그랄로 옮겼다고 합니다. 큰 이사입니다.

여러분, 그랄은 어디에 있습니까? 네게브에 있다고 합니다. 네게브는 남방이란 뜻입니다. 유대의 브엘세바 남쪽에 있는 광야 지대를 말합니다. 브엘세바는 유대 땅 중에서 사람이 정상적으로 집 짓고 살 수 있는 제일 남쪽 지역입니다. 그 아래로는 광야입니다.

아브라함은 남방 땅으로 옮겨가 가데스와 술 사이 그랄에 거류하였다고 합니다. 가데스 곧 가데스 바네아는 어디에 있을까요? 브엘세바에서 남쪽으로 약 80km 정도 떨어진 지점에 있습니다. 옛날에 이스라엘 백성이 거기에 오랫동안 머물렀습니다. 애굽을 나온 후 시내 광야에 한 1년 정도 머물렀고, 그다음엔 가데스 바네아에 와서 38년 동안 머물렀습니다. 그러면 술(수르)은 어디에 있을까요? 가나안 땅과 애굽 땅 사이의 경계 지역에 있습니다. 수르 광야를 지나면 애굽입니다. 가데스와 수르 사이에 그랄이 있었다고 합니다. 정확한 위치는 모릅니다만 상당히 남쪽입니다. 이집트 국경 가까이에 있습니다.[1]

그러면 이게 무슨 의미일까요? 아브라함은 사람들이 잘 살지 않는 버려진 땅, 황량한 땅으로 이사한 것입니다. 왜냐고요? 사람들이 살고 있는 곳에는 갈 수 없었기 때문입니다. 거기는 이미 주인이 있습니다. 성 안에는 들어갈 수 없습니다. 거기는 주인이 있고 텃세를 부립니다. 또 아브라함은 유목민이기 때문에 성 밖에서 양과 소를 쳐야 합니다.

---

1 대개 성경 지도에 나와 있는 '그랄'의 위치는 브엘세바 북서쪽으로 성경에서 설명하고 있는 위치와 맞지 않다. 따라서 오늘날 지도상의 이 위치는 '그랄 성'이 있던 곳이며 아브라함이 이사했던 '광야 그랄'은 '그랄 성'에서 남쪽으로 제법 떨어져 있었다고 생각된다. Cf. Aalders, *Genesis*, II, 101f. 이 광야 그랄은 물론 그랄 성에 있던 아비멜렉의 관할 하에 있었다.

풀을 따라 이리저리 이동해야 합니다.

그러면 왜 마므레에서 그랄 지방으로 옮겼을까요? 여기에 이해하기 어려운 점이 있습니다. 왜냐하면 사라는 해가 돌아오면 아들을 낳을 것이라는 약속을 받았기 때문입니다. 이제 카운트 다운에 들어갔습니다. 여자가 아기를 가지면 몸조심해야 합니다. 먼 거리를 여행하는 것은 위험합니다. 이때 사라는 아직 아기를 가진 것 같지는 않습니다. 이것을 보면 세 천사가 아브라함을 방문하고, 이어서 소돔과 고모라에 대한 심판이 행해지고 나서 바로 이사한 것으로 생각됩니다.

왜 이사했을까요? 알 수 없습니다만 추측해 볼 수는 있습니다. 이건 순전히 추측입니다만, 아브라함이 동맹을 맺고 있던 아모리 사람들 곧 마므레에 살던 아모리 세 형제들인 마므레와 에스골과 아넬이 아브라함에게 찾아와서 떠나주기를 요청했을 수 있습니다. 왜냐고요? 소돔과 고모라와 인근 성들의 멸망은 가나안 땅에 사는 사람들에게 다 알려졌을 것입니다. 엄청난 충격이었을 것입니다. 그리고 천사들이 아브라함과 롯을 찾아왔었다는 사실도 알려졌을 것입니다. 아브라함의 종들을 통해, 또 롯과 그의 두 딸을 통해 알려졌을 것입니다. 또 멸망하지 않고 살아남은 소알 성 사람들을 통해 온 가나안 땅에 알려졌을 것입니다.

그러자 어떻게 되었을까요? 마므레의 형제들은 두려워했을 것입니다. "의로운 아브라함이 우리 가운데 살면 우리도 언젠가는 하나님의 심판을 받을지 몰라. 우리도 소돔과 고모라처럼 될지 몰라." 사람들은 자기 죄를 뉘우치고 회개하기보다는 의로운 사람이 떠나가기를 바랍니다. 이것이 세상 사람들입니다. 아브라함이 없으면 괜찮을 줄로 생각합니다. 그래서 아브라함은 부랴부랴 보따리를 싸서 양과 소들을 몰고 떠나지 않았을까요?[2]

그런데 막상 가려니 갈 곳이 없습니다. 사람들이 살지 않는 곳, 텃세가 없는 땅을 찾다 보니 저 남방 광야, 그 중에서도 광야 깊숙한 곳인 애굽 국경 가까이 그랄 지방밖에는 없습니다. 이렇게 생각하면 됩니다. 어떤 사람이 전세 살다가 쫓겨났습니다. 주인이 방 빼라고 해서 이사했는데, 갈 데는 없고 … 그래서 저 멀리 한적한 시골, 아니 시골보다 더 못한 광야에 갔다고 생각하면 됩니다.

그런데 그랄 땅에도 띄엄띄엄 양치는 유목민들이 있습니다. 베두인들입니다. 이 베두인들을 통해 소문이 납니다. 무슨 소문이 났을까요? "아브라함의 믿음이 좋더라, 인품이 훌륭하더라." 하는 소문이 나는 게 아니라 "아브라함과 같이 있는 여자가 엄청 예쁘더라. 완전 얼짱에다가 몸짱이더라." 하는 소문이 납니다. "세상에 태어나고 나서 그런 미인은 처음 본다. 이루 말로 다 표현할 수가 없어." 이런 소문이 순식간에 쫙 퍼졌습니다.

그런데 아브라함은 자기 아내인 사라를 '누이'라고 불렀습니다. '내 여동생'이라고 했습니다. 사라는 남편 아브라함을 '오빠'라고 불렀어요. 왜냐하면 사라를 자기 아내라고 하면, 사람들이 아브라함을 죽이

---

[2] 결과적으로 보면 약속의 아들 이삭에게 넓은 무대를 주시기 위해 더 넓은 땅으로 이사하게 하신 하나님의 섭리가 있었다고 생각된다.

고 사라를 빼앗아 갈 것을 두려워했기 때문입니다. 하나님을 믿지 않는 이방인들은 예쁜 여자가 있으면 그 남편을 죽이고 빼앗아 갑니다. 광야에서 사람을 죽이고 모래 속에 파묻어버리면 찾을 수가 없습니다.

그러니 아브라함과 사라는 두려웠던 것입니다. 그래서 서로 '오빠, 동생' 하기로 약속했습니다. 아브라함은 하나님을 잘 믿는 믿음의 사람이었지만, 한편으로는 겁이 많은 사람이었습니다. 딴 것은 다 용감하게 잘하는데, 아내를 빼앗기고 자기가 죽을 것을 생각하니 두려웠습니다. 그래서 거짓말을 합니다. 자기 아내를 '누이'라고 말합니다. 그런데 이것이 꼭 거짓말이라 하기 어려운 것은 사라는 아브라함의 이복 누이였기 때문입니다. 사라는 배다른 동생이었습니다. 아버지는 같은데 어머니가 달랐습니다. 아브라함과 사라는 한 30년쯤 전에 갈대아 우르를 떠날 때 서로 굳게 약속했습니다. "앞으로 우리가 어디로 가든지 사람들이 네게 물으면, 당신은 내 여동생이라고 말하라. 그래야 내가 목숨을 건질 수 있다." 이렇게 서로 굳게 약속했습니다.

이런 아브라함의 모습을 생각해 보니까 아름다운 아내를 데리고 사는 사람은 참 걱정이 많겠다 싶습니다. 예쁜 아내를 데리고 살면 늘 불안합니다. 혹 사람들이 내 아내를 빼앗아 가지나 않을까 하고 불안합니다. 그래서 그런 남편은 일을 제대로 못할 것 같아요. 직장에 가도 불안합니다. 또 집을 비우고 출장은 아예 못 갈 것 같아요.

그러나 아브라함의 경우는 장난이 아니었습니다. 진짜였습니다. 목숨이 달린 문제였습니다. 아내 사라가 늙었지만 여전히 예뻤습니다. 지금 나이가 90인데 예뻤습니다. 참 신기합니다. 어떻게 그렇게 될 수 있을까? 그것도 성형미인이 아니라 타고난 자연미인입니다.

그러자 이 소문이 그랄 왕에게 전해졌습니다. 그랄 왕의 이름은 '아비멜렉'이었습니다. "나의 아버지는 왕"이라는 뜻을 가지고 있습니다. '아비멜렉'은 왕의 본명이라기보다도 왕을 가리키는 '칭호'로 생각됩니다. 애굽의 '바로(파라오)'처럼 대대로 '아비멜렉'이라는 칭호를 사용하지 않았을까 생각됩니다. 로마 제국의 '카이사르'도 나중에는 황제를 가리키는 칭호가 된 것처럼 말이지요. 우리나라 고조선의 '단군(檀君)'에 대해 많은 사람들은 '박달 임금' 곧 '밝은 땅의 임금'이라고 풀이합니다.[3] 글쎄요? 과연 그럴까요? 단군이 세웠다는 '신시(神市)'는 사실 '밝은 땅'과는 관계가 없다고 생각됩니다. 거기서 동해 바다까지는 한참을 가야 합니다. 압록강 주변의 땅이 밝다고 말할 수 없습니다. 그래서 제 생각입니다만, 수메르어에서 '단'(DAN)은 '강하다'(strong, powerful, mighty)라는 뜻을 가지고 있습니다.[4] 우리말의 '단단하다'의 어원이 아닌가 추측해 봅니다. 그리고 수메르어 '군'(GUN)은 다르게는 '긴'(GIN), '간'(GAN), '칸'(KAN), '쿤'(KUN) 등으로 발음되는데, 원래는 옛날 수메르의 왕 이름이었다고 하는 주장이 있습니다.[5] 그래서 그 후로 '임금, 왕'이란 뜻으로 많이 사용된 것으로 생각됩니다. 영

---

3 예를 들면 유석근, 『또 하나의 선민 알이랑 민족』, 개정판 (서울: 도서출판 예루살렘, 2010), 143-147.

4 Waddell, *Sumer-Aryan Dictionary*, s.v. "DAN".

5 Waddell, *Makers of Civilization in Race and History*, 98, 145, 539.

어의 '킹'(king), 독일어의 '쾨니히'(König), 화란어의 '꼬닝'(koning), 몽골어의 '칸'이 다 여기서 나온 것입니다. 중국어의 '쥔(君)'도 여기서 나왔다고 생각됩니다. 따라서 '단군'은 '강한 임금'(mighty king) 곧 '대왕'이란 뜻이 됩니다. 그렇다면 단군은 한 왕의 이름이 아니라 옛날 고조선의 통치자를 가리키는 '칭호'로 볼 수 있습니다. 이것은 앞으로 좀 더 연구해야 할 분야이니 그냥 놔둡시다.

어쨌든 '아비멜렉'은 그랄 왕인데 아마 왕의 칭호로 생각됩니다. 그래서 그 아들도 '아비멜렉', 그 손자도 '아비멜렉'으로 불렸을 것입니다. 본명은 따로 있었을 것입니다. 그랄 왕은 아마도 성읍 안에 살고 있었을 것입니다. 아브라함이 거주하던 그랄 광야와는 제법 떨어져 있지 않았을까요? 넓은 광야가 다 그랄 왕의 관할 하에 있었을 것입니다.

그래서 그랄 왕은 사람들을 보내어 사라를 데려갔습니다. 아직 결혼하지 않은 여자라고 하니까 자기 첩으로 삼으려고 데려간 것입니다. 자기 나라 안에 있는 여자는, 결혼하지 않은 여자라면, 아무든지 데려가서 첩으로 삼는 것은 왕의 권한입니다. 어떤 왕은 첩을 수십 명 두기도 합니다. 그랄 왕은 사라를 데려가서 첩으로 삼으려고 했습니다. 아브라함은 또다시 자기 아내를 빼앗기려는 위기 상황에 처했습니다. 그러니 아브라함은 참 불쌍하다 싶어요. 전에 애굽에 내려갔을 때에도 바로에게 사라를 빼앗겼다가 겨우 도로 찾았습니다. 이번에도 자기 아내를 또 빼앗기게 되었습니다.

그런데 그날 밤에 하나님이 그랄 왕 아비멜렉에게 꿈에 나타났습니다. 3절에 '현몽(現夢)하셨다'는 것은 꿈에 나타나셨다는 뜻입니다. 꿈에 나타나서 말씀하시기를 "네가 데려간 이 여인으로 말미암아 네가 죽으리니 그는 남편이 있는 여자임이라."고 하셨습니다. 남편이 있는 여자, 결혼한 여자, 유부녀를 데려왔으니 네가 죽을 것이라는 말입니다.

그러자 아비멜렉이 하나님께 항의했습니다. "아비멜렉이 그 여인을 가까이하지 아니하였으므로 그가 대답하되 주여 주께서 의로운 백성도 멸하시나이까?"(4절) 아비멜렉은 사라를 가까이하지 않았습니다. 그래서 "주께서 왜 의로운 백성도 멸하십니까?"라고 항변합니다. 아비멜렉은 잘못한 것이 없다는 것입니다.

아비멜렉은 또 말합니다. "그가 나에게 이는 내 누이라고 하지 아니하였나이까? 그 여인도 그는 내 오라비라 하였사오니 나는 온전한 마음과 깨끗한 손으로 이렇게 하였나이다."(5절) 아비멜렉이 먼저 아브라함에게 물어보았을 것입니다. "네 옆에 있는 여자가 누구냐?" 아브라함은 "내 누이입니다."라고 대답했습니다. 그러자 아비멜렉이 사라에게 물었습니다. "네 옆에 서 있는 남자는 누구냐?" 사라가 능청스럽게 대답했습니다. "내 오빠입니다." 아비멜렉이 또 묻습니다. "진짜냐?" 사라가 대답합니다 "네, 진짜입니다." 이렇게 확인하고서 사라를 데려왔습니다. "임자 없는 여자라서 데려왔지 남의 물건을 빼앗은 게 아닙니다. 그러니 나는 죄가 없습니다. 억울합니다."는 뜻입니다.

그러자 하나님이 말씀하셨습니다. "하나님이 꿈에 또 그에게 이르시되 네가 온전한 마음으로 이렇게 한 줄을 나도 알았으므로 너를 막아 내게 범죄하지 아니하게 하였나니 여인에게 가까이하지 못하게 함이 이 때문이니라."(6절) 아비멜렉이 온전한 마음으로 행했기 때문에 하나님이 그로 하여금 죄짓는 것을 막았다는 것입니다. 사라를 가까이하지 못하도록 하나님이 막으셨다는 것입니다. 이와 관련하여 하나님은 아비멜렉과 그의 아내와 여종들에게 병을 내리시고 모든 태를 닫으셨다고 합니다(17-18절). 무언가 병이 생겨서 아기를 가지지 못하게 하셨다는 것입니다. 아비멜렉도 뭔가 몸에 병이 생겼을 것입니다. 그래서 사라를 가까이하지 못했을 것입니다. 어쨌든 이것은 하나님이 하신 것입니다. 사라를 건드리지 못하도록 하나님이 직접 개입하신 것입니다.

이번에도 사라를 지켜주시고 보호해 주신 분은 하나님이십니다. 하나님이 직접 개입하셔서 사라를 보호하셨습니다. 뿐만 아니라 사라의 몸에서 날 이삭도 보호하시고 또 아브라함도 보호하셨습니다. 하나님은 사라와 아브라함을 애굽의 바로에게서 지켜주시고 그랄 땅의 아비멜렉에게서도 지켜주셨습니다. 위기의 순간에, 빼앗기기 직전에 하나님이 개입하셔서 지켜주시고 건져내신 것입니다.

여러분, 아브라함이 지켜준 것이 아닙니다. 아브라함은 멍청하게 지켜보고만 있었어요. 자기 입으로 스스로 "사라는 내 아내가 아닙니다."라고 말하고, 자기 손으로 사라를 건네주었습니다. 바보 같은 남편입니다. 아브라함은 사라를 지켜준 게 아니라, 심하게 말하자면 팔아먹은 사람입니다.

그래서 여러분, 여전도회 회원 여러분, 여러분은 남편을 믿으면 안 됩니다. 남편은 여러분을 지켜주지 못합니다. 아브라함도 못 지켜줬는데, 어찌 여러분의 남편이 지켜주겠습니까? 결혼할 때 "내가 당신을 지켜줄 거야. 무슨 일이 있어도 꼭 지켜줄게."라고 한 것은 듣기 좋으라고 한 말이지 참말이 아닙니다.

그래서 여러분은 남편을 믿지 말고 하나님을 믿으시기 바랍니다. 남편은 사랑하고 순종해야지 믿으면 안 됩니다. 사라도 남편 말을 잘 듣고 하라는 대로 순종했지만, 남편을 믿지는 않았습니다. 베드로전서 3장 5절에 보니, 사라를 비롯한 거룩한 부녀들은 하나님께 소망을 두었다고 합니다. 사라는 하나님께 소망을 두고 하나님을 믿었습니다. 그랬더니 하나님이 사라를 건지시고 보호해 주신 것입니다. 남편은 자기를 두 번이나 팔아넘겼지만, 하나님은 두 번이나 사라를 건져 주셨습니다.

7절에 보면, 하나님이 아비멜렉에게 또 이렇게 말씀하십니다. "이제 그 사람의 아내를 돌려보내라. 그는 선지자라. 그가 너를 위하여 기도하리니 네가 살려니와 네가 돌려보내지 아니하면 너와 네게 속한 자가 다 반드시 죽을 줄 알지니라." 그래도 하나님은 아브라함을 사랑하시고 선지자로 대접해 주심을 알 수 있습니다. '선지자'[6]란 하나님의 말씀을 전하는 자, 하나님의 뜻을 나타내는 자, 이 땅에서 하나님을 대변하는 자란 의미입니다. 아브라함이 아비멜렉을 위해 기도할 것인데, 그

---

6 G. Ch. Aalders, *De Profeten des Ouden Verbonds* (Kampen: J. H. Kok, 1918), 5-11 (또는 *Genesis*, II, 102).

러면 하나님이 그의 기도를 들으시고 아비멜렉의 병을 고치시고 그에게 속한 사람들이 죽지 않고 살 것이라는 말씀입니다.

하나님은 아브라함의 기도를 통해 일하시는 것을 볼 수 있습니다. 비록 아브라함이 자기 아내도 못 지키고, 자기 목숨을 위해서라면 자기 아내도 팔아먹는 졸장부이지만, 그래도 그는 하나님을 믿는 사람이기 때문에 하나님이 그의 기도를 들으시고 일하신다는 것입니다. 그래서 하나님은 아브라함을 귀하게 보시고 선지자로 대우하시는 것입니다.

여러분, 오늘날도 그렇습니다. 하나님이 일하실 때에는 그냥 일하시는 것이 아니라 사람의 기도를 들으시고 그 기도에 응답하시는 방식으로 일하십니다. 예를 들어 하나님이 한국을 복 주시고 싶은데, 그냥 슬쩍 복 주시는 게 아니고 누군가가 하나님께 청을 넣어야 합니다. "하나님, 대한민국에 복을 내려주시옵소서. 그래야 온 세계에 복음을 전하고 하나님이 원하시는 선교 사업을 할 수 있지 않습니까?" 그러면 하나님이 하늘에서 들으시고 "그래, 옳다. 네 청을 허락하노라."고 하십니다. 그래서 우리나라가 이만큼 발전한 줄로 생각합니다.

우리나라 사람들이 하는 꼴을 보면 복을 못 받을 것 같은데, 결과를 보면 이상하게도 복을 받습니다. xx그룹 형제들이 싸우는 꼴을 보면 다 망할 것 같은데, 결과를 보면 우리나라 휴대폰이 세계 1등을 했다고 합니다. 노키아를 제치고, 애플도 제치고 세계 1등을 했습니다. 반도체도 세계 1등, TV도 세계 1등을 했습니다. 수출도 잘되고 무역수지도 흑자이고 경상수지도 흑자이고, 또 이번 주간에는 일본과 중국에서 관광객들이 엄청 몰려올 것입니다. 현대자동차, 기아자동차도 많이 팔아서 사상 최대 실적을 냈다고 합니다. 세계 경제 불황에도 아랑곳하지 않고 한국 경제는 달리고 있습니다.

왜 그렇습니까? 사람들은 기업이 잘해서 그렇다고 말하지만, 제가 볼 때는 하나님이 우리의 기도를 들으시고 복 주셔서 그런 줄로 믿습니다. 왜 복을 주시는 걸까요? 비록 우리가 못났고 국회의원들은 회의도 할 줄 모르는 졸장부이지만, 그래도 우리가 기도하니까 우리의 기도를 들으시고 온 세계에 복음을 전하고 선교사를 파송하라고 우리나라에 복 주신 줄로 믿습니다. 지금도 북한이 우리를 위협하고, 중국과 러시아와 일본이 우리나라를 넘보고 있지만, 그래도 우리나라에는 아브라함처럼 기도하는 사람들이 있기 때문에 하나님께서 지키시고 보호해 주실 줄로 믿습니다.

그래서 우리는 나라를 위해 기도해야 합니다. 하나님이 우리나라를 지켜주시고 보호해 주시도록 기도하고, 우리나라에 복을 주셔서 크게 발전하게 해 달라고 기도해야 합니다. 그래서 온 세계에 복음을 전하고 하나님의 말씀을 전하고 선교사를 많이 파송하고, 온 세상에 하나님의 사랑을 전하게 해 달라고 기도해야 합니다.

어린이 여러분들과 학생들도 기도해야 합니다. 그러면 하나님이 여러분의 기도를 들으시고, 어른들의 죄를 용서해 주시고 우리나라가 발전하게 되는 것입니다. 그래서 우리나라가 하나님을 잘 섬기는 제사장 나라가 되고, 온 세상에 하나님의 말씀을 전하는 선지자 나라가 되고,

하나님의 이름을 높이는 왕 같은 나라가 되도록 기도하는 여러분이 다 되시기 바랍니다. 우리를 지키실 분은 오직 하나님이십니다. 이 하나님을 믿고 기도하면서 나아가는 성도들이 다 되시기 바랍니다. 아멘.
(2012년 4월 29일 주일 오전)

29. 아브라함과 아비멜렉 (20:8-18)

8 아비멜렉이 그날 아침에 일찍이 일어나 모든 종들을 불러 그 모든 일을 말하여 들려주니 그들이 심히 두려워하였더라 9 아비멜렉이 아브라함을 불러서 그에게 이르되 네가 어찌하여 우리에게 이렇게 하느냐 내가 무슨 죄를 네게 범하였기에 네가 나와 내 나라가 큰 죄에 빠질 뻔하게 하였느냐 네가 합당하지 아니한 일을 내게 행하였도다 하고 10 아비멜렉이 또 아브라함에게 이르되 네가 무슨 뜻으로 이렇게 하였느냐 11 아브라함이 이르되 이곳에서는 하나님을 두려워함이 없으니 내 아내로 말미암아 사람들이 나를 죽일까 생각하였음이요 12 또 그는 정말로 나의 이복누이로서 내 아내가 되었음이니라 13 하나님이 나를 내 아버지의 집을 떠나 두루 다니게 하실 때에 내가 아내에게 말하기를 이후로 우리의 가는 곳마다 그대는 나를 그대의 오라비라 하라 이것이 그대가 내게 베풀 은혜라 하였었노라 14 아비멜렉이 양과 소와 종들을 이끌어 아브라함에게 주고 그의 아내 사라도 그에게 돌려보내고 15 아브라함에게 이르되 내 땅이 네 앞에 있으니 네가 보기에 좋은 대로 거주하라 하고 16 사라에게 이르되 내가 은 천 개를 네 오라비에게 주어서 그것으로 너와 함께한 여러 사람 앞에서 네 수치를 가리게 하였노니 네 일이 다 해결되었느니라 17 아브라함이 하나님께 기도하매 하나님이 아비멜렉과 그의 아내와 여종을 치료하사 출산하게 하셨으니 18 여호와

께서 이왕에 아브라함의 아내 사라의 일로 아비멜렉의 집의 모든 태를 닫으셨음이더라

아브라함은 그랄 땅으로 내려갔습니다. 가데스와 수르 광야 사이의 한적한 곳으로 갔습니다. 아브라함은 거기서 아내 사라를 그랄 왕 아비멜렉에게 빼앗길 뻔했습니다. 왜냐하면 아브라함이 사라를 자기 누이라고 말했기 때문입니다. 또 사라는 아브라함을 자기 오라비라고 말했습니다. 그러자 그랄 왕 아비멜렉은 사라를 취하려고 데려갔습니다. 아브라함은 또다시 아내를 빼앗길 위기에 처했습니다.

그러나 이때도 마지막 순간에 하나님이 개입하셔서 사라를 구해 주셨습니다. 밤에 하나님이 아비멜렉의 꿈에 나타나셔서 말씀하셨습니다. "네가 취한 이 여인으로 말미암아 네가 죽으리니 그는 남편이 있는 여자임이니라."(3절) 그러자 아비멜렉은 깜짝 놀라 하나님께 항의했습니다. "주여, 주께서 의로운 백성도 멸하시나이까?"(4절) 아비멜렉은 아직 사라를 가까이하지 아니하였기 때문에 이렇게 말한 것입니다. 그는 또 항변했습니다. "아브라함이 사라를 '내 누이'라고 말하지 않았습니까? 또 사라는 아브라함을 '내 오라비'라고 말하지 않았습니까? 그러므로 나는 죄가 없습니다." 그러자 하나님이 말씀하셨습니다. "그래 나도 안다. 그래서 너를 막아 그 여인을 가까이하지 못하게 하여 내게 범죄하지 않게 하였노라. 그 여인을 당장 돌려보내어라. 그렇지 않으면 너와 네게 속한 자가 다 죽으리라."(6절)

아비멜렉이 아침에 일어나서 모든 신하들을 불러서 이 일을 말해 주었습니다. 그러자 신하들이 듣고서 심히 두려워하였습니다. 아비멜렉은 아브라함을 불러서 따졌습니다. "네가 어찌하여 우리에게 이렇게 하느냐? 내가 무슨 죄를 범하였기에 네가 나와 내 나라가 큰 죄에 빠질 뻔하게 하였느냐? 네가 합당하지 아니한 일을 내게 행하였도다."(9절) 아브라함이 사라를 '누이'라고 말했기 때문에 문제가 생긴 것이지 아비멜렉은 죄가 없습니다. 그래도 아비멜렉은 성이 풀리지 않는지 또 따졌습니다. "네가 무슨 뜻으로 이렇게 하였느냐?"(10절)

그러자 잠잠히 듣고만 있던 아브라함이 입을 열어 대답했습니다. 아브라함은 입이 열 개라도 말할 입장이 못 됩니다. 아내를 지키지도 못했고 또 아내를 누이라고 말하여 아비멜렉으로 큰 죄를 지을 뻔하게 만든 장본인입니다.

그런데도 아브라함이 입을 열어 말했습니다. 왜 그랬을까요? 제 생각은 이렇습니다. 아비멜렉이 한 번만 말했으면 가만히 있으려고 했는데 같은 말을 또 하잖아요? 같은 말을 반복해서 말하면 화가 납니다. 예를 들어, 어떤 학생이 학교에서 시험을 쳤는데 20점을 받았어요. 어떤 과목은 10점, 5점을 받고 수학은 0점을 받았습니다. 그래서 반에서 꼴등을 했어요. 그러니 어머니가 화나지 않겠습니까? "야, 도대체 이게 뭐냐? 이것도 점수라고 받아 왔어? 도대체 넌 뭐가 되려고 하니? 응?" 아들은 고개를 푹 숙이고 가만히 있습니다. 입이 열 개라도 할 말이 없습니다. 그런데 어머니는 화가 안 풀려서 또 말합니다. "도대체 이게 뭐야? 넌 밥만 먹고 공부는 안 하고 도대체 뭐 하는 거야? 네 머릿속에는 뭐가 들었냐? 꼴찌가 뭐야? 우리 가문의 망신이다. 족보에 네 이름 오르겠다."

그러자 가만히 듣고 있던 아들이 발끈합니다. 같은 말을 두 번, 세 번 들으면 짜증 납니다. 그래서 말합니다. "어머니 머리가 나쁘니까 내 머리도 나쁜 거잖아요. 아무리 외어도 안 외워져요." "나도 다른 사람처럼 고액 과외시켜 줘요. 그러면 나도 잘 할 수 있어요." "공부를 잘하면 자전거도 사주고 상금도 팍팍 주든지 … 인센티브를 줘야 공부할 맛이 나지, 인센티브도 없는데 공부할 맛 나겠어요?" 이렇게 도로 대어듭니다. 꼴찌도 할 말이 있다고 대어 듭니다.

지금 아브라함이 이와 같습니다. 자기가 잘못해 놓고서 뭐라고 말합니까? "이곳에서는 하나님을 두려워함이 없으니 내 아내로 말미암아 사람들이 나를 죽일까 생각하였음이요"(11절). 아브라함은 솔직히 고백합니다. 자기가 죽을까 봐 두려워서 그랬다는 것입니다. 자기 목숨을 부지하려고 거짓말을 했습니다. 목숨 앞에서는 장사가 없습니다. 100살이 다 되었지만 목숨은 목숨입니다. 노인 목숨이라고 가치가 없는 것은 아닙니다.

아브라함은 또 말합니다. 꿀등 해서 처음에는 아무 말도 못하고 있다가 한 번 입을 열기 시작하면 계속 쏟아 놓는 것과 마찬가지입니다. 아브라함도 한 번 입을 열기 시작하니 계속해서 말합니다. "또 그는 실로 나의 이복누이로서 내 아내가 되었음이라."(12절) '이복누이'는 아버지는 같은데 어머니는 다른 누나 또는 여동생을 말합니다. 사라는 아브라함의 이복누이였습니다.

그런데 요세푸스의 『유대 고대사』란 책에 보면, 사라는 아브라함의 조카딸이라고 합니다. 곧 형 하란의 딸이라고 합니다.[1] 그러나 이것은 잘못입니다. 성경에 보면 사라는 분명히 아브라함의 '이복누이'라고 되어 있습니다. 우리말 성경에는 간단하게 '이복누이'라고 되어 있지만, 히브리어 성경에는 자세하게 기록되어 있습니다. "그는 실로 나의 누이 곧 내 아버지의 딸이나 내 어머니의 딸은 아니니라." 이처럼 뒷부분의 설명이 덧붙어 있는데, 우리말 성경에는 간단히 '이복누이'라고 되어 있습니다.[2] '이복누이'라는 말 안에 다 들어 있습니다.

어쨌든 아브라함과 사라는 아버지는 같은데 어머니가 달랐습니다. 그렇다면 아브라함의 아버지 데라는 아마도 아내를 둘 취했다고 생각됩니다. 아마도 첫째 아내가 죽고 나서 둘째 아내를 취한 것으로 생각됩니다. 이것은 추측입니다만, 어쩌면 아브라함을 낳고 나서 얼마 되지 않아서 어머니가 죽었다고 생각해 볼 수 있습니다. 그래서 얼마 되지 않아서 계모를 취했다고 볼 수 있습니다. 그래서 거기서 난 딸이 사라입니다. 9살 차이입니다. 그래서 사라는 아브라함의 이복누이인 것입니다.

어쨌든 아브라함은 자기가 잘못해 놓고서 변명합니다. "사라는 원래

---

[1] Josephus, *Jew. Ant.* I,151.

[2] ESV에는 "my sister, the daughter of my father though not the daughter of my mother"라고 되어 있다.

내 이복누이이니 내 누이라고 한 게 뭐가 잘못이냐? 누이를 누이라 했는데 뭐가 잘못이오?" 도로 대어 듭니다. 그러나 아브라함의 이 말은 궤변입니다. 소가 들어도 웃을 말입니다. 왜냐고요? 아무리 이복누이였다고 할지라도 결혼했으면 아내입니다. 누이라는 것은 결혼하기 전의 일이고, 결혼했으면 아내입니다. 마누라입니다. 뿐만 아니라 아비멜렉이 아브라함을 불러서 "네 옆에 서 있는 여자가 누구냐?"고 물었을 때에는 "네 누이냐? 아니냐?" 하는 것을 묻는 게 아니고 "네 아내냐? 아니냐?"를 묻는 것입니다. 말하자면 "임자 있냐? 없냐?"를 묻는 것입니다. 임자가 없으면 내가 데려오려고 한다는 뜻입니다. 그러니 "네 옆에 서 있는 여자가 누구냐?"는 것은 곧 소유관계를 물은 것입니다. 그런데 아브라함은 능청스럽게 "내 누이"라고 대답했습니다. 곧 임자 없다는 말입니다. 그러니 아브라함의 말은 거짓말입니다. 100% 거짓말은 아닐지라도 절반은 거짓말입니다. 사실은 80-90% 거짓말이라고 볼 수 있습니다.

그리고 나서도 아브라함은 계속 말합니다. 한 번 입 열기 시작하면 계속 입 여는 것과 같은 원리입니다. "하나님이 나로 내 아버지의 집을 떠나 두루 다니게 하실 때에 내가 아내에게 말하기를, 이후로 우리의 가는 곳마다 그대는 나를 그대의 오라비라 하라. 이것이 그대가 내게 베풀 은혜라 하였었노라."(13절) 아브라함은 말 안 해도 되는 것까지 다 말했습니다. 아브라함과 사라가 갈대아 우르를 떠날 때에 두 사람 사이에 맺은 약속까지 다 말했습니다. 이 비밀 약속을 보면, 아브라함은 겁이 많은 사람임을 알 수 있습니다. 자기 목숨이 달아날까 봐 아내에게 거짓말을 부탁했습니다. 아내 덕분에 자기 목숨을 건지겠다고 했습니다.

아내의 목숨을 지켜주지는 못할망정 아내 덕분에 자기 목숨을 부지하려고 하는 졸장부의 모습을 봅니다. 물론 오늘날 우리는 이렇게 아브라함을 마음껏 비난할 수 있지만, 사라처럼 아름다운 아내를 데리고 있으면 쉬운 문제가 아니었을 것입니다. 아마 아브라함은 이렇게 말할 것 같습니다. "당신들은 평범한 아내 데리고 사니까 내 마음 모를 거요. 그러니 당신들은 입 다물고 가만히 있어요." 그러면 우리는 할 말이 없습니다. 만약 우리가 아브라함과 같은 처지에 있었다면 우리도 아브라함처럼 되지 않았을까요? 아브라함보다 더하지 않았을까요? 따라서 쉽게 아브라함을 비판하지는 못할 것입니다. 어쨌든 아브라함은 이실직고했습니다. 속에 있던 것을 다 털어놓으니 속이 후련했을 것입니다.

그러자 아비멜렉의 마음도 풀렸습니다. "그런 남모르는 사정이 있었구먼." 속으로 혀를 찼을 것입니다. "쯧쯧, 예쁜 마누라 데리고 산다고 고생이 많구먼. 나는 너 같은 고생이 없으니 행복하구나." 그래서 그랄 왕 아비멜렉은 아브라함에게 양과 소와 노비를 주었습니다. 그리고 사라도 돌려보내었습니다. 그때 양과 소와 노비들을 선물로 주었습니다. 그리고 아브라함에게 말했습니다. "내 땅이 네 앞에 있으니 네가 보기에 좋은 대로 거주하라."(15절) 그래서 아브라함은 땅도 얻고 거주권도 얻게 되었습니다.

아비멜렉은 또 사라에게 이렇게 말합니다. "내가 은 천 개를 네 오라비에게 주어서 그것으로 너와 함께한 여러 사람 앞에서 네 수치를 가리게 하였노니 네 일이 다 해결되었느니라."(16절) 아비멜렉은 아브라함에게 은 천 개를 주었습니다. 은 한 개의 무게가 얼마인지 나와 있지 않습니다만, 대개 주석가들은 1 세겔로 봅니다.[3] 그렇다면 아브라함은 은 천 세겔을 받았습니다. 옛날에 1 세겔은 대략 16g이었습니다. 그러면 천 세겔은 16kg이 됩니다. 제법 묵직합니다. 요즘 은 1g은 대략 약 1,200원 정도 하는 것 같은데, 옛날에는 더 가치가 있었을 것입니다. 1g당 1,200원으로 계산하면, 은 천 세겔(16kg)은 2천만 원 정도 가치가 됩니다. 그러나 옛날의 물가와 구매력을 생각하면 약 10배 내지 20배의 가치가 있지 않을까 생각됩니다. 예수님 당시의 물가로 계산하면 1 세겔은 4 드라크마입니다. 4 데나리온(= 드라크마)은, 일꾼 일당을 5만원으로 보면 20만원이 되고 10만원으로 보면 40만원이 됩니다. 그러면 천 세겔은 2억~4억원가량 됩니다. 어쨌든 아브라함은 사라 덕분에 은도 많이 받았습니다. 몇 억대의 부자가 되었습니다.

아브라함은 이렇게 양과 소와 종들과 은을 많이 받고서 아비멜렉을 위해 기도했습니다. 그러자 하나님이 아브라함의 기도를 들으시고 아비멜렉과 그 아내와 여종들을 치료하셨습니다. 닫힌 태를 다시 열어 주시고 그들의 병을 치료해 주셨습니다. 이를 통해 모든 문제가 다 해결되었습니다.

---

3 Aalders, *Genesis*, II, 104.

결과적으로 아브라함은 잃은 것 없이 더욱 부자가 되었습니다. 양과 소와 나귀가 많아지고 은도 많게 되었습니다. 아브라함은 자기가 잘못했는데도 결과적으로 복을 받았습니다. 세상적인 이치로는 아브라함이 벌을 받아야 하는데 도로 복을 받았습니다. 사라 때문에 물질이 더 많아졌습니다. 전에 애굽에 내려가서 사라를 애굽 바로에게 빼앗겼다가 도로 찾았을 때에도 은과 금 보물과 양과 소, 나귀, 낙타를 많이 얻었습니다. 엄청 부자가 되어서 돌아왔습니다. 아브라함이 잘못했는데도 하나님이 복을 주셨습니다.

여러분, 이런 복을 무슨 복이라고 불러야 할까요? 길 가다가 돌부리에 걸려 넘어졌는데도 일어나 보니 손에 동전이 쥐어져 있는 것과 같습니다. 동전은 요즘 가치가 없으니까 금덩어리, 다이아반지가 쥐어져 있는 것과 같습니다. 하여튼 아브라함은 아내 사라 때문에 마음고생도 많았지만 물질의 복도 많이 받았습니다. 자기가 잘못했는데 양과 소와 나귀 등 물질이 막 들어옵니다. 뿐만 아니라 이제 아브라함은 그랄 땅에 평안히 거주할 수 있게 되었습니다. 그랄 왕이 아브라함을 해치지 못하고 사라를 빼앗아 갈 수도 없게 되었습니다. 안심하고 살 수 있게 되었습니다.

이 사건을 통해 오늘 우리가 배울 수 있는 교훈은 무엇입니까? 두 가지를 생각할 수 있습니다.

1. 하나님을 믿는 사람은 복을 받는다.

아브라함이 복을 받은 이유는 그가 하나님을 믿는 사람이었기 때문입니다. 이 사건 하나만 따로 떼어서 보면 아비멜렉이 더 의롭습니다. 하나님을 믿지 않는 이방인 아비멜렉은 의로운 사람이었습니다. 그는 잘못이 없었습니다. 아브라함이 거짓말을 하고 잘못했습니다. 그런데도 아브라함이 복을 받았습니다.

아브라함이 복을 받은 이유는 그는 하나님을 믿는 사람이었기 때문입니다. 그는 하나님께 제사드리고 기도하는 사람이었습니다. 가는 곳마다 하나님의 이름을 부르는 사람이었습니다. 그래서 하나님은 아브라함을 '선지자'라 불렀습니다. 그가 기도하면 아비멜렉의 병을 고쳐주시겠다고 하셨습니다. 하나님은 아브라함을 이 땅에서 자기의 이름을 전하는 선지자로 세우시고 그의 기도를 들으시고 응답하십니다. 그래서 하나님은 아브라함을 '선지자' 또는 '주의 벗' 곧 '주의 사랑하시는 자'라고 합니다(대하 20:7). 그러니까 하나님께서 아브라함이 어디를 가든지 함께하시고, 어려움을 당해도 건져주시고 복을 주시는 것입니다. 아브라함이 좀 잘못하고 실수해도 하나님은 아브라함 편이 되어주시고 아브라함에게 복을 주십니다.

따라서 오늘날 우리가 이런 복을 받으려면 어떻게 해야 할까요? 아브라함처럼 늘 하나님의 이름을 부르고 하나님께 예배드리고 하나님께 기도하면 됩니다. 하나님 앞에 겸손히 행하고 손님 대접하기를 힘쓰고 선한 일에 힘쓰면 됩니다. 그러면 우리가 좀 못 나고 실수하고 잘못한 일이 있더라도 하나님은 늘 우리와 함께하시고 우리에게 복을 주신다는 말입니다. 물론 우리가 하나님 앞에 올바르게 행하면, 하나님이 더욱 기뻐하시고 더욱 큰 복을 주시겠지만, 혹 실수하고 넘어져도 하나님은 우리를 지켜주시고 건져주시고 복을 주십니다.

여러분, 언제 뜻밖의 복이 임할지 모릅니다. 그런데 우리가 복을 바라고 있을 때는 안 주어지고, 잊어버리고 있을 때 뜻밖에 주시는 경우가 많아요. 우리가 돈 주우러 돌아다니면 돈을 못 줍습니다. 그런데 전혀 생각지도 않았는데 뜻밖에 큰 돈을 줍는 수가 있습니다. 뜻밖에 하나님의 복이 임합니다. 그러니 우리는 잊어버리고 하나님 앞에서 열심히 살면 됩니다. 큐티 잘하고 기도하고 예배 잘 드리고 하나님을 잘 믿고 살면, 때가 되면 복 주실 줄로 믿습니다.

II. 하나님은 약속을 지키십니다.

사라가 위기에서 건짐받고 아브라함이 복을 받은 근본 이유는 하나님께서 아브라함에게 하신 약속을 지키시기 때문입니다. 무슨 약속입니까? 아브라함이 하란을 떠나기 전에 하나님이 아브라함에게 하신 약속입니다. 창세기 12장 2-3절에 "내가 너로 큰 민족을 이루고 네게 복을 주어 네 이름을 창대하게 하리니 너는 복이 될지라. 너를 축복하는 자에게는 내가 복을 내리고 너를 저주하는 자에게는 내가 저주하리니 땅의 모든 족속이 네 안에서 복을 얻으리라."고 하셨습니다. 큰 민족을 이루게 해 주시고 아브라함에게 복을 주시고, 아브라함의 씨 안에서 땅의 모든 족속이 복을 얻을 것이라는 약속입니다.

그런데 만일 아브라함이 사라를 빼앗겨 버리면 어떻게 되겠습니까? 복을 얻기는커녕 도리어 불쌍한 사람이 됩니다. 아내도 없고 아들도 없게 되고, 뿐만 아니라 아브라함의 씨로 오실 메시아는 없게 됩니다. 아들을 주시겠다고 수차례 하신 하나님의 약속은 공수표가 되고 맙니다. 따라서 사라를 빼앗길 수가 없는 것입니다. 하나님은 자신의 약속을 이루시기 위해 사라를 건져주시고 또 아브라함에게 복을 주시는 것을 알 수 있습니다.

하나님이 오늘날 우리에게 복을 주시는 것도 마찬가지입니다. 하나님은 아브라함의 씨 예수 그리스도 안에서 모든 사람이 복을 얻을 것이라고 약속하셨습니다. 누구든지 예수님을 믿는 자는 구원을 얻고 영생을 얻는다고 약속하셨습니다. 또 하나님은 우리의 기도를 들어주시고 우리를 지켜주시고 보호해 주신다고 약속하셨습니다. 갈라디아서 3장 14절에 "이는 그리스도 예수 안에서 아브라함의 복이 이방인에게 미치게 하고 또 우리로 하여금 믿음으로 말미암아 성령의 약속을 받게 하려 함이라."고 했습니다. 또 에베소서 1장 3절에 "찬송하리로다 하나님 곧 우리 주 예수 그리스도의 아버지께서 그리스도 안에서 하늘에 속한 모든 신령한 복을 우리에게 주셨다."고 했습니다.

따라서 오늘날 우리는 모두 '복 받은 자'입니다. 그리스도 안에서 복 받은 자입니다. 아브라함의 복이 오늘날 우리에게 미쳤습니다. 오늘날 우리가 하나님의 백성이 되고 천국을 유업으로 얻게 되었습니다. 말하자면 가나안 땅, 약속의 땅을 오늘날 우리가 얻게 되었다는 것입니다.

왜 그렇습니까? 누구 때문입니까? 바로 예수님 때문입니다. 아브라함의 자손 예수님 때문에 우리가 복을 받은 것입니다.

그러므로 사랑하는 성도 여러분,

오늘날 아브라함의 자손으로 오신 예수님을 믿는 우리가 복 받은 자인 줄로 믿고 하나님께 감사하면서 사시기 바랍니다. 비록 우리는 못나고 졸장부 같은 존재이지만, 하나님의 약속 때문에 우리가 복을 받고 보호를 받습니다. 우리가 잘 나서 복을 받는 것이 아니라, 우리는 못났고 졸장부 같은 존재이지만 예수님 때문에 복을 받고 은혜를 받는 것입니다.

그러므로 늘 하나님께 감사하면서 아브라함처럼 하나님을 잘 믿고 기도에 힘쓰시기 바랍니다. 우리가 기도하는 것은 복을 못 받아서가 아니라 복 받은 것에 대해 감사하는 것입니다. 그리고 가끔 이 세상에 사는 날 동안에 플러스 알파 복을 주시고 또 조금 빨리 달라고 부탁하는 것입니다. 말하자면 우리가 늘 월급을 받고 있지만, 그것 위에 플러스 알파 곧 깜짝 보너스를 좀 달라는 것입니다. 그리고 나중에 주실 것을 좀 빨리 앞당겨 달라는 것입니다. 지금 급하니 좀 당겨 주십시오. 이게 솔직한 우리 심정입니다. 물론 하나님의 생각은 다를 수 있습니다. "지금 받은 복만 해도 충분하니 됐다, 만족하여라."고 하실 수도 있습니다.

어쨌든 우리는 복 받은 자이고, 천국에 가면 영원토록 복을 누릴 줄로 믿습니다. 예수님을 믿는 우리는 행복자입니다. "이스라엘이여, 너는 행복한 사람이로다. 여호와의 구원을 너같이 얻은 백성이 누구뇨? 그는 너를 돕는 방패시요 너의 영광의 칼이시로다."(신 33:29) 이처럼 행복자 되신 여러분은 더욱 하나님을 잘 믿고 섬기는 성도들이 되시기 바랍니다.

그래서 하나님이 여러분에게 복 주시기를 기뻐하시고, 여러분을 친구로 대하시고, 여러분의 기도를 통해 우리 민족의 허물과 죄를 사하시고, 하나님의 크고 놀라운 일을 이루시는 그런 성도들이 다 되시기 바랍니다. 아멘. (2012년 5월 20일 주일 오전)